Die Journalistin **Carla Perrotti,** geboren 1947 in Mailand, unternimmt seit mehr als 20 Jahren zusammen mit ihrem Mann Oscar, einem Arzt und Dokumentarfilmer, Forschungsreisen in die entlegensten Winkel der Welt. Für das italienische Fernsehen produzierten sie verschiedene Dokumentationen über ihre Reisen in das Amazonasgebiet, nach Borneo, Papua-Neuguinea und Afrika.
Nach der Ténéré, dem Salar de Uyuni und der Kalahari durchquerte Carla Perrotti im Herbst 1998 allein die Wüste Takla Makan in China. Mit der Durchquerung der Simpson-Wüste in Zentralaustralien im Jahre 2003 beschloss sie den Zyklus ihrer Wüstenwanderungen. Ihr viel beachteter erster Expeditionsbericht *Die Wüstenfrau* erschien 2002 bei Frederking & Thaler.
Carla Perrotti lebt mit ihrem Mann und ihrem Sohn in Mailand.

www.carlaperrotti.com
www.frederking-thaler.de

Bibliografische Information der Deutschen Bibliothek
Die Deutsche Bibliothek verzeichnet diese Publikation in der Deutschen Nationalbibliografie; detaillierte bibliografische Daten sind im Internet über http://dnb.ddb.de abrufbar.

NATIONAL GEOGRAPHIC ADVENTURE PRESS
Reisen · Menschen · Abenteuer
Die Taschenbuch-Reihe von
National Geographic und Frederking & Thaler

1. Auflage März 2008

Titel der Originalausgabe: *Silenzi di sabbia*

Aus dem Italienischen von Christine Frauendorf-Mössel, Hamburg
Text: Carla Perrotti
Fotos: Carla und Oscar Perrotti
Lektorat: Maria Anna Söllner, München
Umschlaggestaltung: Dorkenwald Grafik-Design, München
Herstellung: Büro Sieveking, München
Druck und Bindung: Clausen & Bosse, Leck
Printed in Germany

ISBN 978-3-89405-840-1
www.frederking-thaler.de

Das Papier wurde aus chlorfrei gebleichtem Zellstoff hergestellt

CARLA PERROTTI

IN DER STILLE DES SANDES

Allein durch die Takla Makan und die Simpson Desert

Aus dem Italienischen von
Christine Frauendorf-Mössel

NATIONAL GEOGRAPHIC
FREDERKING & THALER

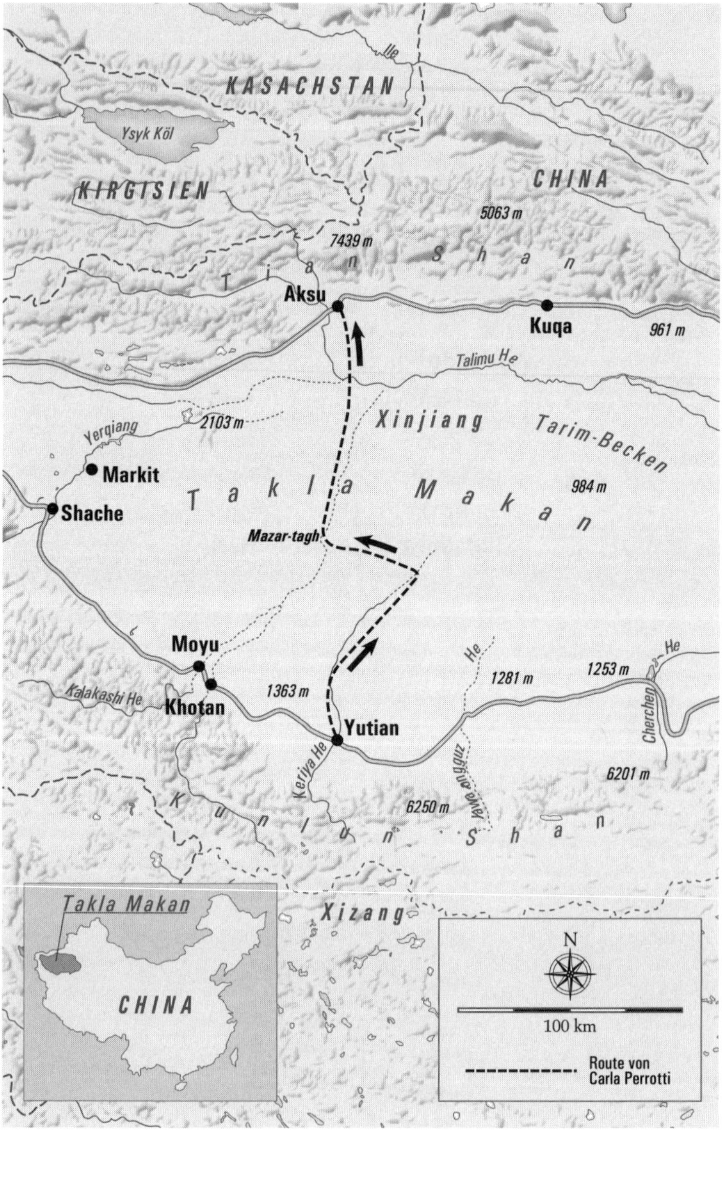
KASACHSTAN
Ile
Ysyk Köl
KIRGISIEN
CHINA
5063 m
7439 m
Tian Shan
Aksu
Kuqa
961 m
Talimu He
Xinjiang
Tarim-Becken
2103 m
Yerqiang
Markit
Shache
Takla Makan
984 m
Mazar-tagh
Moyu
Khotan
Kalakashi He
1363 m
Yutian
Keriya He
He
1281 m
1253 m
He
Cherchen
6201 m
6250 m
Kunlun Shan
Xizang
Takla Makan
CHINA
N
100 km
Route von
Carla Perrotti

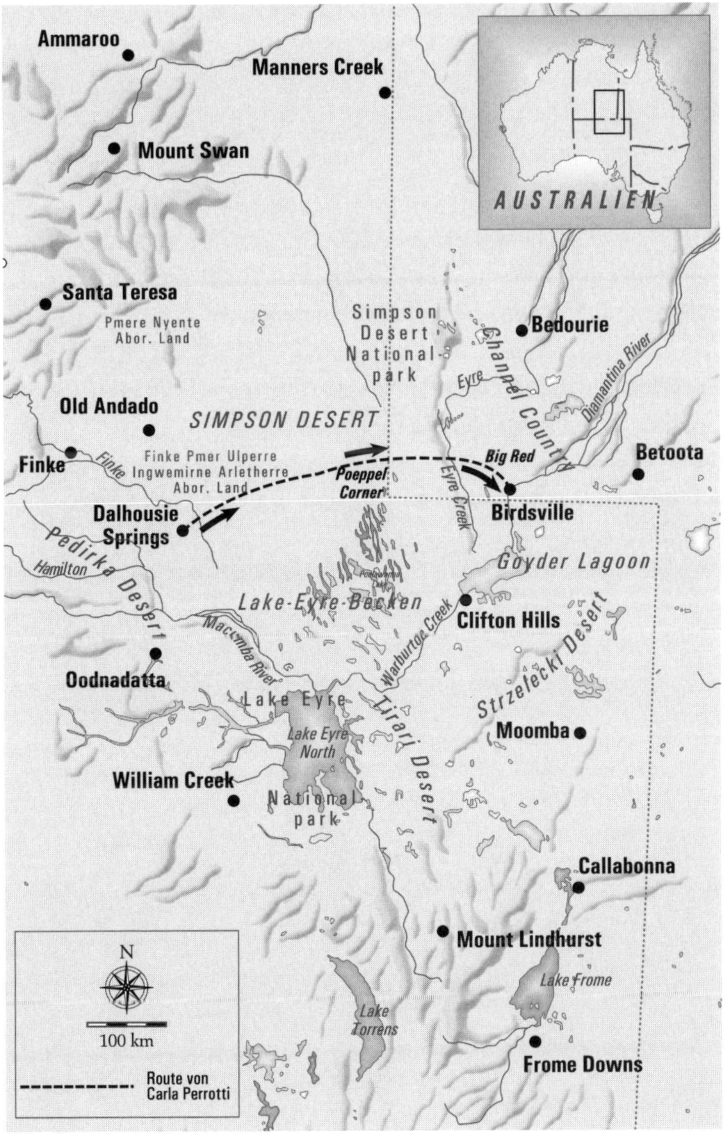

Ammaroo
Manners Creek
Mount Swan
AUSTRALIEN
Santa Teresa
Pmere Nyente
Abor. Land
Simpson
Desert
National-
park
Bedourie
Channel Country
Diamantina River
Eyre
Old Andado
SIMPSON DESERT
Finke
Finke
Finke Pmer Ulperre
Ingwemirne Arletherre
Abor. Land
Poeppel
Corner
Big Red
Betoota
Eyre Creek
Birdsville
Dalhousie
Springs
Pedirka Desert
Hamilton
Goyder Lagoon
Lake-Eyre-Becken
Clifton Hills
Warburton Creek
Strzelecki Desert
Oodnadatta
Macumba River
Lake Eyre
Tirari Desert
Lake Eyre
North
Moomba
William Creek
National-
park
Callabonna
Mount Lindhurst
N
Lake Frome
Lake
Torrens
100 km
Route von
Carla Perrotti
Frome Downs

Für Oscar, den liebevollen Gefährten eines Lebens voller Abenteuer und Extreme. Von Herzen Dank für all die Entbehrungen und Freuden, die du mit mir geteilt hast.

Für Max, dem das Schicksal eine sehr ungewöhnliche Mutter beschert hat, die jedoch stets für ihn da ist.

Für meinen Bruder Italo, ein Fels in der Brandung nach jeder Durchquerung.
Sie sind meine ganze Familie, und ich liebe sie über alles.

Inhalt

Die Wüste Takla Makan

Eine neue Expedition

Bei jedem Schritt ist es, als versuche die Wüste, mich durch meine tiefen Abdrücke im weichen Mahlsand in sich einzusaugen; ich stemme mich mit den Stöcken mit aller Kraft gegen diesen tückischen Sog, kämpfe verzweifelt um jeden Schritt, den die rieselnden Sandmassen zu verhindern suchen, indem sie sich um meine Waden schließen und unerbittlich festhalten. Ich fluche unterdrückt, konzentriere und bemühe mich, keine Niedergeschlagenheit aufkommen zu lassen. Also stapfe ich mit gesenktem Kopf und unter dem erdrückenden Gewicht des Rucksacks weiter. Ich fühle das Hämmern meines Herzens gegen den Brustkorb, das sich bis in die Schläfen fortsetzt. Mit einem Blick auf den Pulsmesser an meinem Handgelenk, der wiederum mit dem Elektrodengurt um meine Brust verbunden ist, kontrolliere ich die Auswirkungen der hohen Belastung. Der kleine Monitor zeigt 140 Schläge pro Minute. Das ist mehr als das Doppelte meiner normalen Herzfrequenz.

Die Gurte meines Rucksacks sind breit und gut gepolstert und schneiden dennoch immer stärker in das Fleisch meiner Schultern, die nach monatelangem Training im Fitnessstudio sowieso nur noch aus Sehnen und Muskeln bestehen. Obwohl der Großteil der Last durch den gepolsterten Hüftgurt gleichmäßig auf das Becken verteilt wird, droht sie mich zu erdrücken. Ich kämpfe mit Wut und Verbissenheit um jeden Schritt, getrieben von der Angst, die Erde könne sich auftun und mich verschlingen, sobald ich stehen bleibe.

Es ist die Furcht vor den gefährlichen Treibsanden, die für Mensch und Tier zur tödlichen Falle werden können, ohne auch nur eine Spur von ihnen zu hinterlassen. Instinktiv zurre ich den Beckengurt fester, stabilisiere mein Gleichgewicht und versuche, negative Gedanken zu verscheuchen. Immer wieder sage ich mir vor, dass ich mich allmählich an diese anstrengende Gangart gewöhnen muss, während ich verzweifelt nach Möglichkeiten suche, die mir das Fortkommen erleichtern. »Jeder Schritt ist ein Schritt weniger«, versuche ich mich aufzumuntern. Ich werfe einen Blick auf die Uhr und stelle fest, dass seit der letzten Pause nur 25 Minuten vergangen sind. Ich mache das Beste aus dieser entmutigenden Erkenntnis und tröste mich: »Noch 35 Minuten bis zur nächsten Rast. Wer weiß, wie viele Kilometer ich in einer Stunde schaffe? Vier? Oder vielleicht viereinhalb?« Bei diesen Gedanken gehe ich automatisch schneller, so als gelte es, einen virtuellen Konkurrenten aus dem Rennen zu schlagen. Sofort erhöht das Herz die Schlagfrequenz, pumpt mächtig, so als wolle es jeden Schritt akustisch begleiten, und passt sich rhythmisch der beschleunigten Bewegung von Armen und Beinen an.

Erst wenige Stunden zuvor bin ich zur längsten und kraftraubendsten aller meiner bisherigen Wüsten-Expeditionen aufgebrochen: zur Durchquerung der berüchtigten Wüste Takla Makan in China, nach der Sahara die größte unbewohnte Fläche der Erde.

Blick zurück

Nach dem letzten Abenteuer bei den Buschmännern in der Kalahari im Jahr 1996 wurde in mir der Wunsch immer drängender, in die Wüste zurückzukehren. Ungeachtet der Zeichen der Anstrengung und Entbehrungen, die dieses Unternehmen unweigerlich hinterließ, wollte ich mich erneut einer ähnlichen Herausforderung stellen, um zu erfahren, wann ich an jene unsichtbare Grenze meiner mentalen und physischen Möglichkeiten stoßen würde, die ich bisher noch nicht bis ins Letzte ergründet hatte. Zu diesem Zweck wollte ich mich auf ein noch schwierigeres Unternehmen einlassen, ein Abenteuer, das zuvor noch niemand gewagt hatte. Kurz gesagt, ich musste das Unmögliche versuchen. Hinzu kam, dass ich das Projekt, eine Wüste auf jedem der fünf Kontinente zu durchqueren, fortsetzen wollte. Nachdem ich die Expeditionen in der Ténéré in Nordafrika, auf dem Salzsee Salar de Uyuni in Südamerika und in der Kalahari in Südafrika erfolgreich beendet hatte, blieben angesichts der Tatsache, dass es in Europa keine Wüstengebiete gibt, nur noch Wüsten in Australien und Asien übrig. Und auf eine Wüste Asiens fiel meine erste Wahl.

Von den Wüsten Asiens geht eine große Faszination aus, denn sie sind weitgehend unbekannt. Der Tourismus im Jahr 1998 ist hier noch auf einige wenige Regionen begrenzt, und das Fehlen der nötigen Infrastrukturen macht ein sicheres Reisen unmöglich. Hinzu kommt, dass die meisten Wüsten Asiens auch aus politischen Gründen nur schwer zugänglich sind. China zum Beispiel hat erst vor einigen Jahren seine Grenzen für westliche Besucher geöffnet – allerdings mit Einschränkungen, so dass das Reisen in diesem geografisch wie kulturell für uns fernen und fremden Land mittlerweile nicht mehr unbedingt ein Privileg für einige wenige ist. Die Wüste Gobi ist zweifellos die bekannteste Wüste Chinas, für die Chinesen selbst besitzt jedoch die Takla Makan aufgrund ihrer Einzigartigkeit eine größere, geradezu symbolhafte Bedeutung. Nie hatte sich bis zu diesem Zeitpunkt ein Mensch zu Fuß und allein bis in das Herz der Takla Makan hineingewagt. Nur wenige Karawanen hatten sie bislang durchquert, waren dabei jedoch meistens ihren äußeren Grenzen gefolgt.

Während der Monate, in denen ich das verfügbare (und wahrhaftig dürftige) Informationsmaterial über diese geheimnisvolle Wüste zusammengetragen hatte, wurde in mir der Wunsch immer stärker, die Durchquerung zu Fuß zu wagen. Leider entpuppten sich parallel dazu die Schwierigkeiten, ein solches Unternehmen zu organisieren, als nahezu unüberwindlich. Vor allem fehlte es an brauchbarem Kartenmaterial und Unterlagen über verlässliche Klimadaten und die Geologie der betreffenden Region. Also blieb mir nichts anderes übrig, als mir auf der Grundlage des wenigen, das mir zur Verfügung stand, das meiste zusammenzureimen.

Wie schon bei meinen anderen Unternehmen ermutigte mich das positive Echo in meiner Umgebung, trotz aller Schwierigkeiten an meinem Vorhaben festzuhalten. Allen voran ebnete mein Freund Renato Moro mir den Weg, so dass ich meine Vorbereitungen vorantreiben konnte. Seit einigen Jahren bereits organisiert Renato mit seiner Agentur einige der bekanntesten und bedeutendsten alpinen Expeditionen nach China, Nepal und Tibet und besitzt durch seine Tätigkeit zuverlässige Kontakte zu den staatlichen Stellen der genannten Länder. Als ich ihm von meinem Projekt erzählte, begann er umgehend mit einer Analyse all jener Hürden, die wir in diesem ersten Vorbereitungsstadium überwinden mussten. In der Folge begann ein reger Informationsaustausch mit China per Telefon und Fax. Wie immer in solchen Fällen spielten natürlich auch die Zeitverschiebung und damit die unterschiedlichen Bürozeiten zwischen Asien und Europa eine Rolle – Faktoren, die sich durch Sprachprobleme noch potenzierten. Auch heute ist der Kreis der englischsprechenden Chinesen begrenzt. Also musste die gesamte Korrespondenz vom Italienischen ins Englische und weiter ins Chinesische übersetzt werden – immer vorausgesetzt, die betreffenden Übersetzer waren auch verfügbar. Trotz des großen Engagements unsererseits kamen die Antworten auf unsere Anfragen nur zögerlich, und häufig vergingen Wochen ohne irgendeine Nachricht. Ein regelrechter Nervenkrieg, der vermutlich jeden – außer uns – abgeschreckt hätte.

Das Projekt, das mir vorschwebte, war eine Durchquerung der Wüste Takla Makan zu Fuß und im Alleingang. Die Frage allerdings, ob sich diese realisieren ließ, blieb vorerst offen.

Dank vorausgegangener Erfolge waren die Sponsoren erneut bereit, mich in jeder Beziehung zu unterstützen. Dazu benötigten sie jedoch konkrete Informationen über die äußeren Bedingungen des Unternehmens. Und vor allem hing viel davon ab, wie ich das Wasserproblem zu lösen gedachte – die große Unbekannte und Hauptsorge bei allen Wüstenexpeditionen. Leider konnte ich von Italien aus keine gesicherten Informationen bieten, und die Zeit drängte. Ich musste schnellstmöglich eine Lösung finden.

Bei dem alles entscheidenden Gespräch mit den Verantwortlichen des Sportprogramms im Firmensitz von Sector, dem Hauptsponsor, wurde beschlossen, dass ich mir vor der offiziellen Zustimmung einen ersten Überblick über die Situation vor Ort in China verschaffen sollte, um das Gelände zu inspizieren und festzustellen, wie sich die Durchquerung konkret realisieren ließ. Damit kam endlich Bewegung in die Sache!

Auf zur Takla Makan!

Ich erreiche China Anfang April 1998, exakt zwei Jahre nach meiner letzten Durchquerung, der Kalahari-Expedition. Renato Moro und mein Mann Oscar begleiten mich. Oscar ist nicht nur Arzt, sondern auch für den Film- und Fototeil meiner Unternehmungen verantwortlich. Er hatte mich bereits auf all meinen früheren Expeditionen als Koordinator und Leiter des Hilfsteams begleitet. Seine Gegenwart ist für mich, und vor allem für mein seelisches Gleichgewicht, unverzichtbar. Das Wissen, dass mein Lebensgefährte in der Nähe ist, um notfalls jederzeit eingreifen zu können, verschafft mir die nötige Zuversicht, um diese Art der Wüstendurchquerungen zu wagen. Hauptaufgabe des Teams ist es, Funkkontakt zu mir zu halten und auch stets über meine Positionsdaten zu verfügen, um im Notfall eine Hilfsaktion einzuleiten. Jeder andere Kontakt während der Durchquerung ist selbstverständlich ausgeschlossen. Das Team reist stets in Geländewagen auf sicheren, befahrbaren Pisten und in größerer Entfernung von der von mir gewählten Route.

Renato, Ex-Alpinist und an die Planung von Expeditionen im Hochgebirge durch Eis und Schnee gewohnt, sieht sich zum ersten Mal mit den Sandmassen und der Hitze einer Wüste konfrontiert. Während ich ihn beobachte, wird mir wieder einmal klar, dass jeder von uns von Natur aus für bestimmte Unwelt- und Klimabedingungen geschaffen ist, in denen der Körper trotz geringem Energieaufwand zu Höchstleistungen fähig ist. Treffen wir auf Bedingungen, die uns weniger entsprechen, muss sich unser Organismus einem sehr viel mühsameren Anpassungsprozess unterziehen. Das erklärt teilweise die Fähigkeit bestimmter Menschen, Höchstleistungen unter Bedingungen zu erbringen, die den meisten von uns unerträglich erscheinen.

Nach dem langen Flug von Italien nach Peking reisen wir weiter nach Ürümqi (früher Urumchi), eine Großstadt im fernen Nordwesten Chinas. Am Flughafen dort erwartet uns Mister Jin, Renatos Verbindungsmann in China, der die Aufgabe hat, unsere erste Inaugenscheinnahme des Geländes logistisch und organisatorisch vorzubereiten. Endlich lerne ich also den Mann kennen, mit dem wir monatelang per Fax und Telefon kommuniziert hatten. Mister Jin entspricht gar nicht dem Bild, das ich mir von ihm gemacht hatte. Abgesehen von dem runden Gesicht mit Mandelaugen hat er für meine etwas klischeehaften europäischen Vorstellungen nichts Chinesisches an sich. Er ist groß gewachsen, eher kräftig und athletisch gebaut, hat lange, muskulöse Beine – gestählt durch das ständige Training im Hochgebirge. Jin ist unter anderem Bergführer im Himalaja, und seine Aufgabe besteht hauptsächlich darin, alpinistische Expeditionen auf ihrem langen Anmarsch zu den Basislagern in den Höhenregionen zu begleiten. Auch für ihn ist es die erste Begegnung mit der Wüste, und das Neue erweckt seine Neugierde. Es ist nicht einfach für Europäer, das Alter eines Asiaten abzuschätzen, doch ich nehme an, dass er Anfang bis Mitte dreißig ist. Er spricht leidlich Englisch, ist offen, herzlich und lächelt viel. Es ist Sympathie auf den ersten Blick. Er gesteht, meine Ankunft ebenfalls voller Neugier erwartet zu haben, und ist angesichts meiner geringen Körpergröße und zierlichen Gestalt sichtlich überrascht. Offenbar hatte er eine imposantere Erscheinung erwartet und fragt sich nun vermutlich, woher ich die nötige Kraft und Energie für eine Wüstendurchquerung nehmen werde.

Jin teilt uns schließlich mit, dass wir den folgenden Tag in Ürümqi bleiben werden, um uns auszuruhen und einige Dinge zu erledigen. Danach solle die Reise mit dem Flugzeug weiter nach Khotan gehen, einer am Südrand der Takla Makan gelegenen Stadt. Vor dort aus würden wir mit einem Geländewagen zu unserem eigentlichen Ziel aufbrechen.

Trotz der ermüdend langen Anreise kann ich den Tag der Abreise kaum erwarten. Meine Neugier steigt mit jedem Atemzug, und ich vermag mir kaum vorzustellen, wie wohl die Landschaft aussieht, die uns erwartet. Auch Jin hatte, wie er uns berichtet, trotz intensiver Recherchen nur wenige konkrete Informationen sammeln können. Offenbar wissen nicht einmal die Chinesen mehr über diese berühmt-berüchtigte Wüste als das, was unsere Recherchen bereits ergeben hatten. All die häufig sehr widersprüchlichen

Erkenntnisse der vergangenen Monate stammen aus mündlichen Überlieferungen und schriftlichen Berichten der wenigen Reisenden, die sich je im Lauf der Jahrhunderte in diesen entlegenen Teil der Welt gewagt hatten.

Es bleibt uns daher nichts anderes übrig, als uns, so gut es geht, selbst ein Bild zu machen. Dabei können wir nur hoffen, dass die Expeditionsroute, für die wir uns entschieden hatten, tatsächlich als Grundlage für eine konkrete Planung des Unternehmens dienen kann.

Ungefähr 180 Kilometer südöstlich von Ürümqi liegt Turfan (auch Turpan). Turfan ist eine Oase in der berühmten Turfan-Senke (dem zweittiefsten Punkt der Erde), von der sie den Namen erhielt. Die Oase war einst eine der wichtigsten Stationen der Seidenstraße. Sie hat im Jahr 1993 200000 Einwohner, in der Mehrheit Uiguren. Auf meine Bitte organisiert Jin uns einen Leihwagen, so dass ich mich zusammen mit Oscar aufmache, die Oase zu besuchen. Nach zweieinhalb Stunden Fahrt erreichen wir die Stadt mit einem hübschen Minarett und einem landestypischen Basar, der praktisch alles zeigt, was die Region zu bieten hat. Unsere Neugier ist groß. Wir entdecken einen Stand, der uns aufgrund der Reichhaltigkeit seines Angebots magisch anzieht. Zwischen Körben mit unterschiedlichen Wurzeln und Heilkräutern von unbekannter und geheimnisvoller Herkunft liegen getrocknete Eidechsen, Spinnen und Skorpione, Schlangenhäute, alles mögliche andere Getier und nicht zuletzt Knochen, spitze Klauen und Gehörn von uns unbekannten Tierarten. Uns ist klar, dass wir es mit einer landesüblichen Apotheke zu tun haben, und der Besitzer, ein zahnloser Alter mit sonnengegerbtem, zerfurchtem Gesicht, ist vermutlich das uigurische Pendant eines indianischen Medizinmannes. Mit Temperament und Engagement beschreibt er uns in seiner Sprache die wundersamen Eigenschaften der Produkte und zeigt uns eine ganze Reihe von

Fläschchen, gefüllt mit bunten Flüssigkeiten, in denen teilweise, so erscheint es uns wenigstens, die Körperteile nicht identifizierbarer Tiere schwimmen. Trotz des gebotenen Respekts vor der Kultur eines Volkes mit der Erfahrung vieler Jahrtausende in alternativer Medizin sind wir hin und her gerissen zwischen Neugier und Ekel. Nach einer halben Stunde gelingt es uns schließlich, uns mit einer Schachtel voller getrockneter Wurzeln und Gewürze in der Tasche loszueisen – ein Kauf, den wir dem Alten einfach schuldig waren. Er verabschiedet uns lächelnd unter den neugierigen Blicken sämtlicher Händler und Basarbesucher: Wir sind die einzigen Europäer auf dem Markt.

Nur wenig von einer Ansammlung einfacher Behausungen entfernt erstrecken sich die Weinberge, für die Turfan zu Recht so berühmt ist. Die Temperaturen schwanken in dieser Region zwischen +40 °C im Sommer bis zu –20 °C im Winter. Klimatische Bedingungen, die für den Weinanbau völlig ungeeignet erscheinen. Alledem zum Trotz haben die Bewohner dieser Region ein wahres Wunder vollbracht. Mit bewundernswertem Einsatz und harter Arbeit haben sie parallel zu den Rebenzeilen verlaufende, ungefähr einen Meter tiefe Gräben ausgehoben. Zu Beginn der kalten Jahreszeit, wenn die Temperaturen sinken, nehmen sie die Weinstöcke von ihren Rankhilfen, betten sie in den Graben und bedecken sie mit Erde. Im Frühjahr werden die Stöcke wieder ausgegraben und erneut an ihren Rankgerüsten erzogen. Ein ausgeklügeltes Bewässerungssystem macht die Methode perfekt. Dieses besteht aus einem komplizierten Netzwerk unterirdischer Kanäle, in denen sich das Schmelzwasser der Gletscher von den Südhängen der hohen umliegenden Gebirgsmassive sammelt.

Diese Art des Weinbaus ist ein gigantisches, arbeitsintensives Konzept, an dem ein Großteil der Einheimischen beteiligt ist. Das Ergebnis ist einmalig. Die heimische Traubenart, die mittlerweile weltbekannte Turfan-Weintraube, ist klein und zuckersüß und wird in großen Mengen auf Holzgerüsten in der Sonne zu Rosinen getrocknet – begehrt nicht nur in China, sondern auch in vielen anderen Ländern.

In der Abenddämmerung kehren wir nach Ürümqi zurück, gerade rechtzeitig für ein einfaches Abendessen mit Renato und Jin. Am nächsten Tag soll uns das Flugzeug nach Khotan an die Grenze der Takla Makan bringen. Khotan ist die Stadt, die dem gewählten Ausgangspunkt für mein Unternehmen am nächsten liegt. Die Aussicht, mich nach zwei Jahren, in denen das Vorhaben all mein Denken und Planen beherrscht hatte, endlich dieser Wüste zu nähern, ist ungeheuer aufregend. Doch was mich gefühlsmäßig und optisch erwarten würde, übersteigt meine Vorstellungskraft. Auch wenn es mein viertes Abenteuer dieser Art ist, ist der erste magische Augenblick der Begegnung immer wieder neu und atemberaubend. An derart faszinierende und bewegende Eindrücke wird man sich nie gewöhnen.

Die Stadt Khotan war seit Marco Polos Zeiten ebenfalls einer der wichtigen Stützpunkte und Handelszentren an der Seidenstraße, Durchzugsort zahlloser Karawanen, die in den vergangenen Jahrhunderten zwischen Orient und Okzident verkehrten und den Handel mit Gewürzen und wertvollen Materialien aufrechterhielten. Bis heute ist Khotan als Fundort und für die Verarbeitung von Jade berühmt, jenem Edelstein, der an den Kaiserhöfen Chinas hochgeschätzt und zu edlen Schmuckstücken und Skulpturen verarbeitet wurde. Dank Jins Dolmetschertätigkeit erfahren wir die Geschichte dieses Steins von den ansässigen Edelsteinschleifern und Juwelieren. Sie erzählen uns, dass die Steine aus dem Bett des Flusses Yurungkax gesammelt werden, der durch die Stadt fließt. In Vollmondnächten machen sich Kinder und Jugendliche zu den seichtesten Stellen des Flusses auf, wo die Steine dann zwischen Kies und

Geröll auf dem Grund leicht zu unterscheiden sind. Auch heute noch wird die Jade von Meistern ihres Fachs von Hand verarbeitet, deren Kunst seit Jahrhunderten vom Vater auf den Sohn weitergereicht und überliefert wird. Die kleinen Skulpturen und Schmuckstücke, die sie herstellen, sind Früchte einer uralten und äußerste Fertigkeit erfordernden Ziselierkunst und orientieren sich fast immer an antiken Vorbildern. Jade kommt hier in zwei Formen vor: Einmal ist es die grüne Jade, die häufigste und auch im Westen bekannteste Art, und die weiße Jade. Letztere ist bei bester Qualität sogar noch wertvoller als die grüne Variante. Die Bearbeitungsmethoden sind einfach und seit Jahrhunderten unverändert. In den meisten Häusern der Stadt befinden sich kleine Werkstätten, in denen oft sehr alte Meister dieser Kunst den ganzen Tag über ihren Schöpfungen gebeugt verbringen, die teilweise eine überaus geduldige Hingabe bis zur Fertigstellung verlangen. Jeder kleinen Statue, jedem Anhänger oder anderem Gegenstand kommt im Rahmen der Kulturgeschichte dieses Volkes, für das Symbole stets eine wichtige Rolle spielen, eine exakt definierte Bedeutung zu.

Nach einem Tag Aufenthalt, an dem wir die nötigen Vorbereitungen treffen, brechen wir im Geländewagen auf in Richtung Wüste. Wir rattern Stunden über festgestampfte, staubige, mit Schlaglöchern durchsetzte Pisten, die unseren Fahrer zu wahren Slalomkünsten zwingen. Abgesehen von einigen wenigen klapprigen Lieferwagen, die uns mit hoher Geschwindigkeit überholen und in dichte graue Staubwolken und stinkende Auspuffgase einnebeln, herrscht hier kaum Verkehr. Wir kurbeln zwar jedes Mal hastig die Fenster hoch, sobald ein Gefährt am Horizont auftaucht, doch das nützt nicht viel. Der pudrige Sand dringt durch alle Ritzen und Öffnungen ins Wageninnere, legt sich wie eine luftabschließende Schicht auf die Haut und sämtliche Gesichtsöffnungen, so dass das Atmen zur Qual wird. Schließlich bleibt uns nichts anderes übrig, als uns ein Tuch vor Nase und Mund zu binden. Wir sehen aus wie drei Bankräuber kurz vor dem Überfall.

Das häufigste Verkehrsmittel, das uns begegnet, sind hier vierrädrige hölzerne Eselkarren. Häufig sind ganze Familien zusammen mit allen möglichen Waren unterwegs und teilen sich dicht zusammengedrängt die kleine Ladefläche dieses vorsintflutlichen Fortbewegungsmittels. Wir erregen überall große Neugier, werden aber von allen freundlich gegrüßt.

Im Land der Uiguren

Wir befinden uns im äußersten Nordwesten Chinas, in der abgelegenen Region Xinjiang, dem früheren Sinkiang, die als die ärmste des gesamten Landes gilt. Die damals insgesamt 13 Millionen Bewohner dieses Landesteils gehören 15 verschiedenen ethnischen Gruppen an, von denen mehr als die Hälfte Uiguren sind. Die Spuren des Ursprungs dieses Turkvolkes verlieren sich in der Vergangenheit. Offenbar jedoch leiten sie ihre Herkunft von den Dingling-Nomaden aus dem 3. Jahrhundert vor Christus ab. Sie sind Moslems und ähneln in ihrer äußeren Erscheinung den Kasachen, an deren Stammland, Kasachstan, diese Region im Nordwesten grenzt. An das Leben in und mit der Wüste gewohnt, haben sie im Lauf der Jahrhunderte ein kunstvolles Bewässerungssystem entwickelt, das zum Beispiel für den Anbau von Reben in Turfan genutzt wird und sich auf ein Netz unterirdischer Kanäle gründet. Mit Hilfe dieses Systems gelingt es ihnen, jeden Quadratmeter Land erfolgreich landwirtschaftlich zu nutzen, den sie, im ständigen Kampf gegen die immer weiter fortschreitende Versandung, der Wüste abtrotzen. Auch hier, wie überall auf unserem Planeten, ist die Ausdehnung der Wüstengebiete eine Erscheinung, die als die unmittelbare Folge der stets massiver werdenden Eingriffe des Menschen in das wunderbare Gleichgewicht der Natur gilt. Wahlloses Abholzen der Wälder in Verbindung mit intensiver Bewirtschaftung von Wiesen und Feldern hat einen teuflischen Prozess in Gang gesetzt, der sich in einer gewaltigen Ausbreitung arider Zonen bemerkbar macht. Offenbar gehen allein in China jährlich gut eine Million Hektar (10 000 Quadratkilometer) Land für die Landwirtschaft verloren – ein Schaden für die Volkswirtschaft in Milliardenhöhe. Städte, die einst blühende Oasen an der Seidenstraße waren, sind heute nichts als bizarre Ruinen im Sand, verschlungen vom unaufhaltsamen Fortschreiten der Wüsten dieser Erde, die sich alljährlich über hundert Meter weiter ausbreiten.

Stundenlang fahren wir auf einer Piste, die rechts und links von Pappeln gesäumt ist: Diese wurzeln unmittelbar im Sand – die letzte Barriere von Menschenhand als Bollwerk gegen die Wüste gepflanzt –, während in nur wenigen hundert Metern Entfernung die ersten Dünen der Takla Makan drohend aufragen und nur darauf warten, sich in ihrer Unersättlichkeit voranzuschieben, um sich das Land Meter um Meter einzuverleiben.

Angesichts dieser dramatischen Realität, der sich Millionen von Menschen in der ganzen Welt gegenübersehen, betrachte ich meine Unternehmungen in letzter Zeit auch aus einem ganz anderen Blickwinkel. Abgesehen von persönlichen Sehnsüchten und dem Wunsch nach Selbstfindung, abgesehen von Materialtests und der Herausforderung mentaler Grenzsituationen, sind vielleicht auch wissenschaftliche Erkenntnisse zu gewinnen. Könnten diese Projekte nicht in einem gewissen Rahmen auch beweisen, dass der Mensch in gar nicht mehr ferner Zukunft in der Lage ist, unter Extrembedingungen zu überleben und sich an das Leben in der Wüste anzupassen? Möglicherweise ja.

Vor einer kleinen Ansammlung einfacher Hütten endet die Piste schließlich abrupt. Von hier aus muss sich der Besucher seinen Weg selbst suchen. Wie auf Bestellung schiebt sich eine milchig weiße Dunstschicht vor den bisher klaren, blauen Himmel – das untrügliche Zeichen eines nahenden Sandsturms. Mit einem Mal wird die über allem lastende Hitze von einem ebenso heißen Wind aufgewirbelt, der in Sekundenschnelle riesige Staubwolken aufpeitscht, die die restliche Sonne verdunkeln. Schon vor der Abreise war uns klar, dass uns um diese Jahreszeit pünktlich die gefürchteten Sandstürme erwarten, die hier alljährlich die Welt mit einer extrem feinen beigefarbenen Staubschicht überziehen. Dann lösen sich plötzlich Gestalten aus dem Staubnebel. Es sind die wenigen Bewohner dieses kleinen Dorfes, die sich uns neugierig nähern und schließlich unseren Geländewagen umringen, ohne sich um den Sandstaub zu scheren, der in wenigen Sekunden alle und alles einhüllt. Sie sind dieses Naturphänomen gewohnt, es ist von jeher Bestandteil ihres Lebens.

Höflich bitten sie uns in eine der Hütten. Dort hocken sie sich um eine Herdstelle auf den Boden und bedeuten uns, ebenfalls Platz zu nehmen. Eine Frau schenkt Tee in alte Porzellantassen ein, die uns ein Mädchen lächelnd reicht. Die Flüssigkeit ist heiß und süß, aber nicht besonders stark und mit Jasmin aromatisiert. Aus dem Halbdunkel tritt ein kleines Mädchen. Es trägt einen Teller mit einem sauber aufgeschichteten Stapel Fladenbrote, den es uns anbietet. Wir reißen uns jeder ein Stück Fladenbrot mit den Fingern ab. Es schmeckt köstlich, ist knusprig und auf der Oberfläche mit Sesamsaat gewürzt. Während wir essen, erklärt Jin den Uiguren Sinn und Zweck unseres Besuchs an diesem entlegenen Ort. Die Verständigung ist schwierig. Die Uiguren sprechen eine eigene Sprache, die kaum ein Han-Chinese beherrscht. Glücklicherweise hat einer unserer Gastgeber etwas Mandarin-Chinesisch gelernt und kann sich daher mit unserem Freund zumindest bruchstückhaft verständigen. Ich merke, dass mich die Frauen aus einiger

Distanz neugierig mustern, während sich die Halbwüchsigen unter den Kindern unmerklich immer näher an mich herandrängen. Gelegentlich berührt eine Hand meine Uhr oder den breiten silbernen Armreif aus Afrika, jenen Talisman, den ich stets auf Reisen trage. Zwei mutigere Kinder wagen es schließlich, mir ins Haar zu fassen, dessen Blond sie wohl erstaunt und das sich in der Farbe so deutlich von ihrem blauschwarz schimmernden Haar unterscheidet.

Jin versucht ihnen Informationen über die Region zu entlocken, doch ihre Kenntnisse über die Wüste sind offensichtlich bald erschöpft. Mehr als Gemeinplätze haben sie nicht zu bieten. Alles, was wir in Erfahrung bringen können, ist, dass es im Zentrum der Wüste unglaublich hohe Dünen gibt, die gelegentlich sogar über 300 Meter messen. Obwohl diese Menschen so dicht an der Takla Makan leben, kennen sie die Wüste offenbar nur oberflächlich. Plötzlich wird es still in dem kleinen Raum. Alle sehen mich ungläubig an, beinahe so, als käme ich von einem anderen Planeten. Jin hat ihnen gerade erzählt, dass ich vorhabe, eine Wüstendurchquerung im Alleingang zu wagen. Das macht sie offenbar fassungslos. Anders ist ihr Ausdruck kaum zu deuten. Nach einigen Minuten wendet sich einer der Männer an den chinesischsprechenden Nachbarn, und beginnt ernst auf ihn einzureden, während seine Blicke immer wieder zu mir wandern. Als er geendet hat, gibt der Nachbar das Gesagte an Jin weiter, der es für uns übersetzen soll. Ich warte verständnislos und verwirrt auf Jins Erklärung. Wie Jin schließlich ausführt, betrachteten die Uiguren mein Vorhaben mit großer Sorge. Niemand habe bis dahin die Wüste auf der ganzen Strecke durchquert. Sie seien überzeugt, dass ein solches Unternehmen zum Scheitern verurteilt sei. Schon viele hätten sich im Meer der Dünen verirrt, keiner sei je zurückgekehrt. Ob ich wisse, warum, schloss Jin. Ich spüre, wie mir der Schweiß den Rücken hinunterrinnt, als Jin die Frage selbst beantwortet: »Weil der Name Takla Makan in der

Sprache der Uiguren ›Wüste des Todes‹ oder ›Ort ohne Wiederkehr‹ bedeutet. Sie sind der Meinung, wer hineingeht, kommt nie wieder heraus.«

Eine erste Annäherung

Nach kurzer Beratung beschließen wir, uns selbst ein Bild zu machen, um festzustellen, was es mit dieser geheimnisvollen Unbekannten auf sich hat. Mit Jin am Steuer des Geländewagens versuchen wir, eine befahrbare Route zu finden, auf der wir ein Stück in die Wüste hineinfahren und dort konkrete Informationen sammeln und die Ergebnisse nach Italien weiterleiten können. Nachdem wir stundenlang sinnlos herumgefahren sind, müssen wir akzeptieren, dass es hier schlicht keine befahrbaren Pisten gibt. Der Geländewagen muss sich seinen eigenen Weg durch den lockeren Sand, zwischen spärlich verstreut stehenden, trockenen, vom Wind gepeitschten Sträuchern bahnen, die den Fahrer ständig zu abrupten Ausweichmanövern zwingen. Jin ist allerdings – wie die meisten Chinesen – nicht daran gewohnt, ein Fahrzeug durch den lockeren Sand zu lenken, das zu allem Übel und im Gegensatz zu den Jeeps in der Sahara nicht mit Sandblechen ausgerüstet ist. Das hat zur Folge, dass wir im Sand stecken bleiben und fast eine Stunde damit vertun, die Räder nach allen Regeln eines Survivaltrainings mit zufällig greifbaren Hilfsmitteln freizuschaufeln. Wir schneiden eine Menge trockener Zweige ab, legen diese unter die Räder, um die Haftung der Reifen zu erhöhen, und bekommen so den Geländewagen wieder frei. Nach nur wenigen hundert Metern jedoch geraten wir in die nächste Sandfalle. Zu allem Übel fegt schon den ganzen Tag über dieser erbarmungslose Wind über die weiten Flächen und wirbelt mit erstaunlicher Geschwindigkeit Sandwolken auf, die sich über unsere Spuren und die ganze Umgebung legen. Es ist ein ungleicher Kampf, bei dem wir nur verlieren können. Am Ende des Tages sind wir erschöpft, todmüde, vom Wind durchgeblasen und staubig. Insgesamt haben wir vielleicht eine Strecke von zehn Kilometern zurückgelegt.

Als der Abend dämmert und wir anhalten, um ein Lager aufzuschlagen, flaut der Wind etwas ab. Wir sitzen zu viert im Küchenzelt, sind frustriert und enttäuscht angesichts dieses ersten Vorstoßes in die Wüste. Die Stimmung ist auf dem Nullpunkt, als wir uns über ein schnell zubereitetes, mit Sand gewürztes Gericht hermachen und dabei nach Möglichkeiten suchen, wie wir das Unternehmen fortsetzen können. Die Takla Makan erweist sich als ein wesentlich schwierigeres Terrain als ursprünglich angenommen.

Es folgt eine endlos lange Nacht. In China herrscht, obwohl das Staatsgebiet ein riesiges Territorium und vier Zeitzonen umfasst, überall dieselbe Uhrzeit: Es gibt nur eine Zeitzone, und in diesem Gebiet dauert die Nacht gute 14 Stunden. Wir sind schon seit einigen Stunden wach, als uns das Meckern einer Ziege aus dem Zelt lockt. Ein Zicklein hat offenbar seine Herde verloren. Wir pflocken es in der Nähe unseres Lagers an, in der Hoffnung, dass die Mutter, die ja nicht weit sein kann, von seinen Rufen angelockt wird, und geben ihm frisches Gemüse zu fressen. Und es dauert tatsächlich nicht lange, bis eine Antwort auf sein Rufen zu hören ist. Kurz darauf erscheint eine Herde Ziegen, gefolgt von zwei Männern, die eine Reihe von Kamelen führen. Damit kann ich zum ersten Mal diese zweihöckrige Spezies Zentralasiens, die sogenannten Trampeltiere, aus der Nähe betrachten, die sich so offensichtlich von ihren afrikanischen Verwandten unterscheiden. Sie sind niedriger im Wuchs, dafür wesentlich robuster und massiger und haben zwei große, schaukelnde Höcker. Ihr Fell ist lang und zottig, wenn auch an manchen Stellen fast kahl. Der heiße Sommer steht immerhin bevor, und dann fällt den Tieren das warme Winterfell büschelweise aus und wird durch ein leichteres Sommerfell ersetzt.

Die Nomaden bedanken sich für die Rettung ihres Zickleins, das kaum, dass wir es losgebunden haben, in der Herde verschwindet und neben der Mutter herspringt. Jin lädt die Männer zum Tee ein und versucht, sich mit Händen und Füßen zu verständigen, um nützliche Informationen zu erhalten, und zeigt den beiden eine Landkarte mit chinesischer Beschriftung. Nach zahlreichen Verständigungsversuchen begreifen wir zumindest, dass es das einzig Vernünftige ist, zu dem um diese Jahreszeit ausgetrockneten Flussbett des Keriya zu fahren und entlang des Flusslaufs so weit wie möglich ins Wüsteninnere vorzustoßen.

Vom Wind durchgeschüttelt, der mittlerweile wieder kräftig aufgefrischt hat, bauen wir das Lager ab und finden nach etlichen Stunden schließlich das von den Ziegenhirten bezeichnete Gebiet. Der ausgetrocknete Flusslauf ist nicht gerade deutlich zu erkennen, denn auch während der Sommerzeit, wenn das Schmelzwasser der Gletscher ins Tal herunterfließt, führt der Fluss in diesem Teil der Wüste nicht unbedingt üppig viel Wasser und verändert von Jahreszeit zu Jahreszeit immer wieder seinen Lauf. Die Gefahr ist daher groß, dass man einem Flussarm folgt, der irgendwann unvermittelt im Sand verschwindet. Wir verbringen den ganzen Tag damit, das Gebiet des Keriya zu erkunden, folgen den Angaben unserer Karte und gelangen schließlich zu der Überzeugung, dass diese Stelle höchstwahrscheinlich der günstigste Ausgangspunkt für die Durchquerung ist. Nach allem, was wir grundsätzlich in Erfahrung bringen konnten, beginnt der Fluss zwischen März und Juni Wasser zu führen, erreicht im Juli seinen höchsten Wasserstand, um Anfang Herbst zunehmend wieder auszutrocknen. Wenn wir davon ausgehen, dass diese Informationen gesichert sind, ist Mitte Oktober der günstigste Zeitpunkt für den Aufbruch zur Wüstendurchquerung. Zu dieser Zeit ist das Gelände praktisch trocken. Es ist also möglich, dem Flussbett zu folgen, ohne im Schlamm zu versinken, während gleichzeitig noch einige Wasserlöcher verbleiben, aus denen ich während des ersten Teils der Strecke Wasser entnehmen könnte. Nach unserem Kartenmaterial trocknet der Fluss auf dem Weg in die Wüste abschnittsweise immer stärker aus, bis er sich einige Kilometer vor Beginn der hohen Dünen völlig im Sand verliert. Aus diesem Grund wird er auch »Geisterfluss« genannt.

Nach zehntägigen Erkundungen bereiten wir schließlich unsere Rückkehr nach Italien vor. Wir haben Unmengen von Video- und Fotomaterial gesammelt und besitzen mittlerweile eine ungefähre Vorstellung vom Ablauf des Unternehmens – und in jedem Fall wesentlich präzisere Informationen als vor unserer Ankunft in China, auch wenn noch zahlreiche Unklarheiten bleiben. Allerdings brachte mich diese erste Begegnung mit der Takla Makan ein wenig aus dem Konzept. Trotz der Faszination, die von ihr ausgeht, ist sie dennoch sehr fremd, unberechenbar und schwer einzuordnen. Am Abend vor dem Abflug melde ich mich bei meinen Begleitern ab, um mich eine kurze Strecke vom Lager zu entfernen, und mache mich ganz in Gedanken versunken zu einem Spaziergang auf. Ich versuche zu erkunden, welche Art der Kommunikation ich mit dieser Wüste finden kann. Noch war mir nicht klar, ob sie mich akzeptieren oder abweisen würde. Vielleicht ist es noch zu früh, eine Ebene der Verständigung zu finden. Vielleicht würde sich das erst auf der Durchquerung klären. Negative Zeichen scheint sie jedenfalls nicht auszusenden. Ich habe das Gefühl, als warte die Wüste ab, als verlange die Takla Makan erst meine eindeutige Entscheidung – das Bekenntnis, das Wagnis einzugehen, mich auf die Herausforderung einzulassen. Es ist ein sehr bewegender und auch aufregender Augenblick. Lasse ich mich darauf ein, bin ich die erste Frau, die das Wesen dieser Wüste ergründen wird. Aber wird mir gelingen, woran so viele vor mir gescheitert sind? Habe ich die Kraft, die nötige Entschlossenheit, mich in ein Abenteuer zu stürzen, das so viele Unwägbarkeiten birgt, dessen Vorbereitung sich bereits als derartig kompliziert entpuppt? Und hinzu kommt, dass ich im Vorfeld keine Möglichkeit habe, mich mit den Bedingungen vertraut zu machen, die mich erwarten? Was, wenn sich die Takla Makan tatsächlich als tödliche Falle herausstellt? Wenn wirklich jeder, der sich in diese Wüste begibt, unwiederbringlich verloren ist? Ich fühle mich fatal an die Geschichte von Odysseus und den Sirenen erinnert.

Ich bücke mich, nehme eine Handvoll Sand auf und lasse ihn durch meine Finger rinnen. Es war eine beinahe zärtliche Geste, ein erster Annäherungsversuch, der mich spontan zu der Antwort verführt: »Ja, ich will dich kennenlernen! Aber bitte, täusche mich nicht, lass mich nicht zu sehr leiden.« Damit mache ich mich auf den Rückweg – einerseits erleichtert angesichts der getroffenen Entscheidung, andererseits in dem Bewusstsein der großen Verantwortung, die ich habe – meiner Familie und all jenen gegenüber, die mich lieben.

Die Unbekannte

Die Takla Makan, das größte Wüstengebiet Chinas, befindet sich im Nordwesten des Landes an der Grenze zu Kasachstan, Kirgisistan und Tadschikistan, den ehemaligen asiatischen Republiken der Sowjetunion. Sie liegt in einem natürlichen Becken, dem Tarim-Becken, umgeben von hohen Gebirgsmassiven wie dem Himalaja. Sie umfasst eine Fläche von 337 000 Quadratkilometern (und ist damit fast so groß wie Deutschland) innerhalb des Autonomen Gebiets Xinjiang (früher Sinkiang) der Volksrepublik China und hatte 1993 15 Millionen Einwohner. Im Herzen der Takla Makan erhebt sich der Gebirgszug Mazar-tagh, der zwar nicht sonderlich eindrucksvoll scheinen mag, jedoch hoch genug aus der Wüste aufragt, um die scharfen Nordwinde abzuhalten, die aus den mongolischen Steppen herüberwehen. Aus den durch diese natürliche Barriere im Süden verursachten Turbulenzen entstand ein endloses Meer aus dicht an dicht liegenden Dünenketten, die bis zu 250 und 300 Metern hoch sein können. Dieses Herz der Takla Makan war seit der Zeit Marco Polos bekannt und gefürchtet. Die Seidenstraße, die von der einstigen Hauptstadt Chinas, dem heutigen Xian, ihren Ausgang nahm, teilte sich hier in zwei Routen auf. Die eine führte nach rechts, also am nördlichen, die andere nach links, also am südlichen Rand der Wüste entlang. In China spricht man nicht wie in Mitteleuropa von der Takla Makan, sondern vom Tarim-Becken oder Tarim Shamo. Von Süd nach Nord durchziehen im Sommer während bestimmter Perioden etliche kleinere Flüsse die Wüste, die sich aus den Schmelzwassermassen aus dem chinesischen Karakorum-Gebirge speisen, nach etlichen Kilometern im Sand versickern, jedoch überall Wasserstellen zurücklassen. Zu diesem Zeitpunkt wandern Nomadenstämme einige Dutzend Kilometer entlang dieser »Geisterflüsse« in die Wüste, um ihre Tiere zu tränken und die seltene Vegetationsdecke zu nutzen, die in Wassernähe gedeiht. Wie alle Wüstengebiete ist die Takla Makan von bemerkenswerten Temperaturunterschieden gekennzeichnet: Ihre besondere Lage auf der windabgewandten Seite hoher Gebirgsmassive macht sich in Niedrigtemperaturen im Winter bis zu –30 °C bemerkbar, während die sommerlichen Höchstwerte bei ungefähr +40 °C liegen. Die Takla Makan genießt bei den Chinesen beinahe größere Bewunderung als die Wüste Gobi. Sie sind besonders stolz darauf, dass sich mit ihr die zweitgrößte Sandwüste und nicht bewohnbare Fläche der Welt nach der Sahara in ihrem Land befindet. Sie halten sie für einen von Mythen umwobenen, unzugänglichen Ort, und obwohl sie sie kaum kennen, sprechen sie von ihr mit großem Respekt und Ehrfurcht.

Wichtige Entscheidungen

Nach dieser ersten Erkundung vor Ort gelangen wir zu der Entscheidung, dass eine Durchquerung von Süd nach Nord die einzige begehbare Route ist. Als Ausgangspunkt im Süden wählen wir die Stadt Yutian östlich von Khotan. Von dort aus habe ich vor, mich in Richtung Norden zur Stadt Aksu aufzumachen.

Die Wahl fällt auf diese Route, da ich hier auf dem ersten Abschnitt der Unternehmung die Möglichkeit habe, dem Lauf des Keriya-Flusses zu folgen, und meine Wasserversorgung durch die Wasserstellen gesichert scheint, die ich dort finden würde. Eine verlässliche Wettervorhersage für die bevorstehenden Jahreszeiten allerdings ist nicht zu erhalten. Alles hängt davon ab, wie die Schmelzwassermengen von den großen Gletschern ausfallen. Führt der Fluss zu viel Wasser, ist mir diese Route verwehrt – führt er zu wenig Wasser, kann ich meinen Trinkwasserbedarf nicht regelmäßig decken. Mein Bestreben ist es, während der Durchquerung ganz auf mich allein gestellt zu bleiben, das heißt, auf jede Unterstützung von außen zu verzichten. Als einzigen größeren Ausrüstungsgegenstand wähle ich einen Rucksack, in dem alles untergebracht werden muss, was ich zum Überleben in der Wüste benötige.

Ich verbringe endlose Stunden mit der Berechnung von Streckenzeiten in Verbindung mit der Möglichkeit, auf Wasserlöcher zu treffen, obwohl sich sehr bald abzeichnet, dass es schwierig ist, ein derartiges Unternehmen praktisch vom Reißbrett aus zu planen. Wir können nur von einer gesicherten Information ausgehen, und das ist die, dass es im gesamten Mittelteil der Wüste kein Wasser gibt, wir uns also etwas einfallen lassen müssen, wie ich mich mit dem lebensrettenden Nass versorgen kann. Ohne ausreichende Wasservorräte ist eine Wüstendurchquerung nicht möglich. Ebenso absurd ist die Vorstellung, ich könne meinen gesamten Wasservorrat im

Gepäck mit mir führen. Die Wasserversorgung muss demnach exakt geplant werden. Hubschrauber sind in diesem Teil Chinas nicht verfügbar. Damit müssen die Wasservorräte zwangsläufig auf dem Landweg herbeigeschafft werden. Angesichts der Tatsache, dass das Gebiet der großen Dünen selbst mit Geländewagen nicht befahrbar ist, bleibt keine andere Wahl, als die Wasservorräte mit Hilfe einer Kamelkarawane dorthin zu bringen. Somit beschließen wir, dass unmittelbar nach meinem Aufbruch das Hilfsteam unter Oscars Leitung mit Geländewagen am Rand der Wüste entlang zu einem bestimmten Ort fahren wird, wo sie einige chinesische Kamelführer und ihre Tiere erwarten. Jins Aufgabe ist es, dies alles zu organisieren. Anschließend brechen alle zusammen mit der Karawane in das Dünengebiet auf, um vier Wasserdepots von je sechs Litern anzulegen und umgehend zum Ausgangspunkt zurückzukehren. Selbstverständlich sollte das mehrere Tage vor meiner Ankunft in der jeweiligen Zone geschehen, denn ich will während der gesamten Durchquerung keinen persönlichen Kontakt zu meinem Team aufnehmen. Als einzige Verbindung ist ein Satellitentelefon vorgesehen, das ich im Rucksack bei mir trage. Die Batterie des Telefons wird durch ein außen am Rucksack befestigtes Solarpanel aufgeladen. Wir einigen uns auf einen Kontrollanruf pro Tag. Bei diesem Kontakt gebe ich meine Positionsdaten durch, und das Team informiert mich über die exakten geografischen Koordinaten der Wasserdepots. Damit steht meinem Team eine kraftraubende und verantwortungsvolle Aufgabe bevor, während es an mir liegt, die angelegten Wasserdepots rechtzeitig zu finden. Verfehle ich auch nur eines, habe ich nicht ausreichend Wasser für die Durchführung meines Vorhabens. Das bedeutet zwangsläufig den Abbruch der Durchquerung. Ich muss Hilfe anfordern und hoffen, dass das Hilfsteam mich rechtzeitig erreicht … und zwar mit dem in dieser Zone einzig möglichen Fortbewegungsmittel: dem Kamel.

In der Anfangszeit der Vorbereitung habe ich auch lange mit dem Gedanken gespielt, die Durchquerung mit einem Kamel durchzuführen. Die Vorstellung, einen vierbeinigen Begleiter an meiner Seite zu haben, erschien mir durchaus verlockend. Davon abgesehen wäre es sicher bequemer gewesen, meine gesamte Ausrüstung einschließlich des Wasservorrats auf einem Kamel zu transportieren. Schweren Herzens jedoch sah ich mich gezwungen, diesen Plan aufzugeben. Der Rat erfahrener Kamelführer und auch meine eigene Erfahrung mit den Sahara-Dromedaren der Salzkarawane haben mich schließlich überzeugt. Das Risiko mit diesen schwer zu zähmenden Lasttieren allein unterwegs zu sein, ist ohne entsprechende Ausbildung einfach zu groß. Und an das Nachholen eines entsprechenden Trainings war schon aus Zeitgründen nicht zu denken. Die Kamele Zentralasiens sind wesentlich robuster und massiger als ihre afrikanischen Verwandten, so dass im Umgang mit den Tieren auch wesentlich mehr Körpereinsatz gefordert ist. Ein Kamel zu be- und entladen ist eine mühsame Angelegenheit, sind Lasttier und Führer nicht aneinander gewöhnt. Schon eine falsche Geste oder ein unbedachter Handgriff genügen, um bei diesen Tieren gefährliche Reaktionen auszulösen. Erschwerend kommt hinzu, dass die Toleranz gegen Wassermangel beim zweihöckrigen, asiatischen Kamel geringer ist als bei den Dromedaren: Es muss alle drei bis vier Tage trinken. Und in Anbetracht der großen Schwierigkeiten mit der Wassersorgung, die mich möglicherweise auf meiner Durchquerung erwarten, bin ich zu der Ansicht gelangt, dass mit dem Einsatz dieser Tiere nur das Risiko des Expeditionsvorhabens erhöht wird. Schließlich kann ich nicht damit rechnen, immer auf gut gefüllte Wasserstellen zu treffen, an denen ich meinen und den Flüssigkeitsbedarf des Kamels decken kann. Und nicht zuletzt ist auch die Traglast begrenzt, die man einem Kamel zumuten kann. Denn es könnte niemals den kompletten Wasservorrat transportieren.

Erschwerend kommt hinzu, dass ich die Dauer meiner Unternehmung und damit die nötige Wassermenge nicht einmal richtig abschätzen kann. Bei meinen Berechnungen für die Durchquerung bin ich zwar von einer Dauer von einem Monat ausgegangen, aber auch in diesem Punkt kann niemand im Voraus sagen, ob die veranschlagte Zeit genügt.

Die Zone der hohen Dünen ist bei dieser Gleichung die eigentliche große Unbekannte. Dabei kommen mir Karten aus dem 18. Jahrhundert in den Sinn, auf der alle noch unerforschten Gebiete als große weiße Flächen und mit der Aufschrift gekennzeichnet sind: Hic sunt leones (hier sind Löwen). Ich glaube wirklich nicht, dass es im Herzen der Wüste Takla Makan Löwen gibt. Vielmehr werde wohl ich das einzige Lebewesen dort sein.

Vorbereitung auf die Expedition

Es ist Ende April, und die Expedition soll im Oktober beginnen. Damit bleibt für die Organisation des Unternehmens tatsächlich nicht mehr viel Zeit – obwohl wir mit den Vorbereitungen bereits ein Jahr zuvor begonnen hatten. Die Sponsoren für unsere technische Ausrüstung waren schon seit Monaten damit beschäftigt, das benötigte Material zu sondieren und zu analysieren. Allerdings bin ich erst jetzt in der Lage, ihnen genauere Angaben zu machen.

Zusammen mit den Fachleuten der Firma Ferrino, die Camping- und Expeditionsausrüstung herstellt und mich schon bei meinen früheren Wüstendurchquerungen ausgerüstet hatte, werden die Anforderungen ausgewertet, die sich während meines ersten China-Aufenthalts bezüglich des Rucksacks, des Schlafsacks und des Zeltes herauskristallisiert hatten. Das bereits existierende Material soll auf den neuesten Stand gebracht und exakt an die Bedingungen in der Takla Makan angepasst werden. Konkret bedeutet das, dass dieses für meine Zwecke so funktionell und leicht wie nur möglich sein muss. Es ist eine heikle Aufgabe, Gewicht und Komfort miteinander in Einklang zu bringen. Letztendlich jedoch bewirken die Erfahrungen meiner Partner und das gegenseitige Vertrauen, das sich in den vergangenen Jahren entwickelt hat, wahre Wunder. Mit Rosanna und Giorgio Rabaioli suchen wir intensiv nach optimalen Lösungen für das jeweilige Gelände, das es für mich zu überwinden gilt, und für die Witterungsbedingungen, die mich während der Durchquerung erwarten. Obwohl im Oktober mit Sandstürmen nicht zu rechnen ist, sind es die nächtlichen niedrigen Temperaturen, die uns Kopfzerbrechen bereiten. Das von den Experten konstruierte Zelt ist schließlich ist ein Meisterwerk: klein und doch groß genug, um außer meiner Person auch die gesamte Ausrüstung, Rucksack inbegriffen, aufzunehmen. Aus Gründen der Gewichtsreduzierung muss ich natürlich auf ein Überzelt verzichten. Die Tatsache, dass es in dieser Wüste nicht regnet, macht die Entscheidung leichter. Dadurch reduzieren sich auch die Belüftungsöffnungen, womit wiederum das Risiko steigt, dass sich Kondenswasser bilden kann. Nach langen Diskussionen entscheiden wir uns zugunsten der Gewichtsreduzierung. Das Ergebnis ist ein Zelt, das lediglich 900 Gramm wiegt! Es ist ein bewegender Moment, als ich es zum ersten Mal betrachte. Immerhin wird es für einen Monat mein Zuhause sein.

Das Projekt »Rucksack« erweist sich als nicht minder kompliziert. Wir sind gezwungen, vom grünen Tisch aus sowohl über die Verteilung der Last als auch der Rucksacköffnungen zu bestimmen, wobei Letztere darüber entscheiden, wie schnell ich im Ernstfall bestimmte Gegenstände erreiche. Schließlich entscheiden wir uns für ein Tragesystem aus Aluminium: Und in diesem Fall war nicht das Gewicht entscheidend, sondern vielmehr die Belastbarkeit und Stabilität des Materials. Mit dem Metallrahmen ist der Rucksack sicher schwerer als ein herkömmlicher Rucksack, aber dafür garantiert er mehr Stabilität bei schwererem Gewicht und einen größeren Packraum, der alle benötigten Ausrüstungsgegenstände aufnehmen kann. Das Rucksackinnere wird in drei Fächer unterteilt: Das untere Fach bietet Raum für Trinkwasser und einen Teil des Lebensmittelvorrats, die zusammen das meiste Gewicht ausmachen. Für eine gleichmäßige und stabilisierende Gewichtsverteilung sorgen Hüftgurte. Ein weiteres Fach ist der Kleidung und Biwakausrüstung wie Schlafsack, Campingkocher, Gaskartuschen und den restlichen Lebensmitteln vorbehalten.

An den Seiten befinden sich geräumige Reißverschlusstaschen, in die all jene Gegenstände gehören, die ich während meiner Tagesmärsche benötige, sowie Dinge, die ich im Notfall schnell zur Hand haben muss, wie Erste-Hilfe-Tasche, Sonnenschutz, Nahrungsergänzungsmittel, GPS-Gerät und Taschenlampe. Im oberen Teil ist schließlich ein Fach für Satellitentelefon, Videokamera und Fotoapparat vorgesehen.

Zelt, Isomatte und Fotostativ werden unter dem Rucksack in dem freien Raum zwischen Rucksackboden und Alugestell festgeschnallt. Um eine weitere Gewichtsreduzierung zu erzielen, wird mir der Rucksack praktisch auf den Leib geschneidert. Jedes Gramm, das gespart werden kann, ist ein Gramm weniger zu tragen, lautete das Motto der Techniker, und die Erfahrung gibt ihnen recht.

Zwischen den verschiedenen Projekten habe ich stets mein gewohntes Trainingsprogramm fortgesetzt, um mein Fitnesslevel zu halten. Mit dem allmählichen Näherrücken des Expeditionstermins beginnt nun ein eigens auf die Wüstendurchquerung abgestimmtes Spezialtraining. Damit fängt für mich eine äußerst schweißtreibende und anstrengende Vorbereitung an, die wie immer Franco Nava betreut. Franco ist mein verdienstvoller persönlicher Trainer und hat den Auftrag, mich körperlich für die anstehenden Strapazen fit zu machen. Das Projekt Takla Makan ist seit 1991 das vierte Unternehmen, auf das er mich vorbereitet. Das Training nimmt insgesamt fünf Monate in Anspruch. Tägliche Übungseinheiten mit zunächst ständig steigenden Gewichten stehen auf dem Plan, um mich an die Last des Rucksacks zu gewöhnen. Von Anfang an benutze ich dabei den für die Takla Makan konstruierten Rucksack, um wenn nötig weitere Änderungen daran vornehmen lassen zu können. Jeder Ausrüstungsgegenstand muss zahlreiche Testreihen bestehen. Nur so können wir unliebsame Überraschungen im Augenblick der Wahrheit verhindern, wenn ich ganz auf mich allein gestellt bin. Es genügt bereits ein zu lockeres Gurtsystem oder eine Naht, die auf der Haut scheuert, um Entzündungen und Schmerzen zu verursachen, die im Endeffekt alles infrage stellen können.

Ich trainiere viele Stunden mit einem 30 Kilogramm schweren Rucksack auf dem Rücken auf einem Laufband mit einem eingestellten Steigungswinkel von 15 Grad in der Sommerhitze von Mailand, die an Kondition und Nerven zehrt. Trotzdem reagieren Muskeln und Körper positiv auf die hohe Beanspruchung, und als ich im Institut für Sportmedizin in Mailand einigen Tests unterzogen werde, sind die Ergebnisse zufriedenstellend. Zum ersten Mal ist vorgesehen, dass Sportmediziner mich vor und nach einer Wüstendurchquerung auf meinen psychischen und physischen Zustand hin untersuchen, um wissenschaftliche Erkenntnisse darüber zu gewinnen, wie sich extreme klimatische Bedingungen in Wüstenzonen bei körperlicher Anstrengung über einen längeren Zeitraum auf einen menschlichen Organismus auswirken, der an völlig andere Lebensbedingungen gewohnt ist. Die Ergebnisse können möglicherweise Aufschluss darüber geben, inwieweit sich der Mensch an die Bedingungen in Wüstenzonen anpassen kann. Erfahrungen, denen vielleicht in naher Zukunft große Bedeutung zukommt.

In der Zwischenzeit finden endlose Besprechungen bei der Firma Sector statt, auch wenn sich die – anfänglich positive – Stimmung stark gewandelt hat: Am 13. April war Patrick de Gayardon, der Skysurfer und »Birdman«, die Säule des *No-Limits*-Teams zu dem auch ich seit meiner Überquerung des Salar de Uyuni gehöre, tödlich verunglückt. Unfallursache war ein dummer Fehler bei der Erprobung eines neuen Wingsuits. Patricks Tod hat uns alle ziemlich erschüttert. Mit diesem tragischen Unfall im Hinterkopf ist es nicht leicht, sich auf ein neues Wagnis zu konzentrieren. Dennoch bin ich der Meinung, dass jeder seinen eigenen Weg gehen und weitermachen muss. Ich glaube, dies ist die beste Art und Weise, Patrick in Erinnerung zu behalten, und zweifelsohne hätte er es selbst so gewollt.

Zu unserer Bestürzung erreicht uns einen Monat nach Patricks Unfall die nächste niederschmetternde Nachricht: Chantal Mauduit, die französische Extrembergsteigerin, ebenfalls Mitglied des Teams, ist bei ihrem Versuch, sämtliche Achttausender dieser Welt zu bezwingen, am Dhaulagiri nachts von einer Lawine in ihrem Zelt überrascht und getötet worden. Es ist unfassbar. Zehn Jahre lang hatte das *No-Limits*-Team keinen einzigen tragischen Unfall in seinen Reihen zu verzeichnen. Jetzt plötzlich scheint es, als stehe die Organisation unter einem bösen Stern. Die Stimmung im Team erreicht den absoluten Tiefpunkt. Teile der Presse fallen mit einem Mal über uns her. Die voreingenommenen Meinungsmacher erheben Beschuldigungen, ohne uns, unsere Aktivitäten und Motive zu kennen oder sie auch nur kennenlernen zu wollen. Wir werden als Verrückte tituliert, die ihr Leben sinnlos aufs Spiel setzen. Am härtesten jedoch trifft uns die unberechtigte Kritik aus den eigenen Reihen. Es sind diejenigen, die trotz mehrfacher Versuche nicht in unser Team aufgenommen wurden, die nun frustriert und aus Rache gegen uns zu Felde ziehen. Wir stellen uns in zahllosen

Interviews über das strittige Thema der Presse und versuchen, ruhig und gelassen unsere Motive zu erklären, die uns dazu bringen, in Ausnahmesituationen unsere Grenzen auszuloten. Aber vor allem weisen wir daraufhin, wie viel Arbeit und Opferbereitschaft hinter all diesen Unternehmungen stecken. Mit Genugtuung stellen wir fest, dass die Menschen anfangen zu verstehen und uns immer häufiger Mut machen, unsere Projekte weiterzuverfolgen. In dieser heiklen Situation ist es nicht einfach, ein so kompliziertes Projekt wie meine Wüstendurchquerung voranzutreiben. Es steht viel auf dem Spiel. Mit ist bewusst, dass ich plötzlich im Zentrum der Aufmerksamkeit stehe. Sicherheitsfragen bestimmen geradezu zwanghaft die gesamte Arbeit. Marco Francesconi, Sport-Marketing-Direktor, verantwortlich für das Team und ein enger Freund, steht unter großem Druck. Nie habe ich ihn derart besorgt erlebt.

Ich selbst bin extrem angespannt. Die Verantwortung lastet auf mir. An Ruhe und Gelassenheit, die bei der Vorbereitung eines Projekts nötig sind, ist nicht zu denken. Ich weiß, dass ich das ändern muss, will ich das Projekt nicht gefährden. Ich hatte die Rechnung mit so vielen Unbekannten gemacht, dass mir keine andere Wahl bleibt, als meine positive Grundhaltung zurückzugewinnen, um die Kontrolle über alles zu behalten. Ich darf nicht zulassen, dass sich die Ereignisse verselbstständigen. Mein angeborener Fatalismus hilft mir. Ich weiß, dass ich für die Expedition optimal vorbereitet bin. Und das ist das Wichtigste. Ich arbeite noch intensiver als zuvor – automatisch, fast wie eine Marionette. Ich versuche, die Dinge mit der Distanz eines unbeteiligten Zuschauers zu sehen. Es erscheint mir die einzige Möglichkeit, dem Druck standzuhalten, den ich von allen Seiten spüre. Ich muss sehr konzentriert bleiben, meiner Sache ganz sicher sein. Wenn ich nicht genügend Stärke zeige, hat es keinen Sinn weiterzumachen, hat alles andere keinen Wert.

Nach nervenaufreibender Wartezeit treffen endlich auch die amtlichen Bescheinigungen der chinesischen Behörden ein, die wir für die Reise benötigen. Unsere Aufenthaltsgenehmigung ist allerdings ausschließlich auf die Region beschränkt, die ich durchqueren möchte. Wir erfahren, dass sich weiter östlich ein geheimes Atomwaffentestgebiet der Chinesen befindet. Nachdem schließlich die letzte bürokratische Hürde genommen ist, beginnt der eigentliche Countdown.

Wie immer bei meinen Projekten spreche ich vor meiner Abreise ausführlich mit meinem Sohn Max. Mittlerweile ist er längst kein Kind mehr und daran gewöhnt, mit einer *No-limits*-Mutter zu leben. Was nicht bedeutet, dass er alle meine Pläne automatisch gutheißt. Mir ist aufgefallen, dass er aufgeregter wirkt als sonst. Ein klärendes Gespräch erscheint mir dringend nötig. Sollte er sich durch mein Vorhaben ernsthaft belastet fühlen, bin ich entschlossen, auch noch im letzten Moment auf die Takla Makan zu verzichten. Seine Antwort auf meine Frage verblüfft mich: »Ich weiß, dass du ein schwieriges Projekt vor dir hast. Und denk bloß nicht, dass ich mir keine Sorgen mache. Wenn es die Takla Makan sein soll, dann mach weiter und behalte die Nerven.«

Es ist seltsam, aber je näher der Augenblick der Abreise rückt, desto ruhiger werde ich. Und prompt wird meine äußere Gelassenheit als Oberflächlichkeit missdeutet. Nur wenige Tage vor dem Start nach China bittet mich Dr. Giardiello, Präsident der Firma Sector, zu einem Gespräch. Wie immer kommt er sofort zur Sache: »Fühlst du dich der Sache wirklich gewachsen?« Die Frage kommt für mich zu diesem Zeitpunkt völlig unerwartet. »Es wäre kein Problem, die Sache zu verschieben oder ganz abzusagen«, fährt er fort. Natürlich tut es gut, zu wissen, dass trotz der Schufterei über zwei Jahre und des hohen finanziellen Einsatzes die Firma mir vollkommene Entscheidungsfreiheit lässt. Ich sehe ihm in die

Augen und erwidere gelassen: »Danke ja, ich fühle mich der Sache gewachsen. Anderenfalls hätte ich das Unternehmen gar nicht erst vorgeschlagen.«

Endlich unterwegs

Nach einem guten halben Jahr also kehre ich nach China zurück. Mittlerweile ist es Mitte Oktober. In Peking herrschen bereits winterliche Temperaturen. Wir haben eine 200 Kilogramm schwere Ausrüstung und etliche Empfehlungsschreiben in chinesischer Sprache im Gepäck. Von großem Nutzen sind Letztere nicht. Die Zollkontrollen sind ermüdend und dauern ewig. Unsere Ausrüstung erregt die Neugier der Zollbeamten. Erst nach zähen Verhandlungen geben sie unser Gepäck frei. Mit mir reisen mein Mann Oscar, wie immer verantwortlich für die Bild- und Filmdokumentation sowie für meine medizinische Betreuung, und Daniele Tonani, der für Renato eingesprungen ist. Trotz seiner Jugend ist Daniele ein erfahrener Reisebegleiter, und sein begeistertes Engagement sollte entscheidend zum Erfolg des Unternehmens beitragen.

In Ürümqi erwartet uns auch dieses Mal Jin. Es ist eine Freude, ihn wiederzusehen. Wir begrüßen uns wie alte Freunde. Dass auch er Teil meines Hilfsteams ist, beruhigt mich sehr. Wie schon beim ersten Aufenthalt setzen wir unsere Reise mit dem Flugzeug nach Khotan fort, wo uns zwei Fahrzeuge, ein Geländewagen vom Typ »Land Cruiser« und ein Pick-up, mit je einem uigurischen Fahrer erwarten. Überrascht stellen wir fest, dass sie eher wie Süditaliener und nicht wie Chinesen aussehen. Sie sind sehr sympathisch und immer freundlich, haben jedoch Namen, die wir Europäer unmöglich behalten, geschweige denn aussprechen können. Nach kurzem Palaver und unter großem Gelächter einigen wir uns, sie der Einfachheit halber Salvatore und Vincenzo zu nennen.

Die Fahrzeuge sind bereits mit den Zelten, der übrigen Ausrüstung meines Hilfsteams und dem Kraftstoffvorrat für einen Monat beladen. Es fehlt nur noch unser persönliches Gepäck.

So treten wir alle zusammen die Fahrt nach Yutian an, jener Siedlung, die dem Ort am nächsten liegt, von dem aus ich meine Durchquerung starten möchte.

Der mittlerweile bereits fortgeschrittene Herbst hat das Panorama der Landschaft, wie wir sie bei unserem ersten Besuch erlebt hatten, völlig verändert. Es herrschen kühlere Temperaturen, und von dem lästigen Wind, der uns tagelang verfolgt hatte, ist nichts zu spüren. Das Laub der spärlichen Baum- und Strauchkulisse, die sich uns auf dem Weg in Richtung Wüste bietet, empfängt uns mit einem Feuerwerk an Farbnuancen von Gelb bis Rot. Ein unglaublicher Kontrast zum eintönigen Grau-Beige des Sandes.

Das Meckern von Ziegen verrät uns schließlich die Gegenwart von Menschen, und tatsächlich kommt uns bald ein Hirte mit seiner Herde entgegen. Offenbar kehrt er von den Ufern des Flusses zurück, wo er seine Tiere auf die Weide und zur Tränke geführt hat. Das Flussbett des Keriya, das im April vollkommen ausgetrocknet gewesen war, ist jetzt mit Tümpeln und Pfützen durchsetzt, in deren Umgebung eine niedrig wachsende Vegetation entstanden ist – als frische Nahrung für die Tiere bestens geeignet.

Der Abend dämmert bereits, als wir das Städtchen Yutian erreichen. Von hier wollen wir am folgenden Tag in Richtung Seghez aufbrechen, einem kleinen, weiter nördlich gelegenen Ort am Rand der Wüste: der Ausgangspunkt meiner Durchquerung.

Nach einem einfachen Abendessen sitzen wir alle zusammen bei einer Tasse Jasmintee um den kleinen Tisch im Esszelt und besprechen die Lage. Zu unserer Runde gehören auch die beiden Fahrer, die nur wenig Mandarin-Chinesisch sprechen und verstehen. Da sind Jins Dolmetscherkünste gefordert.

Am folgenden Morgen brechen wir wie immer früh auf. Wir kommen in gleichmäßigem Tempo vorwärts. Die Vegetation wird immer spärlicher, je näher die Wüste rückt, bis schließlich nur noch wenige, weit verstreut wachsende Sträucher und Grasbüschel das Vorhandensein von Wasser anzeigen. Die Piste ist trocken und staubig. Auf schlammigen Untergrund treffen wir nicht, was ich als positives Zeichen werte. Auch wenn dies bedeutet, dass das Wasser des Keriya bereits größtenteils im Sand versickert oder einfach verdunstet sein muss, ziehe ich bei meinen Unternehmen trockenen Untergrund feuchtem und rutschigem Gelände vor.

Der Flusslauf des Keriya zeichnet sich nun deutlich ab. Mir fällt auf, dass die sandige Uferböschung nicht sehr hoch ist. Daraus schließe ich, dass der Fluss, selbst wenn er Wasser führt, kaum tiefer als einen Meter sein kann. Dafür ist das Bett sehr breit und verläuft in unregelmäßigen, großen Schleifen. Das kann nur bedeuten, dass das Wasser während der Schneeschmelze eine so langsame Fließgeschwindigkeit hat, dass kleine Sandinseln bestehen bleiben, die den Flusslauf immer wieder umleiten, und somit weite Schleifen und Biegungen entstehen, die zusätzlich zum flachen Bett und dem fehlenden Gefälle die Strömung noch weiter verlangsamen. Ich versuche mir vorzustellen, wie sich der Fluss träge, aber unbeirrt seinen Weg in zahllosen Mäandern durch den Sand sucht und dabei die Wassermassen immer mehr von ihrer Dynamik verlieren, bis sie sich allmählich in dem von der gleißenden Hitze ausgedörrten Gelände verlieren und im Sand versiegen.

Ich mache mir keine Illusionen. Es wird kein Kinderspiel werden, dem Flusslauf zu folgen. Um Zeit und Kilometer zu sparen, muss ich über weite Strecken einen strikten nördlichen Kurs einhalten und versuchen, die ausladenden Schleifen des Keriya in direkter Linie abzukürzen. Und dabei werde ich in zunehmendem Maße Orientierungsschwierigkeiten bekommen. Die Mäander des Flusslaufs ufern auf dem Weg in das Herz der Wüste immer weiter aus und sind dann im Sand zwischen der spärlichen Vegetation kaum noch zu erkennen.

Wir bauen das Lager auf, in dem ich die letzten beiden Tage vor dem Aufbruch in Gesellschaft meiner Begleiter verbringe. Dabei nutzen wir die Gelegenheit, die Ausrüstung zum x-ten Mal zu überprüfen. Und obwohl ich meinen Rucksack bis zum letzten Tag schon tausendmal gepackt und ausgepackt habe, beschleichen mich wenige Stunden vor dem Aufbruch Zweifel. Es ist kein leichtes Unterfangen, im Vorfeld die richtige Zusammensetzung des Gepäcks zu bestimmen. Jeder dumme Fehler kann während der Durchquerung schwerwiegende Folgen haben. Außenstehende können vermutlich kaum ermessen, wie penibel man auf das kleinste Detail achten muss. Häufig sind es kleine Missgriffe bei der Ausrüstung, die zu Problemen führen – was sich wiederum schnell nachteilig auf das eigene Befinden auswirken kann. Schließlich ist es meine Überlebensausrüstung, die ich auf dem Rücken trage. Bei der Konstruktion und Auswahl der meisten Ausrüstungsgegenstände war das Gewicht entscheidend. Sämtliche Techniker, die bei diesem Projekt mitgearbeitet haben, haben sich monatelang nur mit Superleichtkonstruktionen auseinandergesetzt – und das unter ständigem Kostendruck. Sie haben letztendlich Großartiges geleistet. Die Resultate übertreffen alle Erwartungen. So habe ich zum Beispiel einen Leichtgewichtskocher aus Titan bei mir, der sich komplett zusammenlegen lässt. Außerdem besitzt er einen piezoelektrischen Zünder, der besonders windunempfindlich ist und sich gerade dann bewährt, wenn das Anzünden zum Glücksspiel werden kann. Während ich die Ausrüstung mit hundertmal geübten Handgriffen im Rucksack verstaue, gehe ich im Geiste die Inventarliste durch, die ich mir eingeprägt habe. Und doch bleibt das unangenehme Gefühl, etwas vergessen zu haben, das mich stets kurz vor dem Start einer neuen Expedition befällt. Es grenzt dann schon an Paranoia, wenn ich anfange, zum wiederholten Mal die Pillen zu zählen, die die Grundlage meiner Ernährung bilden. Zum ersten Mal benutze ich ein neues Produkt, das die herkömmliche Expeditionskost ersetzt, die für dieses Unternehmen zu viel Gewicht beansprucht hätte. Es handelt sich um in den USA entwickelte Astronautennahrung auf natürlicher Basis, die mittlerweile auch in Krankenhäusern zur Ernährung von Frühgeborenen, Magersüchtigen und Senioren eingesetzt wird. Meine Tagesration besteht aus 27 Pillen, von denen 24 mich mit den lebensnotwendigen Proteinen versorgen und drei meinen Vitaminbedarf decken. Zusätzlich nehme ich ein wasserlösliches Nahrungsergänzungsmittel der Firma Enervit in Pulverform zu mir, das mir die nötigen Kohlenhydrate zuführt. Natürlich habe ich meine geliebten Brühwürfel für die abendliche Suppe dabei, die ich mit Knoblauch und Chili würze. Zutaten, die auf keiner meiner Durchquerungen fehlen dürfen. Da ich auf dem ersten Abschnitt der Expedition eine geringere Menge Wasser mitführe, gönne ich mir den Luxus, ein Stück Speck und eine Packung Cracker sowie eine Tüte Trockenfrüchte, Zucker, Trockenfleisch und eine Handvoll Teebeutel mitzunehmen. Abgesehen von der Expeditionskleidung für niedrige Temperaturen habe ich nur eine Hose und ein Hemd zum Wechseln, drei T-Shirts und das Nötige für die Nacht in meinem Rucksack.

Oscar, Daniele und ich gleichen unsere GPS-Geräte ab. In diesen Satellitennavigationsgeräten sind die entsprechenden geografischen Koordinaten für meine geplante Route gespeichert. Die Produkte der Firma Magellan, die wir benutzen, sind wesentlich leichter und einfacher zu handhaben als die Geräte, die ich auf meinen ersten Expeditionen benutzt habe, und dabei nur unerheblich größer als ein normales Handy. Allerdings habe ich stets noch den altbewährten Kompass in der Tasche.

Obwohl ich grundsätzlich jedes Kommunikationsmittel während meiner Durchquerungen ablehne, muss ich zum ersten Mal vor der Vernunft kapitulieren und ein Satellitentelefon mitführen. Es ist auf diesem ungewöhnlich langen Alleingang mit all seinen Unwägbarkeiten unverzichtbar – vor allem um notfalls Unterstützung durch das Begleitteam bei der Suche nach dem Wasserdepot zu erhalten. Leider ist der Apparat gut zweieinhalb Kilogramm schwer und stellt angesichts des bereits hohen Rucksackgewichts eine erhebliche Mehrbelastung dar. Lieber hätte ich dafür zusätzliche Nahrungsmittel oder mehr Reservebatterien eingepackt. Aber es hilft nichts: Die Kommunikation mit meinen Begleitern muss gewährleistet sein. Die Batterie des Satellitentelefons wird von einem kleinen Solarpanel gespeist, das tagsüber am Rucksack befestigt wird. Da ich den größten Teil der Durchquerung in Richtung Norden unterwegs bin, habe ich die Sonne stets im Rücken, was das Aufladen der Solarzelle erleichtert. Wie immer führe ich meinen Fotoapparat und eine kleine Digitalkamera mit ultraleichtem Stativ und Reservebatterien mit, um die wichtigsten Phasen der Expedition in Bild und Ton festzuhalten. Selbstverständlich kann ich auch auf Verbandskasten und Toilettenbeutel mit Sonnencreme und Fußbalsam nicht verzichten.

Als schließlich alles gepackt und verstaut ist, wiegt der Rucksack 18 Kilogramm. Kurz vor dem Start kommen noch sechs Liter Wasser hinzu, so dass das Gesamtgewicht 24 Kilogramm beträgt. Eine ungeheuerliche Last! Meine Begleiter mustern mich besorgt, während ich mich frage, ob ich mit all dem Krempel auf dem Rücken überhaupt laufen kann.

Dann bricht der letzte Abend an. Alles ist vorbereitet, und wir finden uns im Esszelt für die letzte gemeinsame Mahlzeit ein. Jin gibt eine Kostprobe seiner kulinarischen Fähigkeiten und bereitet ein unvergessliches Nudelgericht zu. Dazu trinken wir eine Flasche italienischen Wein, die wir speziell für diese Gelegenheit mitgebracht haben. Wir sechs prosten uns zu und versuchen, die Anspannung zu überspielen, die uns angesichts der bevorstehenden Herausforderung zu schaffen macht. Das nächste Wiedersehen findet auf der anderen Seite der Wüste statt. Dann wird die Flasche Sekt geköpft, die Oscar aus purem Aberglauben zuunterst in der Lebensmittelkiste versteckt hat. Draußen vor dem Zelt erwartet mich, in Dunkelheit gehüllt und schweigend, die Takla Makan.

Der Start

Es ist der Tag des Abschieds. Ich sehe mich ein letztes Mal um, vergewissere mich, nichts vergessen zu haben. Dann stecke ich das Satellitentelefon in den Rucksack und prüfe das Verbindungskabel zur Solarzelle. Von diesen beiden Geräten hängt mein Leben ab. Zuletzt verstaue ich meine Reiselektüre in einer der Außentaschen. Obwohl ich im Voraus weiß, dass ich nur wenig Zeit zum Lesen finden werde, möchte ich darauf nicht verzichten. Diesmal ist es der Roman *Von Liebe und Schatten* von Isabel Allende. An den rückwärtigen Riemen des Rucksacks befestige ich das Kuscheltier, das mir meine Kolleginnen aus der Redaktion von *No Limits World,* der Zeitschrift, für die auch ich arbeite, als Talisman mitgegeben haben. Es ist Goghi, ein Känguru mit seinem Jungen im Beutel, das die kleine Tochter eines Redaktionsmitglieds ausgesucht hat. Dann erlebe ich alles nur noch wie im Film. Ich beobachte mein Team bei den letzten Vorbereitungen und gehöre schon nicht mehr dazu, bin mit Körper und Geist weit entfernt, bereits in einer anderen Welt. Oscar filmt, während Jin und Daniele vor dem Laptop sitzen, mithilfe dessen wir mit Italien via Internet kommunizieren. Die beiden Fahrer, Salvatore und Vincenzo, machen sich Zahnstocher kauend an den Fahrzeugen zu schaffen. Alle arbeiten schweigend, konzentriert auf die Aufgaben, die noch in letzter Sekunde erledigt werden müssen, wohl wissend, was sie erwartet. Daniele kommt zu mir. Er hält den Pulsmesser mit Herzfrequenzgurt in den Händen, der Daten über Herztätigkeit und die Auswirkungen der körperlichen Belastung aufzeichnet, und hilft mir, ihn anzulegen. Ein Handgriff, der für mich von nun an zum täglichen Ritual werden soll. Der direkte Hautkontakt mit dem Plastikmaterial ist mir unangenehm, doch ich werde mich daran gewöhnen müssen.

Mit geübten Handgriffen schlinge ich mir den Chech, das sechs Meter lange Turbantuch der Tuareg um den Kopf, der mich seit der Querung der Ténéré auf all meinen Wüstenexpeditionen begleitet. Er ist die einzige Kopfbedeckung, die effizient vor der unerbittlichen Sonne und den extremen Temperaturunterschieden schützt. Dann setze ich die Sonnenbrille auf. Die beiden Fahrer heben zum letzten Mal meinen Rucksack hoch, und ich setze ihn auf. Von jetzt an bin ich auf mich allein gestellt. Dann schlüpfe ich in die Schlaufen der leichten Aluminium-Stöcke. Sie sehen aus wie Skistöcke, und ich benutze sie zum ersten Mal – eine Entscheidung, die sich als mehr als vorteilhaft erweisen soll. Damit beginnt die letzte Konzentrationsphase. Es ist der heikelste Augenblick der Expedition. Während ich im Geiste noch einmal alles durchgehe, bereite ich mich gleichzeitig innerlich auf den Abschied von den Gefährten vor, um endlich in eine neue Dimension einzutreten – eine Art von Parallelwelt, in der ich mich von nun an ungefähr einen Monat lang bewege und von der ich so gut wie nichts weiß. Zum ersten Mal stelle ich mich der Herausforderung des bisher längsten und einsamsten Alleingangs in einem mir unbekannten Wüstengebiet. Angst und die Freude darüber, dass ein lange gehegter Traum wahr wird, halten sich die Waage. Es ist der Augenblick der Wahrheit. Die Wüste und ich – wir sind allein mit uns. Werde ich diese Naturgewalt, diesen Ozean aus Sand aus eigener Kraft begreifen, den bisher noch niemand verstanden hat? Werde ich lernen zu verstehen, wenn sie zu mir spricht, ihre Geheimnisse enträtseln und ihre Regeln akzeptieren? Und wird sie im Gegenzug mich akzeptieren, sich mir öffnen? Oder bleibt sie für mich – wie für alle anderen – die ewig Unergründliche? Ich schaue hinauf zum Himmel, hoffe, dass Er mein Bitten erhört und hilft.

Oscar errät meine Gedanken nicht oder zum Glück nur teilweise. Er verbirgt wie so oft seine Gefühle hinter der Videokamera, die er unaufhörlich hin- und herschwenkt. Obwohl die Takla Makan bereits die vierte Wüste ist, die ich durchquere, sind die letzten Minuten vor dem Aufbruch für uns beide wie immer die kritischsten.

Für Bruchteile einer Sekunde ziehen die zwei Jahre der harten Vorbereitung vor meinem geistigen Auge vorüber und damit auch all die Gesichter derer, die mit mir an diesem Projekt gearbeitet haben. Es sind viele, die an meinen Traum glauben und mir geholfen haben, ihn zu verwirklichen. Ich spüre ihre Zuversicht und ihre Nähe und umarme sie im Geiste. Wenn alles gut geht, ist das auch ihr Verdienst. Ich möchte ihr Vertrauen nicht enttäuschen.

Der Augenblick des Abschieds naht auch dieses Mal unausweichlich. Eine letzte Umarmung, ein Händedruck. Wir sehen uns an. Oscars Augen schimmern feucht. Er hat Mühe, die Tränen zurückzuhalten. Es ist Zeit zu gehen. Ich wende mich ab und laufe los. Den Blick nach vorne in Richtung Wüste gerichtet, widerstehe ich der Versuchung, mich umzudrehen, spüre die Blicke der Gefährten. Sie folgen mir noch schmerzlich lange. Doch ich bleibe standhaft. Das Risiko ist zu groß. Ich weiß, wie labil mein inneres Gleichgewicht in diesem Moment ist. Schließlich überquere ich die erste Sanddüne, und zu meiner Überraschung fällt plötzlich alle Anspannung von mir ab. Jetzt bin ich tatsächlich allein. Wir schreiben den 26. Oktober 1998. Meine Uhr zeigt 12 Uhr 40. Das große Abenteuer hat begonnen.

Die ersten Stunden sind die schwierigsten. Als Erstes versuche ich, einen dem Gelände angepassten Schrittrhythmus zu finden, und horche in mich hinein, versuche zu erkennen, ob sich bereits künftige körperliche Probleme abzeichnen. Die Entscheidung, Trekkingstöcke zu benutzen, erweist sich vom ersten Moment an als weise. Abgesehen davon, dass sie mich zu Armbewegungen zwingen, die meinen Kreislauf beständig anregen, verhelfen sie mir trotz Rucksacks zu einer aufrechten Körperhaltung, unterstützen die Balance und erleichtern mir An- und Abstiege im Gelände. Es ist heiß. Die Temperaturanzeige auf meiner Uhr zeigt 35 °C. Der Schweiß rinnt mir unter dem Chech in Strömen über Gesicht und Hals. Trotzdem sind die Temperaturen im Vergleich mit der Sahara noch eher harmlos. Ich marschiere zwei Stunden ohne Pause. Bei der ersten Rast schlucke ich die erste Pillenration und beschließe, stündlich eine Pause von zehn Minuten einzulegen. Diese Zeit genügt, um die Anzeige des GPS-Geräts zu kontrollieren, den Rucksack abzusetzen und den Rücken zu entlasten.

Unter klarem, wolkenlosem Himmel zeichnen sich die Umrisse des ausgetrockneten Flussbetts deutlich im Gelände ab. Ich marschiere energisch weiter, versuche mich an deutlich sichtbaren Landschaftsmarken auf meiner Route zu orientieren, um ein Abweichen vom Kurs weitgehend zu vermeiden. Trockene Grasbüschel und halb verdorrtes Dornengestrüpp kennzeichnen den Uferstreifen. Ich meide diese Zonen so gut es geht. Die bösartigen Dornen der Kalahari sind mir noch lebhaft in Erinnerung. Allein beim Gedanken daran spüre ich ein Brennen auf meiner Haut. Zum Glück ist das Dornengestrüpp vergleichsweise licht, so dass ich mich leicht dazwischen hindurchschlängeln kann. Die Landschaft ist eintönig und gleichförmig, und ich konzentriere mich auf meinen Weg. Von

Zeit zu Zeit höre ich den Schrei eines Tieres. Meist sind es Ziegen, die dann plötzlich in der Ferne wie aus dem Nichts auftauchen, um ebenso unvermittelt wieder im Dornengestrüpp zu verschwinden. Die Landschaft liegt still und wie ausgestorben vor mir. Trotzdem beschleicht mich immer wieder das Gefühl, beobachtet zu werden. Vermutlich sind es Hirten, die mir von fern mit ihren Blicken folgen.

Fast zufällig stoße ich auf die erste Wasserstelle. Es ist eine Pfütze, hinter einem Erdwall dicht am Rand des Flusses verborgen. »Ausgezeichnet!«, entfährt es mir spontan. »Wenn ich so leicht auf Wasser treffe, brauche ich die Wasserbehälter nicht jedes Mal aufzufüllen.« Während ich mich geradezu euphorisch dieser unerwarteten Entdeckung nähere, merke ich, dass das Erdreich in der unmittelbaren Umgebung feucht und mit einer weißlichen Patina überzogen ist. Ich knie mit dem schweren Rucksack auf dem Rücken vorsichtig nieder, nehme eine kleine Portion der weißen Masse zwischen Daumen und Zeigefinger und lecke daran. Sie schmeckt salzig. Vorsichtig darauf bedacht, im glitschigen Schlamm nicht auszurutschen, gehe ich wie auf rohen Eiern zur Mitte der Vertiefung, in der das Wasser steht. Seine Farbe ist grau, der Geschmack leicht bitter und salzig. Augenblicklich verwandelt sich meine Begeisterung in Enttäuschung. Wenn das Wasser schon am Rande der Wüste ungenießbar ist, was erwartet mich dann erst in ihrem Inneren?

Niedergeschlagen setze ich meinen Weg fort und lasse meine Blicke auf der Suche nach weiteren Anzeichen für eine Wasserstelle umherschweifen. Vergeblich. Ich nähere mich allmählich der Mitte des Flussbetts, um eine weite Schleife des Keriya abzukürzen, als mir klar wird, dass der sandige Untergrund hier nicht die geringste Spur von Feuchtigkeit aufweist. Ich marschiere eine weitere Stunde lang, ohne ein Anzeichen von Wasser zu entdecken. Allmählich begreife ich, dass ich nur in Ufernähe die Chance habe, auf Wasser zu stoßen. Das bedeutet, dass ich den endlosen Mäandern des Flusses folgen und unendlich mehr Kilometer zurücklegen muss. Ich beschließe, auf keinen Fall weiter im Zickzack zu laufen. Der Zeitverlust wäre unaufholbar. Was also tun?

Ich entscheide mich dafür, in der Flussmitte und auf Nordkurs zu bleiben. Am Nachmittag, einige Stunden vor Einbruch der Dunkelheit, halte ich mich dann weiter in Richtung Ufer, wo ich mein Biwak für die Nacht aufschlagen will. Auf diese Weise hoffe ich, eine einigermaßen geschützte Stelle für das Zelt zu finden und vielleicht gleichzeitig auf eine Wasserstelle mit einer niedrigeren Salzkonzentration zu treffen. Mit dieser Entscheidung schöpfe ich neuen Mut. Schließlich ist es keine Überraschung, dass sich die Takla Makan als unberechenbar und schwierig entpuppt. Darauf war ich längst vorbereitet. Das Wichtigste ist, vorwärtszukommen und die richtigen Entscheidungen zu treffen. Aber das ist leicht gesagt, denn eines ist gewiss: Diese Wüste verzeiht keinen Fehler – auch nicht den geringsten.

Das erste Biwak

Um sechs Uhr abends mache ich halt. Bis zum Einbruch der Dunkelheit bleiben mir noch eineinhalb Stunden, und die Temperatur sinkt spürbar. Innerhalb weniger Minuten fällt das Thermometer gegen null. Ich streife hastig das leichte und dann das dickere Fleece-Shirt, schließlich noch die Weste und die Daunenjacke über. Jedes Bekleidungsstück wurde nach monatelangen Tests ausgewählt. Das Material stammt von einer amerikanischen Firma und ist das leichteste, das auf dem Markt zu bekommen ist. Daraus entstanden nach streng funktionellen Gesichtspunkten Einzelmodelle, die sorgfältig aufeinander abgestimmt wurden, damit sie übereinander getragen werden können, ohne die Bewegungsfreiheit einzuschränken.

Trotz dieser professionellen Ausstattung setzen mir bald Kälteschauer zu, die mich wie Stromstöße durchzucken. Es sind die klassischen Symptome totaler körperlicher Erschöpfung. Ich widerstehe nur mit Mühe der Versuchung, mich einfach in den Sand zu legen und zu schlafen, und mache mich stattdessen daran, den Rucksack auszupacken und das Zelt aufzubauen. Viel Zeit bleibt nicht, bevor es dunkel wird. Aus Erfahrung weiß ich, dass der Auf- und Abbau des Zelts anfangs viel Zeit beansprucht, bis ich damit wirklich vertraut bin. Schließlich muss die Ausrüstung in Sicherheit gebracht und jeder Gegenstand in meinem winzigen Refugium so platziert werden, dass er auch im Dunkeln jederzeit schnell greifbar ist. Nachdem ich das geschafft habe, bleibt nur noch der leere Rucksack. Ich habe mir angewöhnt, über Nacht nichts im Freien zu lassen. Also stelle ich den Rucksack am Kopfende an die Zeltwand, sozusagen als zusätzlichen Kälteschutz. Dann greife ich zum ersten Mal nach dem Satellitentelefon, um mein Team anzurufen, und lese erneut die Bedienungsanleitung durch, die ich in das kleine Heft eingetragen habe, das mir gleichzeitig als Tagebuch dient. Die Ladeanzeige der Batterie zeigt den Maximalwert. Das Solarpanel scheint also bestens zu funktionieren. Es dauert etwas, bis ich die Antenne ausgerichtet und die Verbindung hergestellt habe. Dann ertönt das Rufzeichen. Oscar meldet sich umgehend, ist aufgeregt wie immer und bombardiert mich mit Fragen. Ich verschweige meine Bedenken bezüglich der Wasserversorgung und lenke ihn mit technischen Informationen vom Thema ab. Vergeblich. Schließlich stellt er die unvermeidliche Frage. »Alles in Ordnung«, antworte ich mit gespielter Gelassenheit. »Kein Problem. Ist genug da.« Dann bitte ich unter dem Vorwand, GPS-Daten abgleichen zu wollen, Daniele ans Telefon. Ihm schenke ich reinen Wein ein: »Ich habe kein Wasser gefunden. Oscar braucht das erst einmal nicht zu wissen. Wir warten bis morgen. Dann sehen wir weiter«, schlage ich vor. »Einverstanden. Geht in Ordnung«, antwortet Daniele in unverbindlichem Ton, während Oscar im Hintergrund mir noch einmal Grüße zuruft. Hoffen wir das Beste!

Danach setze ich meine Stirnlampe auf, knipse sie aber nur so lange an, bis ich die Zutaten für meine Abendmahlzeit aus heißer Fleischbrühe mit Chili und Knoblauch gefunden habe. Während sich die Nacht rasch über die Wüste senkt, genieße ich vor dem Zelt die Suppe in kleinen Schlucken, die Hände um den wärmenden Topf gelegt. Die Stille ist bedrückend. Kein Windhauch bewegt die karge Vegetation in meiner Umgebung. Um Batterien für den Notfall zu sparen, versage ich mir an diesem Abend den Griff nach meinem Buch. Ohne die tröstliche Lektüre fühle ich mich zum ersten Mal tatsächlich einsam und rolle mich bald in meinem Schlafsack ein, den ich allerdings gezwungenermaßen mit den Akkus des Satellitentelefons und der Videokamera, den Reservebatterien und dem Fotoapparat teile. So bleiben sie warm und halten länger. Leider bedeutet das, dass ich einen Teil der Nacht damit verbringe, angesichts der Fremdkörper in meinem Schlafsack eine einigermaßen bequeme Lage zu finden. Irgendwann ergebe ich mich meinem Schicksal und schlafe ein. Für diese Koexistenz im Schlafsack gibt es keine Alternative – bis zum letzten Tag. Da ist Geduld gefragt.

Eine lange Nacht

Es folgt die längste Nacht meines Lebens. 14 Stunden nicht enden wollender Dunkelheit. Es ist kalt und unheimlich still. Wie stets bei meinen Expeditionen finde ich nicht mehr als drei oder vier Stunden Schlaf. Die restliche Zeit verbringe ich mit dem Versuch, das schwarze Nichts in Erwartung des Tageslichts zu überwinden. Aber in der Nacht spielen uns die Gedanken üble Streiche, fördern düstere Empfindungen an die Oberfläche, die sich sonst nie zeigen würden. Sie nutzen die Dunkelheit, uns hinterrücks zu überfallen oder sich fast unbemerkt einzuschleichen, um Unruhe zu stiften und sinnlose Ängste entstehen zu lassen. Nach langjähriger Erfahrung habe ich eine Möglichkeit gefunden, diese Zeit der Finsternis zu überbrücken, ohne allzu sehr zu leiden. Ich versetze mein Bewusstsein in eine Art meditativen Schwebezustand, möglichst frei von Gefühlen und Gedanken, und warte darauf, dass die Zeit vergeht. Es sind »leere« Stunden ohne Inhalte, und es funktioniert.

Nach den Anstrengungen des ersten Tagesmarsches sind meine Beine steif und gefühllos vor Müdigkeit. Doch die schmerzhaftesten Spuren hat der Rucksack auf den Schultern hinterlassen. Die Schultergurte haben zwei tiefe Rillen in die Haut gefräst, die nun wie Feuer brennen und keinerlei Berührung vertragen. Selbst der Kontakt mit Stoff ist schmerzhaft. Angesichts der eisigen nächtlichen Kälte krieche ich dennoch dick angezogen in den Schlafsack und finde keine Ruhe. Jede Bewegung entfacht das Feuer auf der Haut erneut. Mehrfach verlasse ich das Zelt, um meine Notdurft zu verrichten und auch die müden, von der Anstrengung völlig verhärteten Muskeln zu dehnen. Nach wenigen Minuten allerdings vergeht mir regelmäßig die Lust nach Bewegung und frischer Luft. Die nächtliche Kälte dringt bis in die Knochen und scheint die Müdigkeit noch zu verstärken. Frierend und übermüdet krieche ich wieder ins Zelt und zwänge mich zwischen meine Ausrüstung in den Schlafsack. Es dauert eine ganze Weile, bis ich eine einigermaßen erträgliche Lage gefunden habe. Ängstlich verharre ich in dieser Stellung, um keine weiteren Schmerzen zu provozieren. Die Isomatte hält zwar die Kälte von unten ab, ist jedoch nicht dick genug, um die Unebenheiten des harten Bodens auszugleichen. Dazu muss ich bei jeder Änderung der Lage (und das passiert oft) den Chech und die Kleidungsstücke, die mir als Kopfkissen dienen, neu ordnen, sie zigmal falten und übereinanderstapeln, bis es endlich bequem ist.

Ich nehme mir vor, anderntags eine Lösung für dieses Problem zu finden, um nicht ständig von störenden Reißverschlüssen und Knöpfen am Schlafen gehindert zu werden.

Das erste Licht der Dämmerung erhellt gegen acht Uhr den Himmel. Die Temperaturen sind noch immer niedrig, so dass ich beschließe, eine weitere halbe Stunde bis zum Abbruch des Lagers zu warten. Ich gehe meine Notizen durch und werde daran erinnert, dass ich morgens die Herzfrequenz in Ruhestellung messen muss. Ich lege den Pulsmesser ums Handgelenk, der mit dem Herzfrequenzmesser verbunden ist, und greife nach dem Brustgurt. Für eine bessere Übertragung befeuchte ich die Sensoren mit der Zungenspitze. Augenblicklich überträgt sich durch die Berührung mit dem eiskalten Material dasselbe unangenehm prickelnde Gefühl wie bei der Überprüfung einer Batteriespannung. Ich habe Mühe, den Brustgurt unter den zahlreichen Kleidungsschichten zu befestigen, die ich nachts trage. Als der eiskalte Gurt endlich auf der nackten Haut anliegt, bleibt mir im ersten Moment die Luft weg. Ich liege ganz still, während das Gerät meine Herztätigkeit aufzeichnet. Dann trage ich Datum, Zeit und Messwert in mein Heft ein, den ich vom Display der Pulsuhr ablese. Ein Vorgang, der sich bis zum Ende der Durchquerung von nun an jeden Morgen wiederholen wird.

Schließlich geht die Sonne auf, und die Temperaturen steigen innerhalb weniger Minuten. Ich nehme mir Zeit, das Zelt abzubauen und mir dabei jeden Handgriff einzuprägen, um möglichst schnell den gebotenen Automatismus zu erreichen. Dann packe ich in geübter Manier den Rucksack. Der Trinkwasservorrat kommt in das mittlere Fach, wo es wegen der schaukelnden Flüssigkeit die Balance am wenigsten stört. Um Gewicht zu sparen, ist es anstatt in den herkömmlichen Feldflaschen in Plastikflaschen abgefüllt, die in eigens dafür angebrachten elastischen Halteschlaufen stecken. So gesichert, bleiben sie aufrecht und verrutschen nicht. Als die

Arbeit getan ist, steht die Sonne bereits hoch am Himmel. Ich ziehe nun auch die dünne Weste aus und beschließe, nur im Hemd aufzubrechen. Es ist zwar noch kühl, doch ich ziehe es vor, den Marsch in leichter Kleidung zu beginnen – und sei es nur, um mir später zeitraubende Pausen zu ersparen. Zuletzt verstaue ich das Satellitentelefon. Ich warte damit bis zum Schluss, um zu vermeiden, dass es durch andere Gegenstände beim Einpacken beschädigt wird. In seinem gepolsterten Futteral, das es gegen Sand und Stoßeinwirkung schützt, kommt es in das eigens dafür entworfene oberste Rucksackfach. Das Einpassen ist Millimeterarbeit, bevor ich den Reißverschluss schließen kann. Ich kontrolliere mehrfach den Kontakt des Verbindungskabels zum Solarpanel. Immerhin muss die Batterie täglich maximal aufgeladen werden, um meine Telefonkontakte mit dem Begleitteam zu sichern. Die geringste Unachtsamkeit meinerseits kann unabsehbare Folgen haben. Und ich wage mir kaum vorzustellen, was geschehen würde, wenn mein abendlicher Anruf ausbliebe. Voreilig getroffene Entscheidungen können leicht den Erfolg des Unternehmens vereiteln. Um das möglichst zu vermeiden, hatten wir bereits im Vorfeld beschlossen, dass mein Team bei einem ausbleibenden Telefonkontakt einen Tag warten sollte, bevor es eine Rettungsaktion startete: Sie würden dann zu dem Ort, dessen Positionsdaten ich zuletzt übermittelt hatte, aufbrechen.

Mir gelingt es kaum, den Rucksack hochzuheben. Obwohl bereits ein Teil des Trinkwasservorrats verbraucht ist, scheint er noch schwerer geworden zu sein. Ich beschließe, zu einer Technik überzugehen, wie sie die Gewichtheber anwenden. Um den Rucksack zu schultern, gehe ich in die Knie, packe den Rucksack bei den Schulterriemen, hebe ihn mit einem Ruck auf und stütze ihn auf dem linken Schenkel (ich bin Linkshänderin) ab. Dann schlüpfe ich zuerst mit dem linken Arm in den Schultergurt, richte mich auf, schwinge den Rucksack auf den Rücken und stecke auch den rechten Arm durch den entsprechenden Gurt. Die Last auf meinem Rücken wirft mich fast um, und ich verhindere nur im letzten Moment einen Sturz. Dann zurre ich den Hüftgurt fest und fluche laut, als mein Blick auf Stöcke und Handschuhe fällt, die ich dummerweise auf dem Boden liegen gelassen habe und nun mühsam mit dem geschulterten Rucksack aufheben muss. Perfekt war das also noch lange nicht.

Das Gelände entpuppt sich als schwierig. Ich kürze eine große Schleife des Flusslaufs ab und finde mich sofort in tiefem, weichem Sand wieder, der in wellenartig modellierten kleinen Dünen den Boden überzieht und mich zu einem quälenden Auf und Ab im Gelände zwingt. Die Alternative wäre, in der Mitte des Flussbettes zu gehen, was jedoch deutlich mehr Kilometer bedeutete. Ich entschließe mich für den Leidensweg über die Sandrippen und gegen die endlosen zusätzlichen Kilometer. Plötzlich springt ein selten zu sehender Jarkand-Hase mit grau-weißem Fell unter einem Busch hervor. Er ist völlig verschreckt und duckt sich ängstlich in eine von trockenen Zweigen bedeckte Mulde. Das Tier ist wenigstens eine willkommene Abwechslung im ansonsten wenig faszinierenden Panorama der Wüste. Wohin der Blick auch schweift, breitet sich öde Eintönigkeit aus.

Ich bemerke sie erst im letzten Augenblick. Sie sind so gut getarnt, dass sie beinahe mit der Landschaft verschmelzen. Zwei strohgedeckte Lehmhütten stehen geduckt in einer Senke. Ein Saum knorriger Bäume bietet den einzigen Schutz. Sie scheinen verlassen. Erst als ich näher komme, sehe ich einige Ziegen, und im nächsten Moment tauchen zwei Kinderköpfe in der Öffnung der schäbigen Behausungen auf. In wenigen Augenblicken bin ich von staunenden, lachenden Gesichtern umringt, die offenbar kaum fassen können, was sie sehen. Ich nehme kurz meine Sonnenbrille ab und öffne das Mundtuch des Chech. Ob sie jetzt erkennen, dass sie eine Frau vor sich haben, ist ihnen nicht anzumerken. Mit Gesten versuche ich mich zu erklären, ahme die Trinkbewegung nach und warte. Sie betrachten mich verständnislos. Ich wiederhole meine Vorstellung in Zeichensprache und unterstreiche die Pantomime mit einen lauten »Gluck, gluck«. Schließlich zeigt einer von ihnen Anzeichen des Verstehens und vollführt mit ausgestrecktem Arm einen weiten Halbkreis am Horizont. Wenn auch eine vage, so doch vielsagende Geste, die bei optimistischer Auslegung darauf hindeutet, dass man im Bereich des angedeuteten Halbkreises überall auf Wasser stoßen wird. Ich belasse es dabei und danke ihm, indem ich die Hände falte und den Kopf neige. Dann hebe ich zum Abschied die Hand. Als ich mich noch einmal umdrehe, stehen sie alle da wie angewurzelt, so als hätten sie gerade einen Geist gesehen.

Nachdem ich die große Schleife des Flusses überwunden habe, folge ich erneut dem Flusslauf. Es dauert nicht lange, bis ich inmitten eines Flachstücks unvermittelt auf den ersten Tümpel stoße. Wie sich zu meiner großen Freude herausstellt, ist er mit Süßwasser gefüllt. Allerdings ist es eine trübe, wenig appetitlich aussehende sandfarbene Brühe, auf deren Oberfläche gelbliche Schauminseln treiben. Ich fülle meine leeren Flaschen mit Hilfe des Stieltopfs, in dem ich meine abendliche Suppe zubereite, und eines kleinen Trichters. Dabei versuche ich, nur das Oberflächenwasser abzuschöpfen, um den Sand auf dem Grund nicht aufzuwühlen, und gleichzeitig den Schaum vorsichtig beiseitezuschieben. Immer wieder schießen winzige Fische angesichts der unerwarteten Störung in panischer Hast pfeilschnell über den Grund. In jede gefüllte Flasche gebe ich anschließend vorsichtshalber ein Desinfektionsmittel in Tablettenform, um mögliche Keime abzutöten. Das Wasser ist dann allerdings erst nach einer Stunde genießbar. Dennoch erscheint mir das Risiko, mir irgendwelche Keime einzufangen, zu hoch.

Schließlich setze ich meinen Tagesmarsch fort. Wasser gefunden zu haben gibt mir neue Kraft, gleichgültig ob es nun schmeckt oder nicht. Ich habe keine andere Wahl, ich werde mich an den schrecklichen Geschmack gewöhnen müssen.

Am Boden zerstört

Ich weiß, dass es früher oder später passieren wird, denn es ist nie anders gewesen, und ich bereite mich geistig darauf vor, diese kritische Phase zu überwinden. Ich spreche von jenem psychischen Ausnahmezustand, der am Anfang jeder Expedition steht und jedes Mal eine andere Form annimmt. Auch jetzt in der Takla Makan kämpfe ich mich mit gesenktem Kopf vorwärts, horche angespannt in mich hinein, suche nach den ersten Anzeichen der selbstquälerischen Zweifel, die alles in Frage stellen und unweigerlich in demselben Vorwurf gipfeln: »Was um Himmels willen hat dich geritten, dir das anzutun?« Ich habe eine weitere lange und kalte Nacht hinter mir, immer wieder unterbrochen von undefinierbaren Geräuschen, die vermutlich von nachtaktiven Tieren stammten. In der fremden Umgebung ist alles noch ungewohnt, und ich habe noch kein Mittel gefunden, meine Ängste zu überwinden.

An meinen Zehen bilden sich die ersten Blasen, ein schmerzhaftes, aber mit entsprechenden Pflastern beherrschbares Übel – denke ich. Leider bleibt es nicht dabei. Ich spüre neues Unheil heraufziehen. Und es ist das, was ich besonders fürchte. Es kündigt sich mit einem unangenehm brennenden Prickeln an, das sich allmählich über die gesamte linke Ferse ausbreitet. Aus Erfahrung weiß ich, dass es besser ist, sofort anzuhalten und eine Pause einzulegen, um mir Gewissheit zu verschaffen. Und tatsächlich: Die Fersenhaut ist gerötet, glasig und gespannt. Ich verarzte die Stelle, an der der Schuh reibt, so gut es geht, und gebe ein Pflaster darüber. Trotzdem weiß ich, dass das Problem damit nicht gelöst ist. Am Abend vor dem Zelt stelle ich fest, dass sich nun, wie befürchtet, auch an der Ferse eine Blase gebildet hat, die bereits prall mit Wasser gefüllt ist. Es bleibt mir nichts anderes übrig, als die Füße zu waschen und zu desinfizieren. Anschließend nehme ich Nadel und Faden, durchsteche die Blase und verknote die Fadenenden. Auf diese Weise habe ich eine Art Dränage gelegt, die helfen soll, die Blase über Nacht auszutrocknen. Das Spannungsgefühl lässt zwar augenblicklich nach, aber ich mache mir nichts vor. Ich kenne die Folgen, weiß, was mir bevorsteht. Am nächsten Morgen gebe ich ein spezielles Blasenpflaster auf die Stelle und ziehe den Schuh an. Schon beim ersten Schritt schießt ein brennender Schmerz von der Ferse hinauf durch das ganze Bein. Es verschlägt mir den Atem, und mein Blut pocht in den Schläfen. Tränen rinnen mir übers Gesicht. Ich bin wie gelähmt. An eine schnelle Besserung dieses Zustandes ist nicht zu denken, es sei denn, ich pausiere einige Tage. Doch obwohl ich Wasser gefunden habe, würde ich während dieser Zeit meinen gesamten Flüssigkeitsvorrat aufbrauchen. Und ohne das überlebensnotwendige Wasser ist nicht daran zu denken, die Region der hohen Dünen, das Herz der Wüste, zu erreichen. Denn erst dort erwartet mich der Wassernachschub in Form von Depots, die mein Team bis dahin angelegt haben sollte. Seit dem letzten Telefonat weiß ich, dass sie zu diesem Zweck bereits mit der Kamelkarawane aufgebrochen sind. Ich habe also keine Wahl. Ich muss weiter. In der Kalahari hatte ich einen Weg gefunden, den Schmerz durch mentales Training zu verdrängen. Aber jetzt, in der schwierigen Anfangsphase des Unternehmens, funktioniert es nur teilweise. Es fehlt mir noch das nötige innere Gleichgewicht, mich auf Selbstversuche dieser Art einzulassen. Also mache ich mich humpelnd wieder auf den Weg, versuche mich an den Schmerz zu gewöhnen und das Gewicht hauptsächlich auf den rechten Fuß zu verlagern, was der schwere

Rucksacks allerdings nahezu unmöglich macht. Ich schleppe mich den ganzen Tag über weiter, lasse mich immer wieder von Wut und Schmerz treiben, fluche lauthals, schreie meine Verzweiflung in die Stille der Wüste, breche in Tränen aus. Ich bin dabei, alles zu verderben, aber gegen diesen Schmerz habe ich kein Mittel. Am Abend bin ich körperlich und seelisch am Ende. Ich bleibe einfach stehen, sinke in den Sand und reiße das Pflaster ab. Als die nackte Ferse darunter zum Vorschein kommt, verschlägt es mir den Atem. Dort, wo sich die Blase gebildet hatte, ist jetzt nur noch rohes Fleisch. Die Stelle zeigt die Symptome ähnlich einer Verbrennung zweiten Grades. Das war neu. So etwas hatte ich noch nie erlebt. Ich lasse mich nach hinten fallen, unfähig, etwas zu unternehmen. Ich habe nicht einmal mehr die Kraft, das Zelt aufzubauen. Ausgestreckt im Sand, mit nackten Füßen, gebe ich mich meinem Schmerz und meinem Unglück hin, versinke in einem Tal der Tränen, bis ich allmählich wieder zu mir finde. Ich weiß nicht, wie viel Zeit vergangen ist. Der Himmel jedenfalls ist schon fast dunkel, als ich auf den Boden der Tatsachen zurückkehre. Die Erde unter mir strahlt bereits Kälte ab, und ich habe Schüttelfrost. Aber daran sind nicht allein die Temperaturen schuld. Ganz langsam strecke ich eine Hand aus und streichle trostsuchend über den Sand. Ich bin müde und erschöpft, sehe die Dinge jedoch realistischer. Der Schmerz reduziert sich allmählich auf ein erträgliches Maß. Und plötzlich spüre die gewaltige Energie, die von meiner Umgebung ausgeht. Angst und Verzweiflung haben sich gelegt und einer neuen Erkenntnis Platz gemacht. Niemand kann mir helfen. Ich ganz allein entscheide, wie es weitergehen soll. Ich werfe einen Blick auf die Uhr. Es ist Zeit für das Telefonat mit dem Team. Auf allen vieren bewege ich mich auf den Rucksack zu und packe das Telefon aus. Ich wähle die Nummer. Am anderen Ende ertönt klar und deutlich Oscars Stimme. Diesmal wirkt er ungewöhnlich ruhig. »Wie geht's? Alles in Ordnung?« Die

Pause, die entsteht, ist zu lang. Er erschrickt. »Carla? Hörst du mich? Also, wie geht es dir? Antworte!« Ich starre auf meinen malträtierten Fuß im Sand, hole tief Luft und umfasse den Hörer ganz fest: »Alles okay. Es geht mir gut. Ist nur ziemlich kalt hier. Ansonsten bin ich okay!« Dann sehe ich mich um und suche ganz unbewusst die Bestätigung meiner Aussage in der Wüste.

Ein Wunder geschieht

Ich streife die Strümpfe aus superleichtem Fleece über, die ich im Schlafsack trage, doch schon der geringste Kontakt mit dem Stoff lässt mich vor Schmerz laut aufschreien. Ich schlafe wenig und unruhig. Sobald ich versuche, im Schlafsack die Beine auszustrecken und versehentlich an das Paket mit den Batterien stoße, entfährt mir ein gequältes Stöhnen. Bereits nach drei Tagen in der Wüste geht es mir schon miserabel. Dabei hatte ich vor meiner Abreise lange und ausgiebig mit diesen Schuhen trainiert. Andererseits stellt das Gelände alle Erwartungen auf den Kopf. Ich bin zusammen mit meiner Ausrüstung extremen Bedingungen ausgesetzt, erlebe erst hier die Feuerprobe – und weitere Überraschungen sind nicht ausgeschlossen.

Am folgenden Morgen zögere ich den Augenblick bewusst immer weiter hinaus, in dem ich meine Schuhe anziehen muss. Schließlich überwinde ich mich und schiebe ganz vorsichtig den lädierten Fuß in den Schuh. Der Schmerz durchfährt mich wie ein Messerstich. Mir wird fast schwarz vor den Augen und ganz übel, heiße Tränen rinnen unter dem Chech über mein Gesicht. Jeder Schritt ist eine Qual, und mein Herz schlägt heftig. Ich versuche auch an diesem Tag, den rechten Fuß stärker zu belasten. Nach wenigen Stunden schon streikt das Knie. Ein Blick auf mein GPS-Gerät sagt mir, dass ich noch vor Einbruch der Dunkelheit die Oase

Daheyan erreichen müsste. Es ist die letzte menschliche Siedlung vor den großen Dünen. Ich nehme mir vor, es bis dorthin zu schaffen und dann eine Entscheidung zu treffen.

Kurz vor Sonnenuntergang stoße ich auf die ersten Spuren menschlicher Gegenwart. Wie immer sind es die Ziegen, die mich als Erste begrüßen. Die Oase Daheyan besteht aus einem staubigen Sandplatz, umgeben von schlichten rechteckigen Lehmhütten. Bis auf einige wenige staubbedeckte, niedrige Bäume, die einigen träge wiederkäuenden Kamelen kaum ausreichend Schatten spenden, ist die Oase praktisch vegetationslos. Ich nähere mich stumm dem Platz, begleitet von den neugierigen Blicken der wenigen Bewohner. Männer und Frauen unterbrechen ihre jeweiligen Arbeiten, um das seltsame Wesen mit der ungewöhnlichen weißen Kopfbedeckung und dem schweren Rucksack zu beobachten, das auf zwei Stöcke gestützt so auffallend in ihre kleine Siedlung humpelt. Ich hebe die Hände zum Gruß, eine Geste, die nur einer von ihnen erwidert. Ich schleppe mich bis zu einem umgestürzten Baumstamm und sinke unter den Blicken der kleinen Gemeinde auf die sich so unerwartet bietende Sitzgelegenheit, den Rucksack noch auf dem Rücken. Ich bin erschöpft, jeder Muskel meines Körpers ist vor Anstrengung wie betäubt, und mein Fuß fühlt sich an, als würde er jeden Moment im Schuh explodieren. Die Oasenbewohner halten sich in respektvollem Abstand. Ich weiß nicht, was mich erwartet. Erst die freundlichen Blicke und das ein oder andere Lächeln überzeugen mich schließlich, dass ich nichts zu befürchten habe. Offenbar wissen sie nicht, was sie mit mir anfangen sollen. Als ich den Rucksack absetze und beginne, die Schuhe auszuziehen, kommen sie allmählich näher und entdecken bald unter lang gezogenen Ohs und Ahs die offene Wunde an meiner Ferse. Ich nehme endlich auch den Chech ab, womit ich sie in helle Aufregung versetze. Mit einer Frau hatten sie wohl nicht gerechnet. Ein Mädchen bringt mir umgehend einen Topf Wasser und ein Stück Seife. Die schlichte, spontane Geste rührt mich so, dass ich Mühe habe, die Tränen zurückzuhalten. Jetzt kommen auch die anderen näher.

Es ist Zeit für meinen täglichen Telefonanruf. Am liebsten würde ich weggehen, um allein zu sein und ihre Neugier nicht weiter zu provozieren, aber dazu fehlt mir die Kraft. Jeder meiner Handgriffe wird schweig- und aufmerksam verfolgt, während ich den Apparat vorbereite und die Antenne ausrichte, bis das Zeichen ertönt, dass die Verbindung hergestellt ist.

Während des Gesprächs erkläre ich Oscar meine Lage. Meine Stimmung ist besser als am Vorabend, aber meine Zweifel sind dennoch so schwerwiegend, dass ich seine Meinung dazu einholen muss. »Was soll ich tun?« Seltsamerweise unterschätzt Oscar dieses Mal das Problem, erwidert, es sei ja schließlich nur eine Blase, und gibt mir lapidar den Rat: »Was willst du machen! Lauf weiter!« Im ersten Moment bin ich versucht, ihn zum Teufel zu wünschen, doch dann unterdrücke ich meine Wut und bitte ihn, Daniele ans Telefon zu holen. Ich brauche jetzt die Einschätzung eines Unbeteiligten.

Und wie so oft überlege ich, ob die Zusammenarbeit von Ehepartnern bei so kritischen Unternehmen tatsächlich ein Vorteil ist. Spannungen und Gefühlskrisen sind dabei eben nicht ausgeschlossen. Aber ich weiß auch, dass auf Oscar in jeder Lebenslage uneingeschränkt Verlass ist. Und insgesamt betrachtet ist es einfacher, mich mit seinen Gefühlsausbrüchen abzufinden – sind sie doch vor allem Zeichen der Liebe, die uns verbindet –, als auf ihn zu verzichten. Glücklicherweise jedoch gehören auch Nicht-Familienmitglieder zum Team. Sie zumindest bewahren sich in kritischen Momenten wie diesem eine gewisse Objektivität.

Während ich mit Daniele spreche, fällt mein Blick auf die Füße der Umstehenden. Sie tragen allesamt einfache militärgrüne Leinenschuhe mit Gummisohlen. Diese Schuhe sehen beneidenswert weich, bequem und leicht aus. Ich muss wissen, wo die Oasenbewohner ihr Schuhwerk herhaben. Zielstrebig wende mich an einen der Männer und mache ihm heftig Zeichen. Er sieht sich meine temperamentvolle Pantomime aufmerksam an und bedeutet mir dann, ihm zu folgen. Ich ziehe meine Schuhe unter Höllenqualen wieder an, lasse den Rucksack jedoch gegen den Baumstamm gelehnt zurück. Wir gehen quer durchs Dorf und betreten das Halbdunkel einer Hütte, wo sich zwischen Mehl- und Salzsäcken, Seilen, Lumpen und Kerzen alle möglichen Gegenstände stapeln. Mitten im Chaos entdecke ich zwei Paar jener Schuhe, die auch mein Begleiter trägt. Ich wage kaum zu hoffen, dass sie mir passen, als ich sie in die Hand nehme. Die Dorfbewohner haben kleine Füße. Doch bei der Anprobe stellt sich heraus, dass mir ein Paar perfekt passt. Diese Schuhe sind eine wahre Wohltat. Ich bedeute meinem Begleiter, dass ich sie gern haben würde, obwohl ich nicht weiß, wie ich sie bezahlen soll. Meine anfängliche Euphorie ist verflogen. Verlegen stehe ich da und denke krampfhaft nach. Mir fällt nichts ein, das ich gegen diese Schuhe eintauschen könnte. Die Reservebatterien sind genau abgezählt und knapp bemessen. Plötzlich fällt mir ein, dass ich irgendwo in einer Tasche chinesisches Geld gesehen hatte. Ich kehre zu meinem Rucksack zurück, der inzwischen von Kindern umlagert wird, die meinen Talisman, das Känguru, bewundern. Ich krame in sämtlichen Fächern und entdecke schließlich in der Tasche des Hemds, das ich am ersten Tag getragen hatte, einige zerknitterte Yuan-Noten. Ich hatte vor dem Start vergessen, sie Oscar zu geben. Normalerweise trage ich bei meinen Expeditionen nie Geld bei mir. Ich zähle die Geldscheine. Es sind umgerechnet etwa 1,50 Euro. Ich hoffe inständig, dass der Preis der Schuhe meine Barschaft nicht übersteigt, und gebe sie dem Oasenbewohner. Er betrachtet die Scheine einen Moment grübelnd, dann lächelt er zufrieden und reicht mir die Schuhe. Damit ist der Kauf perfekt.

Am darauffolgenden Morgen verlasse ich die Oase mit den neuen chinesischen Schuhen an den Füßen. Über die gewaschene und desinfizierte Wunde habe ich ein Pflaster geklebt, darauf eine Wattekompresse gelegt und diese mit einem elastischen Verband fixiert, um eventuellen Druckstellen vorzubeugen. Zwar hat sich der Schmerz über Nacht nicht verflüchtigt, aber ich kann zumindest wieder besser gehen. Sämtliche Oasenbewohner haben sich versammelt, um mir Lebewohl zu sagen. Ich weiß nicht, ob sie verstanden haben, wohin mich mein Weg führt. Eines ist jedoch gewiss: Sie haben mir geholfen, meinem Ziel ein Stück näher zu kommen. Leider werde ich ihnen nie angemessen dafür danken können.

Die großen Dünen

In Daheyan habe ich meinen Wasservorrat vollständig aufgefüllt. Mein Rucksack ist entsprechend schwer. Den lädierten Fuß kann ich trotz Schmerzen wieder belasten. Ich setze meinen Weg in nördliche Richtung fort und folge einer Trittspur, die ein Tierpfad zu sein scheint. Auch nach etlichen Stunden Fußmarsch sehe und bemerke ich nichts, das auch nur im Entferntesten auf irgendwelche Lebewesen hinweist. Alles Lebendige scheint in der Oase, dem letzen Außenposten vor dem absoluten Nichts, zurückgeblieben zu sein. Zwei Tage lang marschiere ich unentwegt weiter wie in Trance. Wasser entdecke ich zum letzten Mal in einem Rinnsal neben dem Trampelpfad. Vermutlich ist es derselbe kleine Wasserlauf, der mir bereits in der Oase aufgefallen ist und der hier wie durch ein Wunder wieder aus dem Sand und an die Oberfläche tritt. Der letzte Gruß des Keriya, bevor er sich endgültig verabschiedet. Ich beschließe, in Wassernähe mein Lager aufzuschlagen, um ein letztes Mal meine Vorräte aufzufüllen und mich zu waschen. Es ist ungewiss, ob sich später noch einmal eine solche Gelegenheit bietet.

Das Thermometer zeigt –3 °C, als ich mich ausziehe und mich mit meinem einzigen Topf mit Wasser überschütte. Im ersten Augenblick bleibt mir die Luft weg. Das Wasser ist eiskalt. Ich nehme mich zusammen und wasche mich, so gründlich es geht. Dann trockne ich mich mit dem Chech ab, der hier zwangsläufig als Handtuch dienen muss, und ziehe die Fleece-Kleidung für die Nacht an. Nach einer Woche des Campierens in der Wüste sind sie zwar nicht gerade frisch gewaschen, aber mir steht nichts anderes zur Verfügung, und ich fühle mich sauber und erfrischt.

Nur ein paar Kilometer von meinem Biwak entfernt versickert auch die letzte Wasserquelle im Sand. Und als ich aufschaue, sind sie plötzlich da: die gigantischen Dünen im Herzen der Takla Makan, Schrecken der Reisenden vieler Jahrhunderte. Dünenketten, so weit das Auge reicht. Die endlose Weite des Dünen-Ozeans erstreckt sich bis zum Horizont und weiter. Ihre Silhouetten sind weich geschwungen und von atemberaubender Schönheit. Ich fühle mich klein und unbedeutend angesichts dieser spektakulären Kulisse. Ich betrachte das Naturwunder mit dem gebotenen Respekt und spüre die magische Faszination, die von dieser Wüstenzone ausgeht. Ich fühle, dass sie mich ruft, mich einlädt, näher zu kommen, auch wenn meine innere Stimme zur Vorsicht mahnt, mich warnt, ihrem Lockruf nicht zu erliegen: »Bleib wachsam und konzentriert, diese Wüste ist gefährlich. Vergiss nicht, dass sich noch nie zuvor ein Mensch allein dort hineingewagt hat!« Ich hebe den Blick auf zum Himmel. Er ist von einem Blau, wie es sich nur über der Wüste zeigt. Ich bitte die Macht dort oben, die mich begleitet, um die Kraft, die Prüfungen zu bestehen, die mich hier erwarten. Dann richte ich meinen Blick auf die Wüste und bitte sie, Gnade walten zu lassen.

Dann beginnt das endlose Auf und Ab im Meer der Dünen – jede einzelne eine Barriere, die es zu überwinden gilt. Die Dünenkämme reihen sich so dicht aneinander, dass sich der Wanderer nie auf flachem Gelände zwischendurch erholen kann, sondern seine Kräfte in pausenlosen Auf- und Abstiegen verzehrt. Die Hitze wird jetzt zunehmend unerträglicher, die Temperaturanzeige auf meiner Pulsuhr zeigt 40 °C, und angesichts der schweren Last auf meinem Rücken bin ich bald schweißgebadet: Schultern, Seiten, Hüften und Rücken sind klatschnass, das Hemd klebt auf meiner Haut, die sich allmählich wund reibt. Ich setze meinen Weg in dem Marschrhythmus fort, den ich mir vom ersten Tag an auferlegt habe: zehn Minuten Rast nach jeder vollen Stunde, um den Rucksack abzulegen, auszuruhen und zu trinken. Bei jedem Halt überprüfe ich meinen Kurs mit dem GPS-Gerät. Seit dem Aufbruch in der Nähe von Yutian bin ich tagelang nach Norden gewandert. Jetzt, seit ich das Meer der Dünen erreicht habe, ändere ich meine Marschrichtung um 90 Grad nach Westen. Bei der Suche nach der günstigsten Route habe ich auf den Karten der Takla Makan den Lauf eines weiteren Geisterflusses entdeckt, den Khotan-darya oder Khotan-Fluss, der jenseits des Dünenmeeres ein ganzes Stück nach Westen versetzt in gerader Linie nach Norden verläuft. Die einzige Hoffnung, erneut Wasser zu finden, ist, auf diesen Wasserlauf zu stoßen und ihm dann in Richtung Norden bis zur Stadt Aksu am Nordrand der Wüste zu folgen. Dort soll meine Durchquerung enden. Die Richtungsänderung zwingt mich, das Solarpanel auf die linke, der Sonne zugewandten Seite des Rucksacks zu verlegen, um die Wiederaufladung des Satellitentelefons zu sichern.

Die Beschaffenheit der Dünen in der Takla Makan erinnert an die Schneehänge unserer Alpen: Auf der Schattenseite ist der Sand härter und kompakter, trägt daher besser. An der warmen Sonnenseite jedoch ist der Sand weich, fließend und tief. Die Beine versinken bei jedem Schritt bis zu den Waden, und der Sand dringt in Schuhe und Strümpfe. Immer häufiger kommt es vor, dass ich nach besonders schwierigen Passagen anhalten und den Sand aus den Schuhen leeren muss. Um dabei Zeit zu sparen, setze ich mich samt Rucksack in den Sand, gleichgültig wie viel Kraft es mich kostet, wieder aufzustehen. Eine weitere Schwierigkeit ist die Orientierung in diesem Wellenmeer aus Sand. Immer häufiger versuche ich, die kraftraubenden Auf- und Abstiege zu umgehen und einfachere Passagen zu wählen, die mich zwischen den Dünen hindurchführen. Dadurch spare ich einerseits Energie, andererseits komme ich durch die ständigen Richtungsänderungen immer weiter vom Kurs ab und muss eine wesentlich längere Wegstrecke zurücklegen.

Ich marschiere weiter, stelle mich mental schon einmal auf die erste Nacht in den Dünen ein und halte Ausschau nach einem geschützten und einigermaßen ebenen Platz für mein kleines Zelt, was angesichts des welligen Geländes schwierig ist. Endlich finde ich im Schutz einer beinahe vertikal aufsteigenden Dünenwand eine geeignete Stelle. Die Fläche ist kaum größer als der Grundriss meines Zeltes – das gerade Platz für mich und meine Ausrüstung bietet –, doch er passt. Flüchtig überlege ich, dass mich im Notfall hier wohl kaum jemand finden kann. Schon aus geringer Entfernung ist mein Zelt kaum zu sehen. An mögliche Konsequenzen will ich nicht denken. Als Erstes übermittle ich Oscar die Koordinaten meines Standortes. Immerhin hängt mein Leben von dieser Zahlenkombination ab. Sollte aus irgendeinem Grund der Kontakt abbrechen und eine Suchaktion gestartet werden, gelten die letzten von mir durchgegebenen Positionsdaten als Ausgangspunkt. Oscar seinerseits teilt mir mit, dass das Team inzwischen vier Wasserdepots angelegt habe und sich mittlerweile mit der Karawane auf dem Rückweg zu den Fahrzeugen an der Piste befinde. Es war also alles gut gegangen, ihre Arbeit war getan, von jetzt an hängt alles Weitere von mir ab. Oscar gibt mir langsam und deutlich die GPS-Koordinaten jedes einzelnen Wasserdepots durch, die ich sorgfältig in mein Tagebuch eintrage. Dann wiederholen wir diese Daten zur Sicherheit abwechselnd mehrmals.

Wir verabschieden uns, und ich studiere in aller Ruhe Oscars Angaben. An jeder Vorratsstelle werde ich sechs Liter Wasser vorfinden, das Maximum des Gewichts, das ich tragen kann, und die Menge, die bis zum Auffinden des nächsten Depots ausreichen muss. Wenn es mir gelingt, die Teilstrecken nach Plan zurückzulegen, erreiche ich alle zwei Tage eines der Wasserdepots. Damit habe ich täglich drei Liter Wasser zur Verfügung. Das war exakt die Menge, die wir bei der Vorbereitung der Expedition als ausreichend errechnet hatten. Normalerweise sollte man in der Wüste pro Tag zwischen vier und viereinhalb Liter Flüssigkeit zu sich nehmen. Angesichts der in dieser Jahreszeit herrschenden niedrigen nächtlichen Temperaturen glaube ich, mit weniger Trinkwasser auszukommen. Das bedeutet jedoch, dass ich sehr sparsam mit Wasser umgehen muss. Im Notfall zählt jeder verschüttete Tropfen. Ich bin mir der ernsten Konsequenzen wohl bewusst, die jede Unachtsamkeit nach sich ziehen kann. Die Durststrecken, die ich in der Kalahari durchleben musste, sind mir noch in lebhafter Erinnerung. Auf eine Wiederholung bin ich jedenfalls nicht erpicht. Ich kontrolliere die Angaben auf meinem GPS-Gerät. Aufgrund der Peildaten sehe ich, dass ich mich zwei Tagesmärsche vom ersten Depot entfernt befinde. Als Orientierungshilfe inmitten der großen Dünen hatte mein Team jede Stelle mit einem zwei Meter hohen Holzpflock gekennzeichnet, an dem eine bunte Fahne weht. Ob eine solche Markierung in einem Ozean aus Sand überhaupt zu erkennen sein wird, muss sich erst noch herausstellen.

Ich öffne den Schuh an meinem lädierten Fuß, ziehe ihn aus und entferne die Bandage mit der Wattekompresse. Das Pflaster darunter hat sich mit einer zähen Paste aus Sand und blutigem Sekret vermischt, die ich mit Hilfe eines Hygienetuchs sanft entferne. Es ist kein schöner Anblick, als die Wunde zum Vorschein kommt. Obwohl ich inzwischen daran gewohnt sein müsste, kämpfe ich mit aufsteigender Übelkeit. Ich reinige die Wunde mit etwas Wasser und denke dabei an den Rat meiner Nomaden-Freunde, Begleiter meiner Unternehmung in der Ténéré: Nur mit der Hilfe der Wüste, niemals gegen sie, kann man jede Schwierigkeit überwinden. Ich stecke den Fuß vorsichtig in den inzwischen kühl gewordenen Sand, um die Wunde zu trocknen und zu reinigen, und verspüre sofort eine Linderung. Ich warte, bis ich zu frösteln beginne, und ziehe erst dann Schuhe und Strümpfe wieder an. Dann setze ich mich, in den Schlafsack gehüllt, vors Zelt und zünde den Campingkocher an, um die übliche scharfe Brühe zuzubereiten. Das letzte Tageslicht zeichnet die ockerfarbenen Silhouetten der Dünenkämme wirkungsvoll nach, so dass sie sich scharf gegen den sich rasch verdunkelnden kobaltblauen Himmel abheben. Wie verzaubert betrachte ich die Klarheit der von Düne zu Düne unterschiedlichen und doch so harmonischen Linien, deren fließende Übergänge ein Gesamtkunstwerk ergeben – Ergebnis des unerschöpflichen Einfallsreichtums der Natur.

Endlose Weite

Zum ersten Mal seit meinem Start bei Yutian verbringe ich – von der Stille der Wüste in den Schlaf gewiegt – eine angenehme Nacht. Meine Schlafphasen sind weiterhin kurz, doch im Vergleich zu den ersten Tagen hat sich die innere Anspannung gelegt. Vieles ist inzwischen zur Gewohnheit geworden und geht mir leicht von der Hand. Fast habe ich jenes innere Gleichgewicht erreicht, das mir die körperlichen Qualen einer Wüstendurchquerung leichter werden lässt. Barfüßig klettere ich den Dünenhang vor meinem Zelt hinauf, um einige Fotos von meinem Biwak zu machen. Das Panorama, das sich auf dem Dünenkamm vor mir ausbreitet, ist atemberaubend schön. So weit das Auge reicht, verliert sich der Horizont in der Unendlichkeit. Ich blicke über ein aufgewühltes Wellenmeer aus Dünen, dicht an dicht. Die weichen, sanft geschwungenen Formen suggerieren ständige Bewegung in dieser in ihrer makellosen Vollkommenheit geradezu unwirklichen Weite. Nie habe ich Ähnliches gesehen, habe nicht einmal in der Sahara dieses Gefühl von Unendlichkeit empfunden. Nichts bewegt sich. Alles ist still. In diesem Moment begreife ich, dass ich auf einer Fläche von Hunderten von Quadratkilometern das einzige lebende Wesen bin. Ich atme, spreche, bewege mich in einer Welt, in der alles unbeweglich, ohne jedes organische Leben ist. Nur mein winziges Zelt unterbricht diese Gleichförmigkeit, setzt einen Farbakzent inmitten des Sandes. In Augenblicken wie diesem kann es nur starke, gegensätzliche Gefühle geben: entweder eine an Panik grenzende Angst oder unendliches Wohlbefinden und innerer Friede. Ich empfinde einen tiefen Frieden. Den Anstrengungen, dem verletzten Fuß und dem geschundenen Rücken zum Trotz fühle ich mich gut. Es ist jenes innere Wohlbefinden, nach dem so viele suchen und das sich im Alltag so schwer finden lässt. Genau aus diesem Grund liebe ich die Wüste. Sie schenkt mir unvergessliche und einmalige Augenblicke, Eindrücke von unschätzbarem Wert, die mich für jeden einzelnen anstrengenden Moment und jedes Opfer belohnen.

Ich hinke noch immer, aber ich mache weiter, kämpfe mich entschlossen voran. Den Kopf gesenkt, die Zähne zusammengebissen, bis die Backenmuskeln schmerzen, schöpfe ich immer wieder neue Kraft, Schritt um Schritt zwischen gewaltig aufragenden Sandbergen. Das Schmirgelgeräusch meiner Schuhsohlen im Sand verbindet sich mit dem Zischen der Stöcke, die sich rhythmisch in den Sand bohren und die alles beherrschende Stille durchbrechen. Dann spüre ich aus heiterem Himmel einen stechenden Schmerz in meiner Hüfte. Im ersten Moment nimmt es mir den Atem, und ich gehe unwillkürlich in die Knie. Was zum Teufel ist jetzt schon wieder los? Ich rapple mich wieder auf, gehe weiter, doch nach wenigen Schritten kommt der Schmerz wieder. Ich bleibe stehen und schiebe die Hand tastend unter den Taillengurt. Ich kann dort nichts Ungewöhnliches feststellen. Schließlich lockere ich den Gurt ein wenig und schiebe ihn tiefer. Ohne Wirkung! Der Schmerz durchfährt mich bei jedem Schritt, bohrt sich wie eine glühende Messerklinge ins Fleisch. Ich versuche, die Schmerzattacken zu ignorieren. Vergeblich. An ein Weitergehen ist so nicht zu denken. Ich zwinge mich dennoch, meinen Weg bis zur nächsten Rast zur vollen Stunde fortzusetzen, und lenke mich ab, indem ich angestrengt versuche, eine mögliche Ursache auszumachen. Wie ein muskuläres Problem fühlt es sich nicht an. Die Intensität des Schmerzes deutet vielmehr auf einen eingeklemmten Nerv hin. Als ich schließlich Rast mache, taste ich meine Hüfte ab und entdecke, dass der Schmerz auf die Stelle konzentriert ist, wo sich ein kleiner blauer Fleck gebildet hat. Ich berühre ihn nur leicht mit dem Finger, doch der Schmerz wird augenblicklich akut. Allmählich dämmert mir, was geschehen ist. Es muss sich um eine Druckstelle unter dem Rucksack handeln, wo sich durch ständige Reibung die Nervenenden entzündet haben. Einer Eingebung folgend krame ich das Stück Schaumgummi aus dem Rucksackfach, das ich auf allen Reisen mitführe. Ich schneide einen Streifen davon ab, schiebe ihn über die schmerzende Stelle in den Taillenbund meines Slips und schnalle den Hüftgurt wieder fest. Versuchsweise mache ich ein paar Schritte. Das Schaumgummipolster verrutscht nicht. Und es funktioniert! Der Schmerz lässt nach. Zur Sicherheit beschließe ich, einige Tage lang entzündungshemmende Tabletten zu nehmen.

Am Abend erwartet mich die nächste Überraschung. Als ich das Satellitentelefon zur gewohnten Stunde aus dem Futteral nehme, um mein Team anzurufen, entdecke ich, dass sich der Kontaktstecker des Verbindungskabels vom Solarpanel gelöst hat. Ich stecke ihn wieder ein und bete stumm, dass meine Befürchtungen unbegründet sind. Die Ladeanzeige der Batterie beweist allerdings das Gegenteil. Und als ich die Nummer wähle, gibt das Telefon keinen Ton von sich. Ich versuche es immer wieder, richte die Antenne in sämtliche Himmelsrichtungen aus. Nichts. Die Leitung bleibt stumm. Ich bin vom Rest der Welt abgeschnitten. Meine Sorge gilt jetzt vor allem dem Team, und ich hoffe inständig, dass sie den Grund für mein Schweigen erraten. Am Vorabend hatten wir ausführlich miteinander telefoniert. Sie besitzen die Koordinaten meines letzten Nachtlagers. Sie wissen, dass wir in einem solchen Fall eine Wartezeit von einem Tag verabredet haben. Trotzdem kann ich mir nur allzu gut vorstellen, wie ihnen zumute ist. Ich bin wütend auf mich, begreife selbst nicht, wie ich so leichtsinnig sein konnte, den Sitz des Steckers während des Tages kein einziges Mal zu überprüfen. Normalerweise gehört dies zu den Routinehandgriffen während der Marschpausen. Doch an diesem Tag hat mich wohl das Problem mit der Hüfte aus dem Konzept gebracht – mit fatalen Folgen. »Konzentration, Carla! Du darfst keinen Moment unaufmerksam sein! Die Takla Makan verzeiht nichts«, wiederhole ich gebetsmühlenhaft. Diese Wüste verzeiht tatsächlich nichts. Ich muss jeden Fehler teuer bezahlen.

Werde ich Wasser finden?

Die nächtliche Kälte macht mir gewaltig zu schaffen. Obwohl die Tagestemperaturen 38 °C nicht überschreiten, sinken sie in der Nacht unter null, so dass ich mehrfach vor Kälte zitternd aufwache. Jede Nacht gefriert das Kondenswasser, das sich im Inneren des Zeltes niederschlägt zu weißem Raureif, der sämtliche Innenwände überzieht. Aus Gründen der Gewichtsreduzierung wurde mein Zelt aus einem ultraleichten Material gefertigt. Ein ähnliches Material wird im Segelsport zur Herstellung der Spinnaker verwendet. Da wir auch auf ein Überzelt verzichtet haben, fehlt die wärmeisolierende Luftschicht zwischen den Stoffbahnen, und die Kälte kriecht ungehindert ins Zeltinnere. Um zumindest einen minimalen Luftaustausch zu ermöglichen, öffne ich zusätzlich zu den beiden Lüftungsklappen im Zeltgiebel nachts den Reißverschluss am Zelteingang zur Hälfte. Was den Kondenswasserniederschlag allerdings nicht verhindert. Diese Problematik war schon während der Planungsphase diskutiert worden; sie schien uns aber letztendlich das geringere Problem zu sein. Allerdings hatten wir nie mit derart niedrigen nächtlichen Temperaturen gerechnet. Jetzt schlafe ich also in einem Iglu mit vereisten Wänden. Ich wickle mich noch fester in meinen Schlafsack, massiere immer wieder Arme und Beine, um die Blutzirkulation anzuregen, doch der ersehnte Schlaf stellt sich nicht ein. Ich strecke die Hand nach der Taschenlampe aus, knipse sie an und sehe auf Uhr und Temperaturanzeige. Es ist ein Uhr nachts, und im Zelt herrschen −7 °C. Alles, was ich berühre, ist vereist.

Ich verbringe die Nacht in einer Art Wachtraum und warte, dass die Zeit schneller vergeht und die Temperaturen endlich wieder steigen.

Als der Tag schließlich zu dämmern beginnt, taste ich nach der Packung mit den Hygienetüchern für meine morgendliche Katzenwäsche. So unbefriedigend dieses knappe Ritual auch ist, hilft es mir doch, mich zumindest psychisch gegen die Strapazen eines neuen Tages zu wappnen. An diesem Morgen allerdings ist der Versuch, der Packung eines der Tücher zu entnehmen, vergeblich. Der Stapel ist zu einem einheitlichen Block gefroren, und ich muss warten, bis die Sonne das Eis schmelzen lässt. Das Wasser in den Plastikflaschen ist ebenfalls zu Eis erstarrt. An die morgendliche Tasse Tee ist vorerst nicht zu denken. Der einzige Vorteil der niedrigen Temperaturen ist, dass ich weniger trinke als angenommen. Mein

Wasserverbrauch bleibt unter den drei berechneten Litern pro Tag. Nachts habe ich überhaupt keinen Durst. Die Kälte nachts und am frühen Morgen ist so aggressiv, dass sich auf meinen Fingerkuppen und in den Hautfalten zahlreiche sehr schmerzhafte Schrunden gebildet haben, die bei der geringsten Berührung aufplatzen und bluten. Bald kann ich keinen Reißverschluss mehr öffnen oder einen Gurt festzurren, ohne vor Schmerz laut zu stöhnen. Abends widme ich mich ausgiebig der Pflege meiner Hände, indem ich sie dick eincreme und mich zwinge, so häufig wie möglich Handschuhe zu tragen. Allerdings sind Handschuhe bei vielen meiner Tätigkeiten, wie dem Auf- und Abbau des Lagers oder dem Öffnen und Schließen der Reißverschlüsse am Rucksack, ausgesprochen hinderlich, so dass ich hierbei notgedrungen darauf verzichte.

Ein weiterer Grund für die schlaflos verbrachte Nacht ist natürlich das ausgefallene Telefonat mit dem Team. Jetzt am Morgen jedoch kreisen meine Gedanken unaufhörlich um die Suche nach dem ersten Wasserdepot. Nach meinen Berechnungen kann ich die Stelle vor Einbruch der Dunkelheit erreichen. Und ich muss sie unbedingt finden, denn mein Wasservorrat ist auf das absolute Minimum zusammengeschrumpft. Ich vergleiche ständig die Daten in meinem Notizbuch mit den Angaben des GPS-Geräts und kontrolliere bei jeder Rast das Verbindungskabel zwischen Telefon und Solarpanel. An diesem Abend muss die Verbindung klappen. Sollte ich das Depot nicht finden, steht viel auf dem Spiel. Obwohl mich Lage und Beschaffenheit der Dünen an diesem Tag häufig zu Umwegen zwingen, versuche ich, so wenig wie möglich vom Kurs abzuweichen, verwende besondere Sorgfalt auf die Ausrichtung des Solarpanels und kontrolliere wiederholt das Kabel. Meine Anspannung hat ihren Höhepunkt erreicht. Ich bin so konzentriert, dass ich weder Erschöpfung noch Schmerz spüre. Mir ist klar, dass diese Stunden entscheidend für die Fortsetzung meines Vorhabens sind.

Ich nähere mich allmählich dem Wasserdepot und sehe mich aufmerksam um, lasse den Blick prüfend über die Dünen schweifen und hoffe, irgendwo die angekündigte Markierung zu entdecken. Und dann kommen die Ängste und Zweifel: »Was, wenn die Fahnenstange umgefallen ist«, schießt es mir durch den Kopf, während ich über das endlose Dünenmeer blicke. »Was, wenn der Wind, die Fahne abgerissen hat?« Immerhin sind bereits einige Tage seit der Einrichtung des Depots vergangen. Natürlich weiß ich sehr wohl, dass das Satellitennavigationsgerät außerordentlich präzise funktioniert und die Daten, die wir vor meinem Aufbruch in unsere Geräte eingegeben haben, identisch sind. Dennoch sind Abweichungen, wenn auch nur geringe, immer möglich. Und in diesem unübersichtlichen Meer der Dünen ist es schon fatal, die Stelle nur um wenige Meter zu verfehlen. Man wird sie nie wieder finden. Es ist spät. Die Sonne steht bereits tief am Horizont. Ich setze meine monotone Auf- und Abstiegsprozedur fort. Die Sorge zu versagen plagt mich, und ich spare trotz Durst das restliche Trinkwasser. Das GPS-Gerät stets im Blick, wiederhole ich für mich die alles entscheidenden Koordinaten, die ich mittlerweile auswendig kenne. Es ist halb sechs Uhr abends. Die Zeit, das Nachtlager aufzuschlagen, rückt näher. Der Durst wird unerträglich, und ich nehme mir vor, im Notfall nachts den Reif von den Zeltwänden zu lecken. Wie ich allerdings die üblichen neun Pillen zum Abendessen schlucken soll, weiß ich nicht. In der nächtlichen Kälte verbrennt der Organismus viele Kalorien. Und die muss ich regelmäßig ersetzen, soll mein Körper den Belastungen auch weiterhin standhalten. In Gedanken versunken erreiche ich den Kamm einer Düne, und endlich sehe ich sie: Es ist eine gelbe Fahne, die mitten im Meer des Sandes flattert. Ich stoße vor Erleichterung einen Freudenschrei aus. Die Anspannung vieler Stunden fällt von mir ab. Die blutige Ferse und der schwere Rucksack sind vergessen, als ich einen Luftsprung mache und mich mit lauter Stimme beglückwünsche: »Großartig! Das hast du gut gemacht! Du hast das erste Depot gefunden.« Damit war die Wahrscheinlichkeit hoch, dass ich auch an den übrigen Tagen fündig werden würde.

Schon von Anfang an stellte sich die Versorgung mit Trinkwasser bei der Planung der Wüstendurchquerung als unser größtes Problem dar. Die Lösung, für die wir uns entschieden hatten, war trotz allem mit Unwägbarkeiten verbunden. Viele der Helfer, die mit mir die Expedition vorbereitet hatten, befürchteten, dass es beim Auffinden der angelegten Wasserdepots zu Pannen kommen könnte. Und allen war natürlich eines klar: Wenn ich auch nur ein Wasserdepot nicht finde, steht das ganze Unternehmen auf dem Spiel, ist die harte Arbeit von zwei Jahren für die Katz gewesen.

Endlich kann ich trinken. Ich leere die letzte Wasserflasche bis auf einen winzigen Schluck. Das ist eine Gewohnheit, die mich die Erfahrung vieler Reisen durch die Wüsten der Welt gelehrt hat: Behalte stets einen Rest Wasser zurück. In ariden Zonen ist das Gefühl für Entfernungen oft trügerisch. Und von meinem Platz auf dem Dünenkamm aus vermochte ich nicht genau abzuschätzen, wie lange ich bis zu der markierten Stelle unterwegs sein würde.

Nach ungefähr einer Stunde erreiche ich schließlich das Depot. Im Sand vergraben finde ich sechs Liter Wasser und zu meiner Überraschung eine kurze, aufmunternde Nachricht von Oscar. Ich stelle das Zelt am Fuß der Düne auf, auf deren Kamm die Fahne weht. Ich verbrauche einen Teil des Wassers noch am Abend, so dass ich am Morgen mit leichterer Last meinen Weg fortsetzen kann. Es ist kurz nach sieben Uhr abends, als ich mein Team anrufe, um ihnen die Nachricht zu übermitteln: »Ich habe euer erstes Depot gefunden!«, rufe ich ins Satellitentelefon. Am anderen Ende höre ich die lauten Jubelschreie meines Teams, das viele Kilometer entfernt sein Lager aufgeschlagen hat.

Mit dem Blick auf den schönsten Mond, den ich je gesehen habe, kaue ich lange ein kleines Stück Trockenfleisch. Die Dünen schimmern im fahlen Licht. Es ist eine Szene wie aus dem Märchen. Ich genieße diese Augenblicke heiterer Gelassenheit. Es sind die ersten Glücksmomente nach langen Tagen in dieser Wüste.

Die große Erschöpfung

»Schluss! Ich kann nicht mehr!«, schreie ich meinen Frust in die Stille der Wüste, als sich vor mir die x-te Düne auftürmt. Wie viele Dünen hatte ich bisher erklommen? 100? Oder 200? Ich habe sie nicht gezählt. Bei jeder dieser gewaltigen Barrieren aus Sand ist es dasselbe: Um nicht aus dem Rhythmus zu kommen, gehe ich den Anstieg voller Elan an, ramme energisch meine Stöcke in den Sand und bin wieder einmal dankbar um diese Hilfsmittel. Ohne sie hätte ich es kaum so weit geschafft. Vor allem meine Beine sind stark beansprucht. Sie halten nicht nur mich und meinen Rucksack im Gleichgewicht, sondern tragen diese Last auch durch den tiefen, weichen Sand, in dem die Füße kaum sicheren Halt finden. Es ist kein Wunder, dass die Muskeln angesichts der sich monoton wiederholenden anstrengenden Bewegungsabläufe irgendwann zu brennen beginnen. Die Wunde an der Ferse ist noch nicht verheilt. Ich versuche weiterhin, diesen Fuß weniger zu belasten, so dass das andere Knie über die Maßen beansprucht wird. Es ist seit einigen Tagen stark geschwollen. Die An- und Abstiege belasten besonders die Knie, und richtig gefährlich wird es, wenn ich die Hangneigung oder die Beschaffenheit des Sandes falsch einschätze und unfreiwillig in einem kraterartigen Loch lande, aus dem ich mich nur schwer befreien kann. Das kostet wertvolle Zeit und Energie. Oft stecke ich bis zu den Waden im Sand. Der Rucksack droht mich immer wieder kopfüber den Abhang hinunterzustürzen. Es ist ein Kampf um jeden Meter, eine Tortur für Rücken und Gelenke. Nie habe ich auf meinen Wüstendurchquerungen mehr gelitten als im Herzen der Takla Makan. Wie viel kann ich noch ertragen? Ich stapfe verbissen weiter. In diesen Situationen empfinde ich die Einsamkeit als besonders schmerzlich. Im Zustand großer Erschöpfung unterhalte ich mich manchmal laut mit einem fiktiven Leidensgefährten, um all meinen Frust loszuwerden. Natürlich verbietet es der Charakter meiner Expeditionen, einen Partner mitzunehmen. Davon abgesehen hätte ich Schwierigkeiten, jemanden zu finden, mit dem ich diese Erfahrungen teilen möchte. Das innere Gleichgewicht erreicht man am besten allein. Und angesichts all der Unwägbarkeiten und Risiken, die ein solches Unternehmen mit sich bringt, läuft man Gefahr, sich neben den eigenen auch noch mit den Problemen des Partners beschäftigen zu müssen.

Mittags mache ich die übliche längere Pause, gönne mir etwas Ruhe und schlucke wie gewöhnlich die neun großen Kapseln sowie die anderen Nahrungsergänzungspillen. Mittlerweile habe ich gelernt, zwei der dicken, ovalen und scharfkantigen Tabletten auf einmal mit einem einzigen Schluck Wasser hinunterzuspülen. Sie schmecken und riechen nach Gartendünger. Es kostet mich Überwindung, das Ekelgefühl zu ignorieren, sobald mir beim Öffnen der Pillenschachtel der üble Geruch entgegenschlägt. Ich vermisse den appetitanregenden Duft und Geschmack einer normalen Mahlzeit. Gelegentlich bedarf es einer Kleinigkeit, um die Moral während eines anstrengenden Alleingangs wieder zu heben, und eine gute Mahlzeit wirkt oft Wunder. Aus psychologischen Gründen fange ich mit den acht weißen Proteintabletten an und male mir aus, eine Fleischmahlzeit zu genießen. »Also gestern gab es Braten. Heute möchte ich ein leckeres Filetsteak, halb durchgebraten, mit ein paar Kartöffelchen.« Ich lege zwei Kapseln auf die

Zunge und spüle sie so schnell wie möglich mit einem Schluck Wasser hinunter. Das gelingt mir nicht immer. Gelegentlich reicht die Wassermenge nicht aus, oder der Mund ist zu trocken, und die Tabletten bleiben auf der Zunge kleben, beginnen sich aufzulösen, und ihr Kunstdüngeraroma verbreitet sich in der Mundhöhle. Ich trinke schnell noch einen Schluck Wasser hinterher, aber der schlechte Geschmack bleibt. Hastig versuche ich ihn mit einem der Bonbons zu überdecken, die ich immer in der Tasche habe. »Das ist ein Sorbet«, rede ich mir ein und gehe zu der orangefarbenen Pillensorte über, die ich zusammen mit anderen, kleineren Tabletten einnehme. Sie enthalten ein Vitaminkonzentrat, und mit etwas Fantasie verwandle ich sie in einen Salat oder frisches Obst. Um die Sache abzurunden, löse ich das Kohlehydratpulver in Wasser auf. Das ist dann der Nachtisch, den ich täglich neu erfinde. An diesem Tag habe ich mich für eine Portion Tiramisù entschieden. Mein Gott, wie sehr ich mich nach dieser Nachspeise sehne! Sobald ich fertig bin, tue ich so, als genehmige ich mir noch eine Tasse Kaffee. Und ganz allmählich verbreitet das kleine Bonbon, das ich sorgfältig aus dem Tütchen in der Außentasche des Rucksacks fische, seinen wunderbaren Geschmack, den ich bis zum letzten Molekül als Abschluss meiner virtuellen Mahlzeit auskoste. Es überrascht mich selbst, was Fantasiereichtum doch alles bewirken kann.

Schließlich breite ich den Chech über den Sandboden und strecke mich darauf aus. Den Kopf an den Rucksack gelehnt, gönne ich mir das Vergnügen, ein paar Seiten in meinem Buch zu lesen. Es sind die einzigen beschaulichen Momente des Tages, und ich versuche, sie ausgiebig zu genießen. Trotz Hitze und ohne Schatten bin ich so entspannt, dass ich kurz einnicke. Es ist nur ein Minutenschlaf. Dann weckt mich meine innere Uhr. Gern würde ich diese Ruhepausen verlängern, die Versuchung ist groß. Ich bin allein,

Herrin meiner Zeit, kann tun und lassen, was ich will. Dennoch habe ich beschlossen, keine Kompromisse einzugehen. Disziplin ist eine der Grundregeln für den Erfolg – vor allem in der Wüste. Nach der Rast sind meine Muskeln steif, und ich fühle mich wie eine hölzerne Marionette. Es dauert meist eine gute halbe Stunde, bis sich der Körper wieder an die Bewegung gewöhnt hat. Fünf Wegstunden liegen dann meistens noch vor mir, bevor ich das Lager aufschlagen kann – eine halbe Ewigkeit. Ich setze meine Sonnenbrille auf und merke, wie sich meine Lippen automatisch zu einer lächelnden Grimasse verziehen. Dann senke ich energisch den Kopf und setze meinen Weg fort.

Muster im Sand

Es ist sieben Uhr abends, der magische Augenblick des Tages. Ich sitze vor dem Zelt, genieße das letzte Abendlicht, bevor die Sonne hinter den Dünen versinkt – wie eine Art Ouvertüre, bevor die langen Stunden in Kälte und Dunkelheit beginnen. Ich löse den Verband an der Ferse und stecke die nackten Füße in den Sand. Es dauert nicht lange, bis sich das ersehnte Wohlgefühl einstellt, das meinen ganzen Körper erfasst. Ich grabe die Füße tiefer in das weiche Element, spüre die wohltuende Wirkung dieser natürlichen Massage. Ich schließe die Augen. Von diesem Moment habe ich den ganzen Tag geträumt. Ich genieße ihn ausgiebig. Leider heilt die Wunde an der Ferse nur langsam. Aber das ist kein Wunder. Während des Tages wird die empfindliche Haut im Schuh immer wieder aufs Neue aufgerieben. Mein Pflastervorrat schwindet rasch. Denn dass ich so viele benötigen würde, konnte niemand vorausahnen. Ich beschließe entgegen aller Regeln der Hygiene, die ich als Frau eines Arztes doch bestens kenne, ein Pflaster mehrfach zu verwenden.

Ich benutze Spezialpflaster, das sich wie eine Haut über die Blasenwunde legt, und befestige darüber die Wattekompresse mit einem Verband. Am Abend ist alles mit Sand und blutigem Sekret verkrustet und muss gründlich gereinigt werden. Über Nacht lasse ich die Wunde unbedeckt, damit sie trocknen kann. Morgens wiederholte ich die Prozedur mit dem gesäuberten Pflaster, der Wattekompresse und der elastischen Binde. Die lebensfeindliche Umwelt reduziert auch die Anzahl krankheitserregender Bakterien, und so hoffe ich, auch mit dieser fragwürdigen Methode von einer schweren Entzündung oder dergleichen verschont zu bleiben.

Ich lasse meinen Blick schweifen. Wie jeden Abend habe ich das Lager am Fuß einer Düne aufgestellt, wo ich auf etwas Schutz vor der bitteren nächtlichen Kälte hoffe. Deshalb versperrt mir die hohe, geschwungene Flanke der Düne die Sicht. Aber das stört mich nicht. Ich liebe es, die Sandflächen zu betrachten, ihre rhythmischen, weichen Muster und ihre unendliche Formenvielfalt zu studieren, die der Wind selbst auf kleinstem Raum auf die Flächen zeichnet. Mit Erstaunen stelle ich auch an diesem Abend fest, dass der Sand hier keinem anderen in der Welt gleicht. Jede Wüste ist auf ihre Art einmalig; nicht nur durch ihre geografische Lage, sondern auch aufgrund der Körnung, Konsistenz und Farbe des Sandes, die jeder Wüste ihre ureigene Identität verleihen, Eigenschaften, die sich uns erst bei genauerer Betrachtung erschließen. Ich habe bisher von jeder meiner Durchquerungen eine Handvoll des jeweiligen Sandes mit nach Hause genommen und in einem Glas aufbewahrt. Auf diese Weise habe ich das Gefühl, immer einen kleinen Teil dieser Wüsten in meiner Nähe zu haben. Und die in Reih und Glied geordneten Sandproben verzaubern mich immer wieder. Der Sand der Ténéré fällt durch seine rötliche Färbung und pudrig feine Körnung auf, während der Sand der Kalahari grobkörniger und von gelblicher Tönung ist. Auch das Salz des Salar de Uyuni gehört in meine Sammlung und sticht schon durch seine blendend weiße Farbe und unregelmäßigen Kristallformen hervor. Der Sand der Takla Makan, den ich gerade erst kennenlerne, ist nicht auffällig fein, und seine Farbe tendiert zu Grau. Er hat jedoch dank eines hohen Anteils an feinen goldfarbenen Körnchen eine ungeheure Leuchtkraft. Das zeigt sich vor allem, wenn ich wie jetzt den Sand durch meine Finger gleiten lasse und auf der Haut eine golden schimmernde Pulverschicht zurückbleibt, in der sich das letzte Abendlicht fängt. Ich beschließe, die Takla Makan die »goldene Wüste« zu taufen.

Energieflüsse

Nach all den Jahren, in denen ich Wüsten durchquert habe, ist es das erste Mal, dass ich über einen so langen Zeitraum in diesem Ozean der Dünen allein unterwegs bin. In der Ténéré habe ich die Tage und Nächte mit den Tuareg und ihren Kamelen geteilt, während der Buschmann Kase in der Kalahari an meiner Seite war, in einer Wüste mit savannenartigem Charakter, reich an tierischem und pflanzlichem Leben, wo nicht viel Zeit für meditative Gedanken blieb. Die absolute Einsamkeit habe ich auf dem Salar de Uyuni erfahren, doch das war ein verhältnismäßig kurzes, wenn auch sehr intensives Erlebnis, und ein Salzsee ist mit einer Sandwüste nicht vergleichbar. Diesmal jedoch ist ein lange gehegter Traum wahr geworden. Ich bin für Wochen allein in einer der geheimnisvollsten Sandwüsten der Welt. Ich kann nicht leugnen, dass mich Angst befiel, als mir während der Planungsphase bewusst wurde, dass ich – von sporadischen Begegnungen mit der einheimischen Bevölkerung am Anfang des Unternehmens abgesehen – einen Monat ohne eine Menschenseele und nur mit dem Himmel und dem Sand als Begleiter unterwegs sein würde. Die Erlebnisse auf dem Salar haben mir gezeigt, was für ein erhebendes Gefühl es war, sich in den grenzenlosen Weiten einer Landschaft zu bewegen, wo der Blick keinen Anhaltspunkte findet und der Mensch sich allein auf die eigenen Fähigkeiten verlassen muss. Ich habe die überwältigenden Gefühle durchlebt, die Einsamkeit geben kann, aber vor allem habe ich gelernt, dass dies ein positiver Zustand ist, der nichts mit »verlassen sein« zu tun hat, womit wir diesen Begriff allgemein verbinden. Einsamkeit hat mich gelehrt, mich selbst zu finden, und hat in meinem Fall nicht wenig dazu beigetragen, mein Leben zu bereichern. Natürlich muss eine gewisse Bereitschaft für derartige Erfahrungen und der freie Wille, sie zuzulassen, gegeben sein. Das Unternehmen in der Takla Makan ist Ausdruck meines Wunsches, mich erneut mit Grenzerfahrungen auseinanderzusetzen. »Wie lange kann ich allein mit mir selbst bestehen? Wird es mir gelingen, mein inneres Gleichgewicht bis zuletzt aufrechtzuerhalten? Wie werde ich mich mit der Zeit fühlen? Immer besser oder im Gegenteil: Werde ich vieles erdulden müssen? Die Antworten kann ich nur in der Takla Makan selbst finden. Und deshalb bin ich hier, allein seit mittlerweile neun Tagen, mit einem Talisman als einzigem Begleiter auf der Suche nach neuen Gefühlen, Erfahrungen und den wunderbaren, unerschöpflichen Kraftquellen des menschlichen Geistes.

Der Vorschlag eines Freundes veranlasste mich dieses Mal, ein Experiment zu wagen. Vor meiner Abreise aus Italien habe ich Freunde und Bekannte gebeten, mich bei meinem Vorhaben zu unterstützen, indem sie nur eine Minute pro Tag und zur selben Stunde an mich denken. Und zwar zu der Tageszeit, da ich mich voraussichtlich zum abendlichen Biwak niederlassen würde: um sieben Uhr abends in China und um ein Uhr mittags in Italien. Auf diese Art will ich feststellen, ob es gelingt, über Tausende von Kilometern eine transzendente Verbindung herzustellen. Also warte ich in der Takla

Makan allabendlich allein in der Dämmerung vor dem Zelt. Anfangs geschieht gar nichts. Doch irgendwann meine ich, so etwas wie einen Energiefluss zu verspüren, der meine Zuversicht aufbaut. Natürlich weiß ich in diesem Moment nicht, ob tatsächlich jemand an mich denkt. Dennoch ist das Gefühl einfach da, gibt mir Kraft und Sicherheit. Körperliche Erschöpfung und Schmerzen allerdings vermag dieser Energiefluss nicht zu tilgen, hilft mir jedoch, sie auszublenden. Es ist das erste Mal, dass mir so etwas passiert. Ob dieser Prozess durch Autosuggestion oder tatsächlich durch die Gedanken der Freunde in Gang gesetzt wird, vermag ich nicht zu beurteilen. Aber ich bilde mir ein, ihre Nähe zu spüren, und das gibt mir Kraft.

Bei meiner Rückkehr nach Italien bestätigte sich allerdings mein Gefühl. Hier erzählten mir viele meiner Bekannten, dass sie zur bestimmten Stunde tatsächlich an mich dachten und mir in Gedanken beistanden. Meine Kolleginnen bei der Zeitschrift zum Beispiel hatten eine Erinnerungsfunktion in ihrem Computer aktiviert, so dass die gesamte Redaktion täglich zur verabredeten Stunde an mich denken konnte. Franco, mein Fitnesstrainer, hingegen kam auf eine andere Idee. Er zwang all die Unglücklichen, die zufällig um ein Uhr mittags bei ihm trainierten, zu dreiminütigen Bauchübungen und gewann mit diesem Trick Zeit, sich an unsere Abmachung halten zu können. Außerdem hing eine Karte der Takla Makan im Fitnessstudio an der Wand, auf der er meine Route eingezeichnet hatte. Mit Hilfe eines Freundes, der von Italien aus per Computer Kontakt mit meinem Team hielt, verfolgte er regelmäßig den Fortgang des Unternehmens und markierte für alle sichtbar täglich meinen jeweiligen Standort mit einem Fähnchen.

So versammeln sich Abend für Abend mitten in der Takla Makan viele gute Freunde im Geiste um mich und helfen mir, mein Vorhaben fortzusetzen.

Ein besonderer Tag

Heute ist ein besonderer Tag. Kaum erwache ich aus der Starre einer wie immer langen und kalten Nacht, fällt es mir ein. Ich ziehe den Handschuh aus und streichle zärtlich meinen Talisman, das Känguru Goghi und sein Junges, meine einzigen Reisegefährten, und wünsche ihnen einen guten Morgen. Es ist ein sich täglich wiederholendes Ritual. Sie betrachten mich aus der dunklen Ecke des Zeltes, zwischen Buch und Rucksack, wo sie ihren Platz haben, und an diesem Morgen bilde ich mir ein, dass sie lächeln. Ich bleibe noch auf der Isomatte liegen und krame mit einer Hand im Rucksack nach der kleinen Schachtel, die ich heimlich eingesteckt hatte. Schließlich finde ich sie. »Herzlichen Glückwunsch, Carla!«, sage ich laut und öffne das Schächtelchen. Es ist der 4. November, mein Namenstag, und zum ersten Mal feiere ich ihn allein auf einer meiner Expeditionen. Ich nehme eine Süßigkeit aus der Schachtel, halte sie einen Augenblick in der Hand, stecke sie in den Mund und lasse sie langsam und genussvoll auf der Zunge zergehen. »Herzlichen Glückwunsch zum Namenstag«, wiederhole ich und lasse den köstlichen Geschmack im Mund nachwirken. Mittlerweile habe ich mir angewöhnt, Selbstgespräche zu führen. Der Klang meiner Stimme gibt mir das Gefühl, nicht ganz so allein zu sein, obwohl manche behaupten, dies sei häufig das erste Anzeichen beginnender psychischer Störungen. Davon bemerke ich allerdings nichts, im Gegenteil: Ich fühle mich so ausgeglichen wie nie zuvor.

Ich sehe dem langen Tagesmarsch diesmal tatsächlich mit einer gewissen Vorfreude entgegen. »Daran muss die Süßigkeit schuld sein«, sage ich mir scherzhaft. Erstaunt registriere ich, dass mein zehnter Tag in der Takla Makan anbricht und ich meinen Weg trotz aller Widrigkeiten fortsetzen kann. Für mich das schönste Geschenk zum Namenstag. Bei jedem Schritt schöpfe ich neue

Energie. Obwohl sich die Probleme nicht in Luft aufgelöst haben, kann ich besser damit umgehen. Seit einigen Tagen schon befinde ich mich in der wichtigsten Phase meiner Durchquerung. Im Herzen der Takla Makan, dem ich mich unweigerlich nähere, gibt es kein Zurück mehr. Sollte mir hier etwas zustoßen, wären die Folgen unabsehbar. Je weiter ich in die sogenannte Todeszone vorstoße, die nach allem, was ich weiß, noch nie ein Mensch vor mir betreten hat, desto weiter entferne ich mich von der Welt und meinen Gefährten. Und mit jedem Schritt verlängert sich parallel dazu die Zeit, die die Hilfsmannschaft benötigen würde, um mich zu erreichen. Trotzdem lasse ich mich nicht einschüchtern, lasse negative Gedanken erst gar nicht zu, lenke meine Aufmerksamkeit auf andere Dinge. Die Faszination der Wüste Takla Makan verdrängt alle anderen Gefühle. Sie ist gewaltig und atemberaubend. Jeder Schritt ist wie eine innige Berührung, und ich kann mich an den wunderschönen, harmonisch geformten Dünenwellen nicht sattsehen. Mir ist nach Singen, danach, meine Freude laut hinauszuschreien, und doch bleibe ich stumm, um das Gleichgewicht nicht zu stören, dessen Teil ich geworden bin. Die Gigantin scheint mir wohlgesonnen, doch ich mache mir nichts vor. Noch muss es sich erst erweisen, ob sie mich wirklich akzeptiert hat. Ich bewege mich wie in einer anderen Sphäre, einer Sphäre, die bisher allein mir vorbehalten ist, mich seltsam schwerelos zwischen Himmel und Dünen verharren lässt. Ich fühle mich als Teil dieser Wüste, wie eines jener unzähligen Sandkörner um mich herum. Dieses Gefühl beflügelt mich. Ich lasse den Blick noch einmal in die unendliche Weite schweifen und danke der Takla Makan für das Privileg, das mir zuteil wird.

Am Abend schlage ich das Zelt in einem schmalen Dünental auf. Die Hänge um mich herum sind mit einem Goldschimmer überzogen, sie glitzern in der Vollmondnacht geheimnisvoll. Gerade habe ich mit Oscar und Daniele gesprochen. Sie haben mir gratuliert und all die Glückwünsche übermittelt, die dank Daniela Longos unermüdlichem Einsatz per E-Mail aus Italien gekommen sind. Sie hält die Verbindung mit Familie und Freunden aufrecht. Zur langen Liste der Gratulanten gehören Max und meine Eltern. Während ich die zweite und letzte Süßigkeit aus meiner kleinen, geheimen Schachtel genieße, kann ich mein Glück kaum fassen. Es war ein denkwürdiger, wunderschöner Namenstag.

Etwas verändert sich

Zuerst ist es nur ein vages Gefühl. Es stellt sich andeutungsweise am letzten Wasserdepot ein. Scheinbar ist alles wie immer. Ich wandere in meinem gewohnten Trott und bin erleichtert, auch das letzte Depot problemlos gefunden zu haben. Doch ich spüre, dass sich die Wüste verändert. Während der Mittagspause schließlich wird die Ahnung zur Gewissheit. Immer häufiger zeichnen sich im Sand dunklere, wie mit Schmutzflecken gesprenkelte Partien ab. Schließlich sehe ich mir eine dieser Stellen genauer an. Es dauert eine Weile, bis ich entdecke, dass der Sand hier mit winzigen Holzpartikeln durchsetzt ist, die sich besonders in kleinen Senken und Vertiefungen gesammelt haben. Ein Stück weiter, im Schutze einer Düne, rollen weiße Samenbüschel wie Wattebäusche von einer Dünenwand zur anderen. Der heiße Windhauch ist zu schwach, um sie mit sich fortzutragen. Sie sind die ersten Spuren von Leben nach vielen Tagen in der lebensfeindlichen Todeszone. Jetzt kann es nicht mehr lange dauern, bis ich wieder einen nördlichen Kurs einschlagen muss, und ich merke, dass sich allmählich auch die Silhouetten der Dünen verändern. Sie breiten sich noch immer bis zum Horizont hin aus, aber strecken sich, werden niedriger und regelmäßiger. Obwohl ich die Antwort bereits ahne, nehme ich mein GPS-Gerät zur Hand. Das Display bestätigt meine Vermutung. Nach über

250 Kilometern verlasse ich die schwierigste und gefährlichste Region der Takla Makan, die Zone der großen Dünen. Ich habe nicht einmal ganz die Hälfte der Strecke hinter mir und doch das Gefühl, schon eine Ewigkeit in dieser Wüste zugebracht zu haben. Sie ist mir so vertraut geworden, dass mich die immer offensichtlicher werdenden Veränderungen völlig unerwartet treffen. Könnte ich nur die Zeit anhalten! Der bloße Gedanke, mich von der majestätischen Dünenlandschaft verabschieden zu müssen, ist schmerzlich. Mir wird bewusst, dass diese Einmaligkeit nicht wiederholbar ist. Aber die Wüste ist hier noch nicht zu Ende. Ich habe noch einige hundert Kilometer an Wegstrecke vor mir. Und das wird ein technisch schwieriger Abschnitt, auf dem sich täglich Erfolg oder Misserfolg des Unternehmens entscheidet. In dem Wunsch, die letzten magischen Momente für die Ewigkeit festzuhalten, fotografiere und filme ich wie besessen. Dennoch wird alles Foto- und Filmmaterial nie die Atmosphäre dessen vermitteln können, was ich erlebt habe. Dann knie ich nieder, nehme eine Handvoll Sand auf und lasse ihn in die Plastiktüte rieseln, die ich zu diesem Zweck mitgenommen habe. Aber auch dieses Souvenir kann mir die Erinnerung an diese Wüste nicht ersetzen.

Ich schlage mein letztes Biwak zwischen den Dünen auf. Ich rufe mein Team an und danke allen noch einmal für die ausgezeichnete Arbeit, die sie geleistet haben. Planung und Anlage der Wasserdepots waren eine Meisterleistung. Nur durch ihre präzisen Berechnungen habe ich es bis hierher geschafft. Oscar lässt sich dadurch nicht täuschen. Er hört die Melancholie in meiner Stimme. »Was gibt's?«, fragt er besorgt. »Nichts«, antworte ich. »Es tut mir nur leid, dass es vorbei ist. Diese Dünenlandschaft ist gigantisch.« »Mein Gott, bist du nie zufrieden? Du hast es geschafft, Carla! Du kommst da wieder raus!« »Ja, ich komme da raus«, sage ich kurz angebunden und verabschiede mich. Wie soll ich in wenigen

Worten erklären, was mit mir geschehen ist? Wie diese Wüste mich verändert hat? Es ist eben nicht zu erklären. Und genau das ist der Grund, weshalb man Erlebnisse wie diese nicht mit anderen teilen kann. Die Magie gewisser Momente ginge verloren. Und das wäre ein großer Verlust.

Der Mazar-tagh

Kaum habe ich meinen Kurs in Richtung Norden korrigiert, taucht dort, wo sich Sandmeer und Himmel vereinen, die Silhouette des Mazar-tagh auf, des einzigen, sich ungefähr 350 Meter aus dem Sandmeer erhebenden Felsmassivs dieser Region, das die Wüste hier in zwei Teile zerschneidet. Der Name Mazar-tagh bedeutet in der Sprache der Uiguren »großes Gebirge«, das, obwohl es gar nicht so imposant aussieht, eine wirksame Barriere gegen die kalten Winde bildet, die von den mongolischen Steppen weiter im Norden herüberwehen. Einige vertrocknete Bäumchen, an den Stämmen von Sonne und Wind ausgeblichen, strecken die wenigen Äste, die noch nicht abgebrochen sind, nach unten in Richtung Sand aus und begleiten meinen Weg. Das letzte Tageslicht taucht den Fels in ein Farbenspiel von Ziegelrot bis Blassgrün. Seine Silhouette ist gedrungen, die Flanken sind gerippt und die Zacken teilweise abgeflacht – kein besonders faszinierendes Bild. Die letzten Dünen verflachen zusehends, das Gelände läuft allmählich in eine Sandebene ohne markante Konturen aus. Ich beschließe, mein Lager am Fuß des Massivs aufzuschlagen, in einer Senke unterhalb der Südseite, wo einige trockene Dornbüsche das Vorhandensein von Wasser anzeigen. Die Reste des am letzten Depot aufgenommenen Wasservorrats sind so ausreichend, dass ich über den Abend hinaus zu trinken habe. Ich verschiebe daher die Suche nach Wasserstellen im versandeten Flussbett auf den folgenden Tag. Vor Einbruch der

Dunkelheit steige ich auf einem kleinen Pfad ein Stück den Mazar-tagh hinauf, um von weiter oben das abendliche Schauspiel des Sonnenuntergangs über dem Dünenmeer zu genießen. Ein eisiger Wind erfasst mich, ich zittere und friere in meiner Fleecejacke und bekomme bereits einen Vorgeschmack auf das, was mich in den folgenden Tagen erwartet.

Bis zum Mazar-tagh habe ich schätzungsweise 270 Kilometer zurückgelegt. Bis zum Ziel in Aksu liegen damit noch knapp 300 Kilometer vor mir – immer vorausgesetzt, dass ich eine verhältnismäßig direkte Route einhalten kann. Für die bewältigte Strecke habe ich zwölf Tage gebraucht und hoffe, dass das ebene, gleichförmige Gelände das Fortkommen erleichtert und sich damit die Zeit der Expedition verkürzt. Allerdings hängt wie immer fast alles davon ab, wie schwierig sich die Suche nach Wasser gestaltet. Noch bis zum letzten Tag muss ich mit unverhofften Zwischenfällen rechnen, und ich hoffe inständig, dass die Natur mich von Überraschungen dieser Art weitgehend verschont. Dennoch mache ich mir keine Illusionen und stelle mich auf alle möglichen Szenarien ein.

Ich finde wieder Wasser

Wie üblich habe ich die Nacht in meinem mit Reif ausgekleideten »Iglu« verbracht. Sofort nach dem Aufwachen wärme ich den Brustgurt des Herzfrequenz-Messgeräts einen Moment zwischen meinen Beinen an, bevor ich ihn anlege, und hoffe, dass die Kälte den empfindlichen Sensoren nicht geschadet hat. Das gilt für fast alle Gegenstände, die im Schlafsack keinen Platz haben. Ich schlafe bereits mit meinem GPS-Gerät in den Armen, aber für das Telefon bietet sich da leider nicht genug Platz. Obwohl ich es stets in seinem gepolsterten Futteral aufbewahre, stelle ich morgens bei der ersten Berührung fest, dass sein Gehäuse eiskalt ist. »Du meine Güte!

Hoffentlich geht das gut!«, entfährt es mir unwillkürlich. Mittlerweile habe ich es mir abgewöhnt, Feuchtigkeitstücher für die Morgentoilette zu benutzen. Erst gegen elf Uhr vormittags, wenn sie wieder aufgetaut sind, gelingt es mir, sie einzeln dem Behälter zu entnehmen. Dasselbe trifft auf den Wasservorrat zu. Um wenigstens eine kleine Menge für den Morgentee zur Verfügung zu haben, stecke ich mittlerweile eine Flasche zwischen die in den Chech eingeschlagenen Kleidungsstücke, die mein Kopfkissen bilden. Auf diese Weise gefriert das Wasser nur leicht an, und ich kann eine kleine Menge der körnigen, weichen Eismasse in den Topf füllen und erhitzen.

Die Risse und Fissuren in meiner Haut wollen einfach nicht verheilen. Im Gegenteil. Die Schrunden platzen bei der geringsten Berührung mit jeglichen Gegenständen immer wieder blutend auf. Einzige Abhilfe schaffen die Handschuhe, die ich allerdings erst wieder überstreifen kann, wenn das Lager abgebaut und das Satellitentelefon in seinem Futteral verstaut ist. Beim allmorgendlichen Aufbruch bin ich stets dick in die komplette Expeditionsgarderobe eingehüllt. Auch um zehn Uhr morgens herrschen jetzt noch Minusgrade. Die großen Sanddünen sind nur noch Erinnerung. Das Gelände ist sandig, leicht gewellt und wesentlich kompakter als zu Beginn der Durchquerung. Inzwischen sprechen alle Anzeichen dafür, dass ich bald das Flussbett des Khotan-darya erreichen werde. Hinter einer flachen Sanderhebung taucht plötzlich eine kaum einen Meter hohe Sandböschung auf. Es wäre kaum der Erwähnung wert, wenn diese Böschung nicht eindeutig den Uferverlauf eines Flusses markierte. »Das hätten wir also geschafft«, beglückwünsche ich mich. Ich habe kaum zu hoffen gewagt, so schnell in die Nähe des Khotan-Flusses zu gelangen. Ich sehe mich nach den ersten Indizien für eine Wasserquelle um, kann jedoch nichts dergleichen erkennen. Ich nähere mich dem Ufer von der

Ostseite her, und die Senken und Vertiefungen, auf die ich stoße, sind lediglich mit Sand gefüllt. Das Bett des Khotan ist mit dem des Keriya kaum zu vergleichen. Diese Wüste ist auch weiterhin voller Überraschungen. Ich folge der versandeten Flussrinne eine kurze Strecke und orientiere mich weiter nach rechts. Bald wird mir klar, dass das nur Zeitverschwendung ist. Die Wassersuche erscheint auf der gegenüberliegenden Uferseite erfolgversprechender zu sein – allerdings mit dem Nachteil, dass sich die Wanderstrecke dadurch verlängert. Aber ich habe keine andere Wahl. Dank der Kälte habe ich wenig Durst. Mein Wasserkonsum während der Tagesmärsche ist unter zwei Liter gesunken.

Erst am frühen Nachmittag stoße ich schließlich auf den ersten Wassertümpel. Er liegt in einer recht tiefen Senke. Allerdings hat sich nur in seiner Mitte ein Resttümpel erhalten, dessen Wasser zum Glück nicht salzig ist. Ich setze den Rucksack ab und rutsche samt Flaschen, Topf und Trichter den sandigen Abhang hinunter. Bei der ersten Kostprobe dreht sich mir fast der Magen um. Das Wasser hat einen ekelhaft erdigen Geschmack. Es kostet mich Überwindung, es abzufüllen. Da ich jedoch nicht weiß, wann sich die nächste Gelegenheit bietet, meinen Wasservorrat aufzufüllen, beiße ich in den sauren Apfel. Die einzige Möglichkeit ist, den Geschmack mit Hilfe einer kräftigen Beigabe salzhaltiger Tabletten mit Fruchtgeschmack zu verbessern, die ich als Nahrungsergänzungsmittel mit mir führe. Das Ergebnis ist alles andere als berückend: Es schmeckt immer noch stark nach Erde, ist aber wenigstens süß. Während ich die durchsichtigen Plastikflaschen fülle, entdecke ich in der beigefarbenen, trüben Brühe einen ungewöhnlich hohen Anteil an Schwebeteilchen. Ob das Zeichen für eine Verunreinigung sind, vermag ich nicht festzustellen. Dennoch verdopple ich vorsichtshalber die übliche Zugabe an Desinfektionstabletten. Da ich sämtliche leeren Wasserflaschen gefüllt habe, ist das Gewicht des Rucksacks erdrückend. Ich nehme das in Kauf, denn ein schwerer Rucksack ist vergleichsweise das geringere Übel. Ich habe schon zu viel Zeit und Energie mit der Suche nach frischen Wasserstellen vergeudet.

Die Tatsache, Wasser gefunden zu haben, ist immer wieder beflügelnd. Mit frischem Mut marschiere ich weiter. So weit mein Blick reicht, erstreckt sich eine Landschaft von seltener Monotonie. Nichts lenkt das Auge ab, das mit der Naturschönheit der großen Wanderdünen vergleichbar wäre. Aber auch das ist die Wüste: ein Wechselspiel von faszinierenden Landschaftsbildern und langweiligen, kaum Begeisterung hervorrufenden Panoramen.

Die große Kälte

Ich bin selbst verblüfft, wie schnell die Tage vergehen. Fast unbemerkt ist der November angebrochen. Nur die wachsende Kälte ist ein mahnendes Zeichen dafür, dass der harte chinesische Winter immer näher rückt. Jede Nacht kämpfe ich mit allem, was ich habe, einen verzweifelten Kampf gegen die eisige Kälte. Das Thermometer zeigt jetzt in den Stunden vor Sonnenaufgang beständig −12 °C an, und die Kälte dringt erbarmungslos in jede Pore meines Körpers. Frierend und zitternd male ich mit den behandschuhten Fingern Schnörkelmuster in die unvermeidliche Schicht aus Raureif an der Zeltwand, um die schier endlosen Nachtstunden irgendwie zu verkürzen, und versuche einfach an nichts zu denken. Erst die aufgehende Sonne am Morgen schließlich weckt meine Lebensgeister, bringt mich aus dieser Vorhölle zurück in die Realität.

Ich liege zusammengerollt, eng in das superleichte Seideninlet gewickelt in meinem Daunenschlafsack – dieselbe Haltung nehmen auch Tiere ein, um sich gegen die Kälte zu schützen – und habe alle verfügbaren Kleidungsstücke übereinander an, einschließlich Daunenjacke und Fleecemütze mit Gesichtsmaske, die nur Augen und Mund freilässt. Über den Schlafsack habe ich zusätzlich eine federleichte alubeschichtete Rettungsdecke mit hoher Wärmerückstrahlung gebreitet. Bei jeder Bewegung komme ich mir fast wie ein knisterndes, in Stanniolpapier eingewickeltes Bonbon vor. Am Morgen ist aufgrund des Kondenswassers alles im Zelt feucht, und ich muss warten, bis die Sonnenwärme sämtliches Material getrocknet hat, bevor ich meinen Rucksack packen kann. Zelt und Daunenschlafsack allerdings trocknen schwer, und so sind sie meist beim Auspacken am Abend immer noch klamm.

Die Wasserstellen auf dem letzten Streckenabschnitt sind spärlich. Stoße ich schon während der ersten Stunden meines Tagesmarsches auf einen Wassertümpel, dann ist die Oberfläche meist mit einer Eisschicht überzogen, die ich erst aufschlagen muss, bevor ich an das Wasser komme.

Mittlerweile habe ich gelernt, mein Biwak wenn möglich bei einer der Wasserstellen aufzuschlagen. Obwohl der Untergrund dort feuchter ist, habe ich immer Wasser in der Nähe, um mich und einige Kleidungsstücke zu waschen, bevor es dunkel wird. Am Morgen allerdings finde ich die Wäsche, die ich meist zum Trocknen über einen Dornbusch gebreitet habe, steif gefroren vor. Wenn ich sie dann abnehme und zu falten versuche, kracht der Stoff, als wolle er jeden Moment zerbrechen. Um Letzteres zu vermeiden, klemme ich die Teile meist an die äußeren Riemen des Rucksacks, damit sie während des Tagesmarschs auftauen und trocknen.

Nomadin

Ich hatte befürchtet, dass mir eine so lange Zeit der Einsamkeit Probleme bereiten würde, doch es zeigt sich, dass meine Sorge unbegründet war. Im Gegenteil. Je mehr Tage vergehen, desto besser gewöhne ich mich an das Vagabundendasein. Es gefällt mir, jeden Abend mein Lager an einem anderen Ort aufzustellen, jederzeit Herrin meiner Zeit zu sein, mich keinem Ort zugehörig fühlen zu müssen. Ich genieße es, mich frei in den endlosen Weiten der Landschaft zu bewegen und trotzdem mein Streckenpensum einzuhalten. Allmählich fühle ich mich mit dieser Landschaft inniger verbunden und lerne mit jedem Tag auf dieser überraschend wechselvollen Entdeckungsreise etwas Neues. Sicherheitsgarantien allerdings gibt es nicht. Jede erdenkliche Überlebenstechnik ist nützlich, um die täglichen Schwierigkeiten zu überwinden. Manchmal ist es sogar nötig, alles neu zu erfinden, um weitermachen zu können. Trotz Müdigkeit und Erschöpfung fühle ich mich mental erstaunlich fit. Und so verwandle ich mich ganz allmählich in eine wahrhafte Nomadin.

Vor mir liegt noch eine Wegstrecke von ungefähr 200 Kilometern und eine Landschaft, die selten tröstliche Ablenkung bietet. Das versandete Flussbett des Khotan ist von kaum zu überbietender Eintönigkeit; ein Eindruck, der insofern täuscht, als das Gelände ausgesprochen tückisch ist. Sandige Passagen wechseln sich mit eingetrockneten Sumpfflächen mit zu harten Rippenmustern erstarrten Oberflächen ab, deren scharfe Kanten sich schmerzhaft durch die dünnen Sohlen der chinesischen Schuhe in die Fußsohlen bohren. Diese Sumpfflächen gehen ihrerseits in weiche, wässrige Schlammlöcher über, die ich oft erst im letzten Augenblick erkenne. Die zähe, leimige Masse bleibt dann an meinen Schuhen haften und macht das Fortkommen schwer. Dann wieder finde ich mich ganz unerwartet in dunkleren Sumpfflächen – meist in Flussbettmitte – wieder. Die Sumpfoberfläche zeigt wunderschöne, geschmeidige, glatte und regelmäßige Muster in sämtlichen Farbabstufungen von Stahlgrau bis Blaugrau. Aber auch diese Sumpfzonen können schnell zu einer tückischen Falle werden: Sie sind glitschig wie Schmierseife. Auf diesem Untergrund zu gehen ist besonders schwierig, ich riskiere auszurutschen, was angesichts des Rucksackgewichts auf meinen Schultern gefährlich werden kann. Nicht immer gelingt es, diesen heimtückischen Passagen auszuweichen, so dass ich gezwungen bin, mich langsam und mühsam mit Hilfe der Trekkingstöcke vorzutasten, um ständig die Beschaffenheit des Geländes zu prüfen.

Als ich einen kleinen Erdwall überquere, gerate ich, ohne es sofort zu merken, in eines dieser gefürchteten Sumpflöcher. Das Ereignis kommt für mich so überraschend, dass ich unsicher werde und das Gleichgewicht zu verlieren drohe. Noch im letzten Moment versuche ich, mich mit den Stöcken abzustützen, aber die Beine machen, was sie wollen, und ich lande im Spagat. Um den Sturz wenigstens abzubremsen, versuche ich das Knie abzuwinkeln, finde mich aber einen Moment später im Schlamm wieder – der schwere Rucksack lastet auf mir. Die Beine sind unnatürlich verdreht, und ich spüre, wie die Muskeln zu brennen beginnen, sie fühlen sich an wie ein Gummi kurz vor dem Zerreißen. Es gelingt mir, mich zur Seite zu rollen, um die Beine aus ihrer verdrehten Position zu befreien. So sitze ich schließlich im Schlick und habe keine Ahnung, wie ich wieder auf die Füße kommen soll. Zum Glück ist das Gelände nicht sehr abschüssig. Dennoch bietet es kaum Halt. Mühsam gelingt es mir, mich so zu drehen, dass ich auf allen vieren lande. Ich packe meine beiden Stöcke ganz fest, stoße sie kräftig in den Boden und versuche mich hochzustemmen. Mit viel Krafteinsatz gelingt es mir erst beim dritten Anlauf, schließlich auf die Beine zu kommen. Aus Angst, erneut zu stürzen, wage ich im ersten Moment kaum, mich zu bewegen, und versuche den Atem wieder zu beruhigen. Schließlich rette ich mich Schritt für Schritt aus der gefährlichen Zone auf sicheres Terrain. Die Folgen des Unfalls sind schon zu spüren: Die Seite, auf die ich mit dem ganzen

Gewicht gefallen bin, scheint geprellt, und die Beinmuskeln tun weh. Sorge macht mir dabei allerdings nur das bereits seit Tagen entzündete Knie. Ich spüre einen heißen, pulsierenden Schmerz, und die Haut über der Schwellung beginnt zu spannen. Erschöpft stütze ich den Rucksack auf einen Sandwall und schlüpfe aus den Schultergurten. Rucksack und Gurte sind bis zur Hälfte mit klebrigem Schlamm bedeckt, doch das ist Nebensache. Wichtig ist nur, dass die Ausrüstung in den unteren Rucksackfächern nicht beschädigt ist. Zum Glück bieten die unter dem Rucksack befestigte Isomatte und das Tragegestell einen gewissen Aufprallschutz. Ich leere das unterste Fach und prüfe jeden Gegenstand. Alles scheint unbeschädigt geblieben zu sein. Nur mein kleiner Suppentopf ist leicht verbeult. Es hätte schlimmer kommen können. »Hoffentlich trocknet wenigstens die Hose!«, denke ich, während ich humpelnd meinen Weg fortsetze. Mein Hosenboden ist nass und schwer vom Schlamm. Ich habe nur noch die Hose, die ich auf der ersten Hälfte meines Unternehmens getragen habe, zum Wechseln. Will ich den Abend nicht mit Waschen verbringen, muss ich auf sie zurückgreifen. Insgesamt jedoch habe ich Glück gehabt. Wieder einmal habe ich erfahren, was es bedeutet, Nomade zu sein: nämlich die Fähigkeit, zu improvisieren und allen Widrigkeiten des Lebens gelassen zu begegnen.

Ein starkes Gefühl

Immer seltener treffe ich auf Wasserstellen. Ich begreife nicht, weshalb sich in der Mitte des Flussbetts Spuren von Feuchtigkeit am deutlichsten in Form von Sumpflöchern zeigen, während ich auf der Suche nach trinkbarem Wasser stets gezwungen bin, mich im Uferbereich des ausgetrockneten Flusses aufzuhalten und damit längere Wanderstrecken in Kauf zu nehmen.

Immer häufiger finde ich mittlerweile halb im Sand vergrabene trockene Holzstücke, die der Fluss vermutlich während seiner kurzen wasserführenden Zeit mit sich gerissen hat und die sich gut als Brennmaterial verwenden lassen. Nachdem das Zelt steht, beginne ich mit der Brennholzsuche. Es ist eine ziemliche Lauferei, denn die brauchbaren Stücke liegen weit verstreut, und es dauert eine Weile, bis ich eine kleine Menge zusammengetragen habe. Ebenso kompliziert gestaltet sich das Anzünden. Im Kampf gegen den leichten Wind, der tags wie nachts beständig weht, reibe ich mir am Feuerzeug im wahrsten Sinnes des Wortes die Finger wund, ohne ein Feuer in Gang zu bekommen. Schließlich greife ich zu meinem Gaskocher mit dem piezoelektrischen Zünder. Damit zünde ich nach und nach kleine Holzstückchen an, die ich wie Streichhölzer benutze. Schließlich züngeln die Flammen kräftig aus dem aufgeschichteten Holz. Wie immer bin ich verzaubert, ja fasziniert vom Anblick des Feuers. Ich halte die nackten Füße an die Glut und genieße die wohltuende Wärme, die sich über die Beine in meinem Körper ausbreitet. Im flackernden Licht des Feuers lese ich zum wiederholten Male den Brief, den mir ein Freund vor meiner Abreise übergeben hat. Diese Briefe sind schon fast zu einem Ritual geworden, das mit meiner ersten Wüstendurchquerung begann und sich seither regelmäßig wiederholt. Es sind diese ermutigenden und aufmunternden Zeilen aus Paolos Feder, die mir helfen, lange Perioden der Einsamkeit zu ertragen. Aus demselben Briefumschlag ziehe ich die Fotografie meines Sohnes heraus, betrachte sie lange und küsse sie, bevor ich sie wieder in den Umschlag zurückstecke.

Während die Tage vergehen, sinken die Temperaturen immer weiter. Von den 35 °C, die in der Mitte des Dünenmeeres herrschten, werden mittlerweile tagsüber kaum über 15 °C erreicht, so dass ich während meiner Pausen gezwungen bin, die Fleeceweste anzuziehen, um mich, verschwitzt wie ich bin, nicht zu erkälten.

Ich versuche fast immer, das Lager am sandigen Ufer des ausgetrockneten Flusses aufzuschlagen, doch gelegentlich überrascht mich der Einbruch der Dunkelheit noch in der Flussmitte, wo der Untergrund meistens feucht ist. Am folgenden Morgen sind Zeltboden, Isomatte und Schlafsack dann nass, und ich spüre jeden Knochen einzeln.

Auch an diesem Abend telefoniere ich wie immer mit meinem Team. Nach dem Gespräch, bei dem es hauptsächlich um die Übermittlung der geografischen Koordinaten meines Biwaks, den Informationen über meinen Wasservorrat und meinen Gesundheitszustand geht, überkommt mich ein Wunsch, dem ich nicht widerstehen kann. Als ich aufgelegt habe, kontrolliere ich sofort die Ladeanzeige der Batterie des Satellitentelefons und stelle fest, dass sie noch nicht leer ist. Ohne zu zögern, wähle ich eine Telefonnummer und horche so angespannt, dass ich beinahe zu atmen vergesse. Ich habe plötzlich Angst, einen Fehler gemacht zu haben, und warte doch aufgeregt, dass das Rufzeichen ertönt. Ich bin hin- und hergerissen zwischen Hoffnung und schlechtem Gewissen und will schon beinahe wieder auflegen, als am anderen Ende eine mir nur allzu vertraute Stimme ertönt: »Hallo?« Es ist Max, den ich zigtausend Kilometer weiter in der Takla Makan höre. »Ich bin's, Mama!«, schreie ich in den Hörer. In der folgenden Stille glaube ich, seine Verblüffung förmlich zu spüren, dann aber auch seine Freude, als er mich mit Fragen bombardiert. Wir sprechen nur wenige Minuten. Die Batterie leert sich rapide. Er berichtet mir von zu Hause und sagt zum Schluss: »Du machst das schon, Mama. Lass dich nicht unterkriegen! Du schaffst das!« Er klingt fröhlich und glücklich, mich zu hören. Als die Verbindung abbricht, merke ich, dass ich den Hörer so fest umklammert halte, dass die Fingerknöchel weiß geworden sind und mein Gesicht trotz der Kälte glüht. Es ist das erste Mal, dass ich während einer Durchquerung mit meinen Sohn spreche, und einen Moment hatte ich gefürchtet, der Klang seiner Stimme könnte das fragile innere Gleichgewicht stören, das ich erreicht habe. Trotzdem bin ich meinem Instinkt und nicht der Vernunft gefolgt, und das war richtig so. Die Freude, die aus seinen Worten sprach, lässt mich meinen Weg gelassen und noch entschlossener fortsetzen.

Veränderungen

Schon seit einigen Tagen fällt mir auf, dass sich die Farbe des Himmels verändert. Das intensive Lapislazuliblau, das mich bis hierher begleitet hat und die Erinnerung an antike Schmuckstücke wachruft, gehört nunmehr der Vergangenheit an. Ganz allmählich, von Tag zu Tag mehr, verblasst das Blau, wird immer fahler und gleicht schon beinahe dem Himmel über Mailand. Heute ist das Blau besonders milchig, und der Grund hierfür wird bald offenbar: Es kommt Wind auf. Aber es ist nicht der übliche leichte Luftzug über der Wüste, der sanft über den Sand gleitet, ihn bewegt und dabei die Dünen in immer wieder neuen Formen entstehen lässt. Dieser Wind ist anders, und leider weiß ich genau, was mir bevorsteht. Die Sandstürme der Sahara sind mir unvergessen. Glücklicherweise ist die Sandauflage in diesem Abschnitt der Durchquerung verhältnismäßig kompakt, und die feuchten Schlammzonen verhindern einmal mehr, dass der Wind den Sand allzu heftig über die Flächen peitschen kann. Am Flussufer jedoch, wo sich flache Sanderhebungen gesammelt haben, wirbelt der Wind Staub auf, der die Sonne verfinstert. Die Temperaturen scheinen erneut um einige Grade zu fallen. Ich bin gezwungen, mit gesenktem Kopf gegen Wind und Staub anzukämpfen, und bilde mir ein, die Kälte könne mir so weniger anhaben. Die bereits stark strapazierten Handschuhe sind so dünn geworden, dass sie die Hände kaum noch schützen. Meine Hände sind bald steif vor Kälte und können die Griffe der Trekkingstöcke kaum noch halten. Gelegentlich klemme ich sie während des Marsches unter die Achseln, um mich ein wenig zu wärmen, doch der ständig wechselnde Untergrund verzeiht keine Unachtsamkeiten. Obwohl ich dick angezogen bin, dringt die Kälte bis in die Knochen, und selbst die Augen beginnen zu tränen. Verkehrte Welt! Habe ich mir für meine Abenteuer doch die Wüsten ausgewählt, weil ich die Wärme liebe! Wie ein Roboter gehe ich weiter, beschleunige von Zeit zu Zeit die Schritte, um den Kreislauf in Gang zu bringen, und kann mich doch kaum der Kälte erwehren, die meine Muskeln steif und unbeweglich macht. Ich denke mit Schrecken an die bevorstehende Nacht. Tatsächlich sind die Temperaturen im Vergleich zu den anderen Tagen kaum gesunken, aber der eisige, alles durchdringende Wind vermittelt das Gefühl schneidender Kälte. Plötzlich kommt mir ein Gedanke. Was ist mit dem Solarpanel? Kann es sich unter diesen Bedingungen überhaupt aufladen? Die Antwort sollte erst der Abend bringen. Ich halte es für ratsam, den Apparat in seinem Futteral zu belassen und die Spannung der Batterie erst im Schutz des Zeltes zu kontrollieren. Dann kommt die Stunde, in der ich mein Nachtlager aufschlage. Im Zelt schließlich bestätigt sich meine Befürchtung. Die von Sandschwaden verhüllte Sonne war nicht kräftig genug, um die Batterie aufzuladen, und zum zweiten Mal muss die Telefonverbindung mit dem Team gezwungenermaßen ausfallen. Ich hoffe inständig, dass sie die Ursache meiner Probleme erraten. Meine größte Sorge ist allerdings, dass sich dieser Ausfall auch in den folgenden Tagen fortsetzt, und verbringe eine entsprechend unruhige Nacht. Die beißende Kälte und das Heulen des Windes begleiten meine trüben Gedanken. Ich verlasse wiederholt das Zelt, um die Festigkeit der Heringe im Sand zu kontrollieren. Falls der Sturm stärker werden sollte, hatte ich vor, das Zelt vorsichtshalber abzubauen, um nicht zu riskieren, dass es beschädigt wird, und meinen Fußmarsch notfalls im Dunkeln fortzusetzen. Natürlich ist mir klar, wie gefährlich es ist, sich nachts in diesem unberechenbaren Gelände zu bewegen. Immerhin hatte ich bereits schmerzhaft erfahren, wie schnell und unerwartet sich schlammiger und sandiger Untergrund hier abwechseln. Dennoch erscheint es mir ratsam, mich bei schlechter werdender Witterung lieber wieder auf den Weg zu machen, als Schäden am Zelt in Kauf zu nehmen, das schließlich mein einziger Schutzraum ist. Immer wieder sehe ich auf die Uhr. Minuten werden zu Stunden. Schließlich flaut der Wind etwas ab, aber das winzige Zelt ächzt und bebt noch immer bei jedem Windstoß. Ich halte meinen Talisman fest in den Händen und bilde mir ein, er könne mir die nötige Kraft verleihen, die endlose Nacht zu überstehen. Irgendwann muss ich dann eingeschlafen sein. Als ich aufwache, habe ich noch immer das Püppchen fest in den Händen, und draußen vor dem Zelt erwartet mich ein bleiches, kaltes Morgenlicht.

Das Ziel ist nahe

Plötzlich kommt es mir in den Sinn. Bis zu diesem Augenblick habe ich keinen Gedanken daran verschwendet. Vielleicht wollte ich mich damit nicht belasten, doch heute ist es so weit. Zuerst reagiere ich mit Bestürzung, durchlebe ein Wechselbad der Gefühle und bin dann schließlich doch nur traurig. Denn obwohl sich alles dagegen sträubt, muss ich mich darauf einstellen, dass das Ende des Abenteuers naht.

Es liegen noch etliche Dutzend Kilometer vor mir, bevor ich mit Oscar und dem Rest des Teams wieder vereint sein werde, aber die ersten Anzeichen sprechen eine deutliche Sprache: Meine Essensvorräte sind fast aufgebraucht, ebenso wie die Batterien für die Taschenlampe, die Videokamera und die Gaspatronen für den Kocher. Wir hatten für die Durchquerung der Takla Makan einen Monat einkalkuliert, aber ein Blick auf den Datumsanzeiger meiner Uhr beweist, dass ich der Planung bereits um einiges voraus bin. Trotz der Probleme mit der Blase an der Ferse ist es mir gelungen, das Tagespensum, das ich mir vorgenommen hatte, einzuhalten und zeitweise sogar zu übertreffen. Allerdings auf Kosten meiner Konstitution, denn ich fühle mich müde und zerschlagen. Vor allem mein rechtes, entzündetes Knie protestiert immer häufiger, und meine Sehnen sind wegen des unregelmäßigen Untergrunds überstrapaziert. So bin ich hin- und hergerissen zwischen dem Wunsch, endlich mein Ziel zu erreichen, und dem widerwilligen Gefühl, eine Wüste verlassen zu müssen, die ich lieben gelernt habe.

Während ich wie üblich gesenkten Blickes meinen Weg fortsetze, spüre ich plötzlich über mir eine ungewöhnliche Bewegung. Als ich aufschaue, entdecke ich einen Vogel. Was für ein Vogel es ist, kann ich nicht erkennen. Er hat die Größe einer Taube und bleibt stets etliche Meter direkt über mir. Das seltsame, unbekannte Wesen, das tief unter ihm durch die Wüste stapft, hat wohl seine Neugier erregt. Ich gehe schneller, und der gefiederte Begleiter folgt in meinem Tempo. Als ich langsamer gehe, fliegt auch er langsamer. Leicht irritiert bleibe ich schließlich stehen. Der Vogel verharrt über mir in der Luft. Einige Minuten lang setzen wir unseren Weg gemeinsam fort, dann stößt der Vogel nach kurzem Flügelschlagen unvermutet und wie zum Gruß einen Schrei aus und fliegt davon. Er ist das erste Lebewesen, dem ich nach so vielen Tagen der absoluten Einsamkeit begegne. Ich deute es als ein gutes Zeichen.

Das Flussbett des Khotan-darya wird immer breiter. Nähere ich mich dem einen Ufer auf der Suche nach Wasser, kann ich das andere kaum noch erkennen. Immer häufiger treffe ich auf verdorrtes

Dornengestrüpp, und hin und wieder säumt einer der seltenen Bäume den Geisterfluss.

Der Augenblick der Trennung von der Takla Makan rückt unausweichlich näher.

Ein unerwartetes Geschenk

An diesem Abend erwartet mich eine Überraschung. Im Telefonat, das wir zum Glück wieder führen können, überbringt mir Oscar nach dem Austausch der geografischen Koordinaten die unglaubliche Nachricht: Drei meiner engsten Freundinnen, Enrica, Graziella und Giusy, sind auf dem Weg von Italien nach China, um mich bei meiner Ankunft in Empfang zu nehmen. Außerdem haben sich die Repräsentanten der Firma Sector in China und Italien ebenfalls im Basislager angesagt, das Oscar, Jin und Daniele in der Nähe von Luo Tang aufgebaut haben, dem Ort, an dem mein Unternehmen enden wird. Zusammen mit den Geschäftsleuten treffen auch einige chinesische Journalisten und ein Pekinger Fernsehteam ein. Offenbar hat sich die Nachricht von meiner Durchquerung der Takla Makan herumgesprochen, und die chinesischen Medien sind neugierig auf die Frau, die sich als Erste der Herausforderung der Takla Makan gestellt hat. Der unerwartet große Empfang bereitet mir Freude und Sorge zugleich. Schon ein gewisser Aberglaube hält mich davon ab, den Erfolg vor der Ankunft zu genießen. Noch immer kann ein unerwarteter Zwischenfall, und sei er noch so banal, alles in Frage stellen. Dann wären die Mühen und Anstrengungen der Menschen, die mit mir feiern wollen, umsonst. Ich fühle ihnen gegenüber eine große Verpflichtung, die einerseits unbestritten belastet, andererseits auch motiviert, mit ganzem Einsatz bis zuletzt zu kämpfen. Auch die Erfahrungen anderer haben mich gelehrt, dass im Angesicht des nahen Ziels die Konzentration ab- und der Leichtsinn zunimmt. Es ist ein sehr besonderer, aber auch in seiner Gefahr nicht zu unterschätzender Moment. Oscar kennt meine Einstellung, und ich ahne, dass er lange überlegt hat, ob er mir gegenüber das große Empfangskomitee überhaupt erwähnen soll. Ich bin mir sicher, dass er mit der Nachricht nur bezwecken möchte, dass ich bis zum letzten Augenblick meine Vorsicht und Konzentration nicht verliere. Und dafür bin ich ihm wirklich dankbar.

Der Abschied von der Wüste

Selbst am letzten Abend bin ich innerlich noch nicht ganz bereit, mich endgültig von dieser Wüste zu lösen. Nach meinem gewohnten Abendessen, bestehend aus einer scharf gewürzten Brühe, strecke ich mich auf der Isomatte vor dem Zelt aus, das Gesicht dem Sternenhimmel zugewandt, und lasse die bedeutendsten Momente des Unternehmens noch einmal Revue passieren. Die Bilder, die ich sehe, sind klar und deutlich, während ich nach den Gefühlen suche, die sie ausgelöst haben und noch immer auslösen. Ich durchlebe noch einmal all diese Augenblicke in der Wüste und ihren Zauber, ihre eindringliche Stille, die Einsamkeit, die Geräusche, Farben und Gerüche. Glück und Leid wechseln sich ab und fügen sich zu einem Kaleidoskop unvergesslicher Erlebnisse zusammen.

Ich versuche, die Kälte zu verdrängen, und denke an tausend Dinge: Wie wird es sein, plötzlich nach vielen Tagen der Einsamkeit wieder unter so vielen Menschen zu sein? Wird es mir gelingen, mich schnell an das Alltagsleben zu gewöhnen? Und die anderen? Wie werden sie mich sehen? Auch meine Familie wird eine andere Carla als die vorfinden, die sie einen Monat zuvor verlassen hat. Jede frühere Erfahrung in der Wüste brachte auch Veränderungen in meinem Privatleben mit sich. Doch ich spüre, dass dieses Mal mehr geschehen ist. Die Takla Makan hat es geschafft, meine

Haltung zur Welt und zu mir selbst zu verändern, hat mir plastisch vor Augen geführt, was ich wirklich für eine freie Existenz und meinen Seelenfrieden benötige. Ich hoffe dabei vor allem auf das Verständnis und die Unterstützung meiner nächsten Angehörigen, um den Teil meiner Persönlichkeit wiederzufinden, den die euphorisierende, ja rauschhafte Stimmung der Wüste scheinbar in den Hintergrund gedrängt hat. Und etwas erscheint mir von besonderer Bedeutung: Ich habe erneut meine Grenzen gesucht und sie immer noch nicht gefunden. Ich werde also weitersuchen müssen.

Am darauffolgenden Morgen baue ich zum letzten Mal mein winziges Zelt ab, das mir während dieses großartigen Abenteuers so treu gedient hat, und binde noch einmal meinen Talisman an den Rucksack, der mir in all den langen, durchwachten Nächten immer das Gefühl gegeben hat, nicht ganz so allein zu sein. Ich krame die kleine Pappschachtel hervor, in der ich die Süßigkeiten aufbewahrt hatte. Sie ist ein wenig zerdrückt, aber dank des roten Stofffutters noch immer hübsch anzusehen. Dann trenne ich aus meinem Tagebuch eine Seite heraus und beginne spontan zu schreiben, was mir in den Sinn kommt. Es ist eine Ode an die Takla Makan: Ich danke ihr, dass sie mich gewähren und sich Tag für Tag neu entdecken ließ. Als erster Frau schenkte sie mir das Privileg der Erstdurchquerung – dafür ein ganz besonderer Dank. Ich füge die Daten meines Aufbruchs, meiner Ankunft, die Beschreibung der Route und die Zahl der zurückgelegten Kilometer hinzu und setze meinen Namen darunter. Dann lege ich den gefalteten Zettel in die kleine Schachtel und vergrabe alles feierlich im Sand an der Stelle, wo noch wenige Minuten zuvor mein Zelt gestanden hatte. Zum Schluss kennzeichne ich den Ort mit einem simplen Holzstück, obwohl ich mir sicher bin, dass niemand je diese Schachtel entdecken wird.

Es ist der 18. November. Mich trennen nur noch wenige Stunden vom Ende, und ich verspüre tiefe Zufriedenheit. Ich habe in 24 Tagen 550 Kilometer (durchschnittlich ca. 23 km pro Tag) in der berüchtigtsten Wüste der Welt zurückgelegt, und doch kommt es mir vor, als sei es nur ein langer Tag gewesen.

Die Ankunft

Schon von Weitem erkenne ich die Umrisse der ersten Gestalten am Rand der Wüste. Dann nähert sich ein kleiner Lastwagen in einer Wolke aus Staub mit dröhnendem Motor. In diesem Moment ist es vorbei mit der herrlichen Stille der Wüste. Auf der Ladefläche des Gefährts surren ununterbrochen die Kameras der chinesischen Fernsehleute, die wie besessen filmen, während das Auto mich umkreist. Sie rufen mir etwas zu, das ich nicht verstehe. Ich grüße sie mit erhobener Hand und setze meinen Weg auf der Piste fort. In der Ferne mache ich noch andere Fahrzeuge aus. »Mein Gott, wie viele sind denn das?«, frage ich mich.

Als ich allmählich näher komme, erkenne ich ein großeres Zeltlager und davor eine kleine, bunte Menschenmenge. Ich versuche, die Gesichter zu erkennen, als sich eine Gestalt aus der vordersten Reihe löst und mir entgegenläuft. Es ist ein Mann. Er trägt eine rote Jacke, ein Stirnband und einen langen Bart. Er breitet die Arme aus, und erst als er näher kommt, erkenne ich Oscar. Er reißt mich und den Rucksack so heftig in seine Arme, dass ich fürchte, wir beide könnten das Gleichgewicht verlieren und im Sand landen.

»Du hast es geschafft! Phänomenal! Du bist großartig!«, ruft er aufgeregt und ist sichtlich gerührt. Es ist der erste direkte menschliche Kontakt seit vielen Wochen.

»Danke! Danke euch allen. Ich kann es kaum fassen«, stammle ich unter Tränen.

Dann kommen sie, die restlichen Mitglieder meines Teams: Daniele, Jin und die Fahrer. Sie lachen glücklich, umringen mich und versichern mir ihre Begeisterung in drei Sprachen. Ich werde nie vergessen, was sie für mich getan haben, wie viel sie zusammen mit Oscar auf sich genommen haben, um mir bei der Verwirklichung meines Traums zu helfen. Jin überreicht mir einen Granatapfel, eines der traditionellen chinesischen Glückssymbole. Dahinter tauchen nun auch meine italienischen Freundinnen auf und umarmen mich alle gleichzeitig. Sie sind noch müde von der langen Reise, die sie aus Italien in den äußersten Nordosten des Riesenreichs China geführt hat, und die Freude, sie hier alle zu sehen, ist überwältigend. Sie drücken mir ein winziges, mit einem Band verschlossenes Stoffsäckchen in die Hand, das aussieht wie die Verpackung eines Schmuckstücks. Ich betrachte es verblüfft, öffne es auf ihr Drängen hin, und ein Weißgoldkettchen gleitet in meine Hand. Es trägt einen Anhänger in Form eines Sterns, der mit Brillantsplittern besetzt ist. Auf der Rückseite sind die Initialen ihrer Namen eingraviert. Vor Überraschung verschlägt es mir die Sprache. Plötzlich lösen sich die Manager von Sector aus der Menge der Umstehenden. Auch sie sind gute Freunde und haben dieses Projekt mit großem Engagement betreut. Es herrscht ein gewaltiges Durcheinander, und alle haben glänzende Augen. Ich entdecke auch einen italienischen Fotografen und einen Kameramann, die sich große Mühe geben, den Augenblick meiner Ankunft ausführlich zu dokumentieren. Diesmal vergisst Oscar die Filmkamera und beschränkt sich auf seine Aufgabe als Arzt. Er mustert mich aufmerksam und fühlt mir den Puls. »Wie fühlst du dich?«, erkundigt er sich. »Ausgezeichnet!«, antworte ich prompt. In der allgemeinen Aufregung habe ich völlig vergessen, den Rucksack abzusetzen. Ich bin ihn so gewohnt, dass ich ihn gar nicht mehr spüre.

Daniele und Jin treten näher, um mir zu helfen, doch ich wehre sie mit einem Handzeichen ab. Langsam wende ich mich der Wüste zu und gehe einige Meter zurück. Dann sinke ich mit dem Rucksack auf den Schultern in die Knie, sammle mich in einem Moment und grüße sie ein letztes Mal.

Jetzt wollen alle wissen, erfahren, fotografieren. Die chinesischen Journalisten sind in ihrer Begeisterung geradezu überschwänglich. Ich dagegen bin verstört, begreife nichts mehr. Dann wird mir mit einem Mal bewusst, dass ich seit Wochen in derselben Kleidung stecke. Ich fühle mich alles andere als wohl in meiner Haut. Erst in menschlicher Gesellschaft wird mir mein Äußeres wieder bewusst. Was sollen die Leute nur von mir denken?, schoss es mir durch den Kopf, und doch wusste ich im selben Moment, wie absurd meine Sorge war. Ich möchte gern mein Turbantuch ablegen und kann mich nicht erinnern, wann ich zuletzt die Haare gewaschen habe. Kälte und das eisige Wasser der Tümpel haben mich kaum dazu verführt, Schönheitspflege zu betreiben. Enrica, Giusy und Graziella lesen mir meine Gedanken von den Augen ab. Sofort zaubern sie eine Schüssel mit warmem Wasser, Shampoo und ein Handtuch herbei, die sie mir wie die Heiligen Drei Könige überreichen. Sie helfen mir, mich, so gut es geht, etwas zu säubern, und während wir miteinander lachen, surren unaufhörlich die Videokameras und klicken die Fotoapparate, um auch ja jeden Augenblick festzuhalten. Schließlich bin ich so weit wiederhergestellt, dass ich mich den Interviews der stets ungeduldigen Journalisten stellen kann. Als ich mich zu ihnen gesellen will, fällt mir ein Chinese mit schlohweißem Haar auf, der etwas abseits steht und mich unentwegt beobachtet. Er hält Fotos in seiner Hand. Plötzlich tritt ein anderer Chinese zu mir und erklärt mir mit leiser Stimme in Englisch, dass es sich um den Vater eines jungen Mannes aus Shanghai handelt, der wie ich versucht hatte, die Takla Makan allein zu Fuß zu durchqueren. Ich hatte schon in Peking vor meiner Abreise von ihm gehört. Dort hatte man mir erzählt, dass er im Juni 1996 bei dem Versuch, seinen Traum zu verwirklichen, verschollen war. Zu seinem Andenken hatte der Vater vor, die Stelle am Rande der Wüste, von der aus der Sohn aufgebrochen war, mit einem Gedenkstein zu kennzeichnen. Als er von meinem Projekt hörte, hatte er die Manager der Firma Sector gebeten, ebenfalls bei meinem Empfang dabei sein zu dürfen. Der Gedanke, ihn zu treffen, war mir unangenehm. Wie sollte ein Mann an meiner Freude teilhaben können, der erst zwei Jahre zuvor seinen Sohn bei dem Versuch dessen verloren hatte, was mir gelungen war?

Der alte Chinese kommt langsam auf mich zu. Er spricht mich auf Chinesisch an und streckt mir die letzten Fotos seines Sohnes entgegen. Von der ersten abgewetzten Fotografie sieht mir ein hübscher, lachender junger Mann entgegen. Er ist kräftig und auch verhältnismäßig groß gewachsen. Auf dem Rücken trägt er einen Rucksack. Sein Gesichtsausdruck ist entschlossen, doch sein Blick träumerisch in die Ferne gerichtet. Ich spüre, wie mir ein Schauer über den Rücken läuft. Fast habe ich das Gefühl, den jungen Mann zu kennen. Als ich dem Vater nach endlosen Minuten die Fotos zurückgeben will, macht er mir ein Zeichen, sie zu behalten. Wir sehen uns an, und ich umarme ihn spontan. Er erwidert die liebevolle Geste und spricht zu mir. Ein Dolmetscher erklärt, dass er mich zu meinem Unternehmen beglückwünscht. Ich bitte den Dolmetscher, ihm zu sagen, dass ich das Projekt seinem Sohn widmen werde. Als der Dolmetscher ihm meine Worte übersetzt, hellt sich seine Miene auf, und er dankt mir mit gefalteten Händen und gesenktem Kopf. Ich erwidere sein Lächeln, und angesichts seiner Freude verfliegen die letzten Ängste.

Schlussfolgerungen

Mein Abenteuer in der Takla Makan erregte in China große und positive Aufmerksamkeit. Ich fürchtete, dass die Chinesen es möglicherweise nicht billigen würden, dass als Erste eine Frau und ausgerechnet eine Europäerin ihre geheimnisvolle Wüste durchquert hatte. Doch es sollte anders kommen. Ich wurde überall mit großer Begeisterung aufgenommen. Meine letzten Zweifel allerdings zerstreute die Tatsache, dass vor allem die chinesischen Frauen stolz darauf waren, dass eine Vertreterin des schwachen Geschlechts das Unmögliche vollbracht hatte.

Überraschenderweise hatten mir Kälte und extreme Temperaturunterschiede während der Expedition kaum zugesetzt. Aber nach der ersten in Peking verbrachten Nacht in einem luxuriösen und gut geheizten Hotelzimmer ereilte mich eine Bronchitis.

Bei meiner Rückkehr nach Italien erwartete mich eine angenehme Überraschung. Die Tests und Untersuchungen, die das Institut für Sportmedizin in Mailand durchführte und mit den entsprechenden Werten vor meiner Abreise verglich, ergaben, dass ich mich in einer hervorragenden körperlichen Verfassung befand. Trotz aller Anstrengungen und der Umstellung der Ernährung besaß ich bessere Werte als zuvor. Der leitende Sportmediziner fasste das so zusammen: »In Anbetracht deines Alters, Geschlechts und der physischen Belastungen, denen du ausgesetzt warst, bist du ein medizinisches Wunder und weist vielleicht den Weg für die Anpassung des Menschen an zukünftige Verhältnisse.«

Falls ich je Zweifel ob der Nützlichkeit meiner Leidenschaft für Wüsten hatte, dann haben mir die Ergebnisse der Untersuchungen den Beweis geliefert, dass doch alles im Leben einen Sinn hat. Ich hoffe, dass die gesammelten Daten in einer vielleicht nicht allzu fernen Zukunft helfen, zumindest teilweise die großen Probleme zu lösen, die die schnelle Ausbreitung der Wüsten auf unserem Planeten mit sich bringt, von der Millionen von Menschen betroffen sind. Zu wissen, dass der menschliche Organismus in der Lage ist, sich rasch und ohne schwerwiegende Konsequenzen an neue, extreme Lebenssituationen anzupassen, kann uns Hoffnung machen.

Die Verwirklichung eines Traums muss nicht immer nur die Befriedigung der Wünsche eines Einzelnen sein, sondern kann auch anderen Menschen nützlich sein. Wenn meine Erfahrungen eines Tages dazu dienen können, die Lebensqualität vieler Menschen zu verbessern, hoffe ich, bald eine neue Gelegenheit zu haben, noch viele andere Träume zu realisieren.

Die Simpson Desert

Endlich nach Australien

Die Stimme der Stewardess, die ankündigt, dass wir in wenigen Minuten starten werden, reißt mich schlagartig aus dem Halbschlaf, in den ich unmittelbar nach dem Einstieg ins Flugzeug gesunken bin. Ich werfe einen Blick auf die Uhr. Wir haben aufgrund des dichten Verkehrs auf den Start- und Landebahnen wieder einmal eine halbe Stunde Verspätung. Ich betrachte kurz die Passagiere neben mir und bereite mich geistig auf die endlosen Stunden vor, die mir bis zur Ankunft bevorstehen. Mein Ziel ist Sydney, Australien.

Ich kann es noch immer kaum fassen. Nach gut fünf aufreibenden, arbeitsintensiven Jahren seit meinem letzten Unternehmen, der Takla Makan, begebe ich mich erneut auf die Reise, um den nächsten großen Traum – für mich der wichtigste von allen – in die Tat umzusetzen. Damit endet der Zyklus von Wüstendurchquerungen, der 1991 mit der Durchquerung der Ténéré begonnen hatte.

Inzwischen sind über zwölf Jahre vergangen. Ich habe bereits vier Wüsten dieser Erde bewältigt und nähere mich meinem Ziel, das ich seitdem erreichen wollte und für das ich jahrelang ohne Rücksicht auf physische und psychische Kräfte gearbeitet und gekämpft habe: die Durchquerung einer Wüste auf jedem der fünf Kontinente unserer Erde.

Als letzter Kontinent ist Australien geblieben, und dorthin bin ich unterwegs. Allerdings ist der Zweck dieser Reise eine erste Inaugenscheinnahme des betreffenden Geländes, um einen Überblick über die Probleme und Schwierigkeiten, mit denen ich konfrontiert sein werde, zu bekommen. Erst danach werde ich mich auf das letzte große Abenteuer einlassen: allein, zu Fuß und völlig autark eine Durchquerung der Simpsonwüste zu wagen, jener Wüste im Herzen des australischen Kontinents, die nie zuvor von einer Frau allein bewältigt wurde.

Wir befinden uns im Jahr 2003, es ist Frühling, und ich habe einen langen und steinigen Weg hinter mir. Die Vorbereitungen für Projekte dieser Art sind, wie ich oft betont habe, mindestens genauso mühsam und oft sogar problematischer als die eigentliche Wüstendurchquerung. Im Fall meines australischen Vorhabens allerdings überstiegen die Schwierigkeiten all meine Vorstellungen. Schon aus diesem Grund empfinde ich diese erste Reise nach Australien beinahe als eine Art Befreiungsschlag.

Während das Flugzeug langsam in Richtung Startbahn rollt, wandern meine Gedanken zurück zu den vergangenen fünf Jahren mit all ihren Höhen und Tiefen, in denen ich jedoch nie mein Ziel aus den Augen verlor.

Big brother is watching us

»Woran denkst du, Carla?« Es ist die Stimme meines Mannes, die mich in die Wirklichkeit zurückholt. Er kennt mich natürlich, weiß, dass etwas in der Luft liegt, wenn ich mich aus Gesprächen zunehmend zurückziehe, und macht sich verständlicherweise Sorgen.

Nach unserer Rückkehr aus China war ich monatelang von Termin zu Termin geeilt und habe wie verrückt gearbeitet. Das Projekt hatte große Aufmerksamkeit in den Medien erregt, und die Erkenntnis, dass meine Berichte so viele Menschen faszinierten, hat mich all meine Entbehrungen schnell vergessen lassen.

Auch das Buch, das im Juni kurz vor dem Aufbruch zu meinem letzten Wüstenabenteuer erscheint, ist ein großer Verkaufserfolg, und ich genieße die Belohnung für all meine Mühen. Einige Monate später schließlich trifft das Filmteam einer der führenden Fernsehanstalten Chinas in Mailand ein. Der Sender hatte Kontakt mit mir aufgenommen und den Wunsch geäußert, ein Feature über mich und mein Projekt in der Takla Makan zu drehen und dieses mit

Bildern aus meinem Alltag zu beleben. Ich muss wohl kaum betonen, dass ihre Ankunft das Leben meiner Familie praktisch auf den Kopf stellt. Jede einzelne Geste von Oscar, Max und natürlich auch von mir wird mit der Kamera genauestens festgehalten. Ein Kameramann, ein Toningenieur und der Regisseur folgen uns auf Schritt und Tritt, um keinen Augenblick unseres Tagesablaufs zu verpassen. Immer abwechselnd flüchtet sich einer von uns ins Badezimmer, um eine kurze Auszeit zu nehmen, bevor wir uns erneut dem Kameraauge dieser chinesischen Inszenierung stellen. Nirgends sind wir vor dem *Big brother,* dem chinesischen Fernsehen, sicher. Oscar erfindet zu den abenteuerlichsten Uhrzeiten alle möglichen Termine und Pflichten, um der Fernsehkamera zu entfliehen, und Max verbringt seine gesamte Freizeit in der Garage, die er von innen abschließt, während die Chinesen mit der Kamera auf der Suche nach Motiven durch Haus und Garten streifen, wo alles laute Kommentare und echtes Erstaunen hervorruft. Natürlich fällt es hauptsächlich mir zu, die Gäste zu betreuen. Ich führe sie zu Franco ins Fitnessstudio, um ihnen zu zeigen, wie ich mich physisch auf die Entbehrungen der Wüste vorbereitet hatte, gehe mit ihnen einkaufen und führe sie auf Besichtigungstouren. Aber stets kommt irgendwann unausweichlich der Augenblick, an dem wir wieder nach Hause zurückkehren müssen. Dort verfällt der Kameramann dann auf die alberne, aber entwaffnend charmant vorgetragene Idee, mich beim Kaffeekochen und der Zubereitung typischer italienischer Gerichte filmen zu dürfen, um den chinesischen Hausfrauen eine Vorstellung von der italienischen Küche zu vermitteln. Schließlich soll ich irgendeine Handarbeit vorführen. Ob ich stricken oder häkeln könne, wird gefragt. Und ich bemühe mich, alles zu tun, was die Frauen in China erfreuen könnte. Unsere Erleichterung ist grenzenlos, als sich das Team zufrieden mit vielen Verbeugungen, Dankesreden und tonnenweise Filmmaterial verabschiedet. Offenbar erscheinen auch heute noch vereinzelt in China Fernsehbeiträge aus diesem Fundus. Als das Programm zum ersten Mal gesendet wird, teilt man mir die Zuschauerquote mit: Sage und schreibe 700 000 Menschen hatten die Sendung gesehen.

Mit der Idee, eines der australischen Wüstengebiete zu durchqueren, habe ich schon seit einiger Zeit geliebäugelt. Vielleicht sogar schon vor dem Unternehmen in der Takla Makan. Dennoch hat es die Idee nicht einmal bis ins Planungsstadium geschafft. Anfänglich hatte ich nämlich Bedenken, zu viel Zeit in langfristige Programme zu investieren. Möglicherweise spielte auch Aberglauben eine Rolle. Erst während der Durchquerung der Takla Makan hat das Projekt Form angenommen. Ein Vorgang, der sich schon bei den anderen Projekten wiederholt hatte. In der Einsamkeit der Wüste habe ich stets bereits an das nächste Abenteuer gedacht.

Dieses Mal allerdings beschließe ich, die Sache vorerst für mich zu behalten. Denn die Monate nach meiner Rückkehr bringen Veränderungen mit sich, die den weiteren Lauf der Ereignisse entscheidend bestimmen sollen. Zunächst scheint das ganze Projekt schlichtweg undurchführbar zu sein. Das liegt zum einen Teil an einer Unfallserie des *No-Limits*-Teams der Firma Sector. Der Tod des legendären »Birdman« und Fallschirmspringers, Patrick de Gayardon, und der Extrembergsteigerin, Chantal Mauduit, beide die prominentesten Mitglieder des *No-Limits*-Teams, bringen zwangsläufig hitzige Debatten mit sich, die zu einer völligen Umorientierung führen. Wir glauben zunächst an eine Beruhigung der Lage, müssen aber bald erkennen, dass das zu kurz gedacht ist. Der Tod der beiden tragenden Säulen des Extremsports ist nicht nur schmerzlich, sondern bedroht schon in dieser frühen Anfangsphase das Expeditionsprojekt. Wir wissen zunächst nicht mehr weiter, haben keine Ansprechpartner mehr, und das Netz, das uns trug, zeigt bald Risse.

Zu spät bemerken wir, dass das *No-Limits*-Team, das mit seinen großartigen Unternehmungen in allen Teilen der Welt Millionen von Menschen zum Träumen gebracht hatte, praktisch nicht mehr existiert.

Die Durchquerung der Takla Makan beendet damit die wunderbare Erfolgsgeschichte des *No-Limits*-Teams; eine Geschichte die Männer und Frauen schrieben, die häufig als verrückt galten. Aber die abenteuerlichen Erlebnisse dieser sogenannten »Wahnsinnigen« bleiben unvergessen, und das Ende der Geschichte hinterlässt eine große Leere bei all jenen, die an das Leben als großes Abenteuer glauben.

Ich wende mich Oscar zu und antworte: »Ich denke an dasselbe wie du.«

Was tun?

Dieses Mal ist es mein Mann, der mich drängt, das Projekt Australien ins Auge zu fassen. Er sieht deutlich, dass die jüngsten Veränderungen nicht spurlos an mir vorübergegangen sind, und macht sich Sorgen. Ausgerechnet er, der mich in meiner Begeisterung bei den vorausgegangenen Projekten stets eher gebremst hatte, ermutigt mich jetzt sehr, meinen Plan zu verwirklichen.

Er weiß, wie groß mein Wunsch ist, den Zyklus der Wüstendurchquerungen abzuschließen, und versucht alles, damit ich diesen letzten Traum nicht aufgeben muss. Er spürt, wie sehr es mich schmerzen würde, das Projekt der fünf Durchquerungen unvollendet lassen zu müssen.

Ich dagegen bin eher zögerlich und unentschlossen. Nicht, weil ich lieber aufgegeben hätte. Im Gegenteil. Nichts wünsche ich mir mehr, als weiterzumachen. Es ist eher die Angst davor, bei der Vorbereitung eines so umfangreichen Projekts allein auf mich gestellt, ohne die Hilfe derer zu sein, die mich bei meinen drei vorausgegangenen Unternehmen begleitet und geleitet haben. Ich müsste also praktisch wieder bei null anfangen, so wie damals 1991, als ich beschloss, mich der Karawane der Tuareg anzuschließen. Dies war der Beginn meiner ganz persönlichen Geschichte, und bis jetzt war mir noch gar nicht klar, wie weit sie mich bereits gebracht hatte. Aufgrund der Erfahrung der vergangenen Jahre bin ich nicht mehr sicher, ein solches Mammutunternehmen allein schultern zu können.

»Mama, Telefon für dich!« Die Stimme meines Sohnes hallt durch das Haus und über die wummernden Bässe hinweg, die aus seinem Zimmer dröhnen. Er ist nach einem Auslandsaufenthalt seit einigen Monaten wieder zu Hause, und unser Leben hat sich dadurch verändert. Max' sonniges Gemüt erfüllt Haus und Herzen. Allein durch Max' Sachen, über die man überall stolpert, samt neuen Geräuschen und Gerüchen, erlebt unser Heim eine Metamorphose. Seine Leidenschaft gilt dem Sport, besonders dem Eishockey, dem er fast seine gesamte Freizeit widmet.

Die Stimme am anderen Ende des Telefons ist klar und deutlich. Doch es dauert einen Moment, bis ich sie erkenne. Es ist bereits einige Zeit her, aber die Stimme hat sich nicht verändert. Sie gehört einem Freund, von dem wir lange nichts gehört hatten. Mittlerweile lebt er aus beruflichen Gründen im Ausland und ist vorübergehend in die Heimat zurückgekehrt, um Verwandte und Freunde zu besuchen. »Ich habe im Fernsehen gesehen, dass du dich in die australische Wüste wagen willst. Wann soll's denn losgehen?« Im ersten Moment bin ich perplex, kann mich nicht erinnern, über das australische Projekt öffentlich gesprochen zu haben. Dann fällt mir ein Interview ein, das ich vor einigen Monaten gegeben hatte, ohne zu wissen, ob es überhaupt gesendet wird. Darin hatte ich angedeutet, etwas Ähnliches zu planen. Ich mache Anstalten, abzuwiegeln, als die Stimme am anderen Ende sagt: »War nicht zu erwarten, dass du ruhiger wirst. Dein Mut ist bewundernswert. Wir sind alle stolz auf dich. Auch aus der Entfernung verfolgen wir alle deine Abenteuer. Du bist ein Vorbild für uns alle.« Mir fehlen offen gestanden die Worte. Zum Glück erzählt der Freund jetzt lebhaft von seiner Arbeit, dem Leben in einem anderen Land und erspart mir eine Antwort. Wir verabreden ein Treffen, und er beendet das Gespräch mit: »Alles Gute für Australien! Sag Bescheid, wenn es so weit ist.« Ich starre nur stumm auf den Telefonhörer in meiner Hand, bis Max mich aus meinen Gedanken reißt: »Schlechte Nachrichten?«

»Nein, das war nur ein Freund, der wissen wollte, wann ich nach Australien reise.«

»Und? Was hast du ihm gesagt?«

»Was soll ich schon gesagt haben? Nichts.«

»Mama, du willst doch wohl nicht aufgeben!« Zum ersten Mal packt mein Sohn den Stier bei den Hörnern und spricht etwas direkt an. Ich betrachte ihn verdutzt, während er schief lächelt und mir zuzwinkert. »Ausgerechnet du! Mich treibst du immer an. Du kannst nicht kneifen! Wie stellst du dir das vor? Du musst es tun!« Er gibt mir einen leichten Klaps auf die Schulter und murmelt, bevor er sich abwendet: »Du machst es. Ich kenne dich. Natürlich machst du es.«

Von da an wird Australien zur fixen Idee. Tagelang beherrscht nichts anderes meine Gedanken. Immer wieder höre ich die Worte von Max, Oscar und dem alten Freund. Ich habe das Gefühl, ihren Erwartungen nicht gerecht zu werden und viele andere Menschen mit meiner Unentschlossenheit zu enttäuschen, die meine bisherigen Projekte verfolgt haben und mir und meinen Expeditionen noch immer in ihren Briefen Respekt und Bewunderung zollen. Aber nach wie vor schrecke ich davor zurück, alleine, ohne die verlässlichen und erfahrenen Helfer der Vergangenheit, die Maschinerie in Gang zu setzen, die für die Organisation eines solchen Projektes nötig ist. Ich bin überzeugt, es aus eigener Kraft niemals zu schaffen.

Dann erhalte ich eine überraschende E-Mail. Sie ist von einem mir unbekannten jungen Mann. Er hat mein Buch *Die Wüstenfrau* gelesen und schreibt mir dankbar, er habe durch das Buch die Kraft gefunden, eine durch eine schwere Krankheit ausgelöste Lebenskrise zu überwinden. Ein Satz trifft mich besonders: »Ich habe mir gesagt, wenn Sie es schaffen, allein durch Wüsten zu gehen, kann ich das auch. Ich warte schon auf Ihr nächstes Abenteuer. Dann kann ich wieder träumen!« Wie sollte ich eine solche Botschaft ignorieren? Ich hatte nie darüber nachgedacht, welche Gefühle ich mit der *Wüstenfrau* auslösen könnte. Der Brief ist das Zeichen, auf das ich im Grunde meines Herzens gewartet habe. Und seltsamerweise schöpfe ich Mut, indem ich die Worte des Jungen umdrehe: »Wenn er es geschafft hat, warum soll ich es nicht auch schaffen?«

Geografie

Das Herzstück Australiens ist ein einziges riesiges, fast menschenleeres Wüstengebiet, das sogenannte Outback. Diese Region ist in sechs »echte« Wüsten aufgeteilt, die sich deutlich voneinander unterscheiden: die Wüste Tanami im Norden, die Great Sandy und Little Sandy im Westen, die Gibson und die Simpson in der Mitte und die Great Victoria im Süden. Bei der Entscheidung fällt meine Wahl sofort auf die Simpsonwüste. Ihre geografische Lage exakt in der Mitte des Kontinents, an der Grenze zwischen dem Northern und dem Southern Territory, verleiht ihr einen geradezu symbolhaften Charakter innerhalb Australiens. Und die enge Nachbarschaft zu den Gebieten der Aborigines, der australischen Ureinwohner, lässt sie noch faszinierender erscheinen. Vor allem jedoch ist sie die einzige Wüste, die bis zu diesem Zeitpunkt noch nie von einer Frau allein durchquert wurde.

Das offizielle Kartenmaterial zieht die Grenzen der Simpsonwüste von Dalhousie, einem kleinen Ort am äußersten westlichen Rand der Wüste, bis zur Big Red, der legendären großen roten Sanddüne im Osten, nur wenige Kilometer von dem äußerst abgelegenen Städtchen Birdsville entfernt. Dazwischen liegen 430 endlose Kilometer Wüste. Obwohl zahlreiche Tierarten in der Simpsonwüste leben, gibt es nirgendwo Wasser. Die Simpson gehört zu den ältesten und ungewöhnlichsten Wüsten der Welt. Die hohe Konzentration von Eisenmineralen im Boden verleihen ihr die charakteristische und ungewöhnliche ziegelrote Farbe, die nebenbei eine geradezu energetische Wirkung auf all diejenigen haben soll, die sich in ihren Einflussbereich begeben.

Ich habe mich von jeher zu dem Herzen dieses riesigen Kontinents Australien hingezogen gefühlt. Hier ist gleichzeitig ein Zentrum der faszinierenden Kultur der Aborigines, die sich, um zu überleben, an einen für sie fremden Lebensstil anpassen mussten. Die Folgen sind weniger romantisch, als uns so manche Bücher glauben machen möchten. Immer mehr stellen die australischen Ureinwohner hier im Landesinneren eine Realität dar, wo ihre angestammten Gebiete erneut ihr Eigentum sind. Möchte man diese Gebiete bereisen, sind Passierscheine nötig, die allerdings nicht in jedem Fall gewährt werden.

Dunkelheit

Tausend Zweifel entstehen, lassen mich nicht mehr los, untergraben tückisch wie ein steter Tropfen, der den Stein höhlt, meine Zuversicht. Am meisten beschäftigt mich die Sorge um meine körperliche Verfassung und mein Durchhaltevermögen. Nach der Durchquerung der Takla Makan habe ich mein übliches Training bei Franco im Fitnessstudio wieder aufgenommen. Mein Übungsprogramm nach einer solchen Expedition ist allein darauf zugeschnitten, meine Form zu halten, ist wirksam, aber keinesfalls hart und hat nichts mit dem erschwerten, jeweils auf ein spezielles Vorhaben zugeschnittenen Training zu tun. Ich spreche mit Franco in Ruhe über meine australischen Pläne, und wir wägen alle Gesichtspunkte der Vorbereitung ab. Er kennt mich sehr gut, vermutlich sogar besser als ich mich selbst, und ist der Einzige, der hier eine kompetente Meinung äußern kann. Bin ich überhaupt wieder in der Lage, die Anstrengungen eines harten mehrmonatigen Ausdauertrainings durchzustehen? Franco bejaht dies unter dem Vorbehalt, dass ich täglich mit Beharrlichkeit und nicht nachlassendem Engagement trainiere.

Die Vorstellung, wieder ein gezieltes Training aufzunehmen, beflügelt mich. Es ist, als erlebe ich erneut jene Zeiten, als ich noch Wettkampfsport betrieben habe und ganze Tage zur Vorbereitung im Studio verbrachte. Außerdem reizt es mich, mich mit Max zu messen, der ein volles Trainingsprogramm als Eishockeyspieler absolviert – ebenfalls unter dem wachsamen Auge von Franco, der zahlreiche Sportler zu seinen Schützlingen zählt.

Die Organisationsprobleme sind jedoch damit noch längst nicht gelöst. Vorrangig geht es darum, Sponsoren zu finden. Und es hängt alles davon ab, inwieweit diese bereit sind, sich zu beteiligen. Bisher war mir dies durch das Engagement der Firma Sector erspart geblieben, die stets die aufwendige Organisationsmaschinerie in Gang gesetzt und aufrechterhalten hatte. Ich mache mich also an die Arbeit, stoße jedoch auf unerwartete, für mich unvorstellbare Schwierigkeiten. Es unterläuft mir ein Fehler nach dem anderen – ich schätze Fakten, Situationen und Menschen falsch ein, was mich Monate kostet. Meine Nervosität nimmt zu, und ich merke, dass mein Zeitplan umgeschrieben werden muss: Die Wüstendurchquerung muss mit Sicherheit verschoben werden.

Dann tritt ein Ereignis ein, mit dem ich zwar schon seit Längerem gerechnet hatte, das mich aber dennoch erschüttert: der Tod meiner Mutter. Es fällt mir ungeheuer schwer, den Verlust des Menschen zu akzeptieren, der mir im Leben so viel gegeben, mir immer Mut zugesprochen hat, im Leben wie im Sport – völlig uneigennützig, auch wenn meine Projekte gefährlich waren. Wie mein Vater war auch sie eine große Sportlerin gewesen, und beide gemeinsam haben sie immer großen Anteil sowohl an den Erfolgen als auch Niederlagen von meinem Bruder und mir genommen. Sie war sehr stolz auf meine Wüstendurchquerungen, hat sich ihre Sorge nie anmerken lassen, und ihre heitere Gelassenheit ist mir stets ein Ansporn gewesen. Etwas in meinem Leben ändert sich. Ohne diesen festen Anhaltspunkt bin ich verwundbar und erst einmal nicht in der Lage, den schweren Verlust zu verarbeiten. Es liegt auf der Hand, dass ich das australische Projekt verschiebe. Die dafür gebotene Konzentration vermag ich nicht aufzubringen. Darüber hinaus möchte ich auch meinen Vater jetzt nicht allein lassen – auch wenn er längst aufgehört hat, am Leben seiner Familie und der Welt um ihn herum teilzunehmen. Ich könnte es mir nie verzeihen, wenn ihm etwas zustoßen sollte, solange ich weit weg auf der anderen Seite der Welt bin.

Die Zeit verstreicht nur langsam, nimmt mir den schlimmsten Schmerz Stück für Stück und Tag für Tag. Ich fühle mich meiner Mutter jetzt näher als in der letzten Zeit ihres Lebens, als ich in ihr nicht mehr die starke und entschlossene Persönlichkeit erkennen konnte, die sie einmal gewesen war. Ich spüre ihre Gegenwart und wie tröstend es ist, sie stets in der Nähe zu wissen. Allmählich wandeln sich Trauer und Leid in eine erträgliche seelische Verfassung, mit der ich mich abfinden kann. Und Schritt für Schritt löse ich mich wieder aus der Dunkelheit und finde ins Licht zurück.

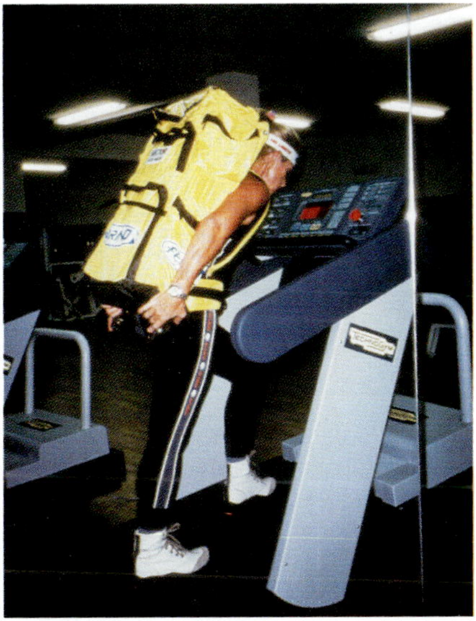

Im Fitnessstudio trainiere ich viele Stunden auf einem Laufband, dessen Neigungswinkel in etwa der Steigung der Dünen entspricht. Auf dem Rücken der mit 30 Kilogramm beladene Rucksack, den ich bei der Durchquerung der Takla Makan benutzen werde.

Das gesamte Material liegt bereit und muss nur noch im Rucksack verstaut werden.

Mit Jin studiere ich eine Karte der Takla Makan. Weitere Informationen stammen aus Berichten jener wenigen Reisenden, die sich im Laufe der Jahrhunderte in diese Region gewagt haben.

Mit Daniele programmiere ich mein GPS nach der geplanten Route. Auch im GPS meines Teams werden diese Daten gespeichert, um jeden nur möglichen Fehler zu vermeiden.

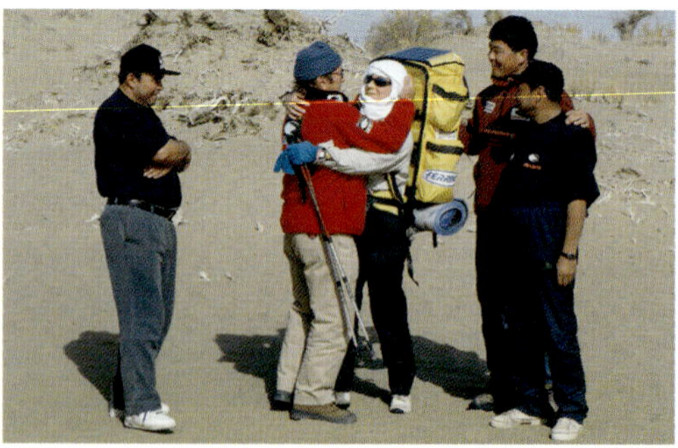

Unter den Blicken von Jin und den beiden Fahrern verabschiede ich mich von Oscar mit einer letzten Umarmung. Wir werden uns nach 24 Tagen auf der anderen Seite der Wüste wiedersehen.

Die kleine Kamelkarawane schreitet mit der kostbaren Last langsam voran: Meinem Team steht die schwierige Aufgabe bevor, die Wasserdepots anzulegen.

Der kasachische Ursprung der Uiguren ist an Gesichtszügen und Kleidung dieses Mannes und dieses Jungen *(Foto rechte Seite)* zu sehen.

Unsere Ankunft erregt überall Neugier. Eine Schar uigurischer Kinder folgt uns, wohin wir auch gehen: Wir sind die einzigen Europäer in dem kleinen Dorf am Rande der Wüste.

Die beeindruckende Aneinanderreihung der Dünen erinnert an den Anblick eines vom Sturm aufgewühlten Ozeans.

Schon rückt die Zeit für die abendliche Rast näher, als ich endlich die Fahne im Sandmeer flattern sehe. Dort werde ich Wasser finden.

Oscar legt das Wasserdepot an und kennzeichnet es mit einer bunten Fahne: So kann ich sie – auch von Weitem – leichter erkennen.

Mein linker Fuß bereitet mir gleich von Anfang an Probleme: Abends entdecke ich, dass sich eine dicke, mit Wasser gefüllte Blase gebildet hat.

Bei meiner Ankunft umarmt mich Oscar bewegt und betrachtet mich – als Arzt – aufmerksam. »Wie geht es dir?«, fragt er mich. Nach fast einem Monat bin ich endlich wieder unter Menschen.

Das Vorbereitungstraining auf die Simpsonwüste geschieht – wie auf all meine anderen Wüstendurchquerungen – unter Francos Leitung. Er kennt mich bestens, und seine Erfahrung ist eine große Hilfe, diese erneute Strapaze durchzustehen.

Der Moment des Abschieds ist gekommen: Der beladene Rucksack auf dem Rücken, den Blick auf die Wüste gerichtet, verabschiede ich mich von Oscar. Dann geht's endlich los! Auf zum letzten Unternehmen und zum letzten Mal.

Ich laufe los und widerstehe der Versuchung, mich noch einmal umzudrehen. Ich spüre die Blicke der Gefährten, die mir noch lange folgen, während auf mir der 25 Kilogramm schwere Rucksack lastet.

Der große Salzsee liegt vor mir als eine sich endlos ausdehnende Fläche – ein angsteinflößender Anblick.

Von einem der vielen Dünenkämme herab schweift der Blick umher, auf der Suche nach einem Zeichen irgendeines Lebens.

Nach dem Regenguss blüht die Wüste, und Tausende von kleinen weißen Blüten sprießen aus dem Sand hervor.

Die rote Sandfläche ist hie und da von Spinifexgras durchbrochen, unter dem sich mit Vorliebe Schlangen verkriechen.

Jede Stunde mache ich wenige Minuten Rast, um mich auf einem Dünenkamm auszuruhen: Ich habe entdeckt, dass oben auf dem Kamm immer ein bisschen Wind geht und der Sand dort weicher ist.

Ich nehme die Big Red mit aller Entschlossenheit, die ich aufbringen kann, in Angriff. Es ist die letzte Düne, die das Ende der Wüste ankündigt.

Die Hitze ist unbarmherzig: Das Thermometer zeigt 55 °C an. Unter diesen Bedingungen zu laufen ist wirklich nicht einfach.

Die Begegnung mit Tieren, die in der Wüste leben, ist immer überraschend: Hier lässt sich ein Leguan beim Sonnenbad betrachten.

Das Speisezelt meines Teams steht nach einer Nacht Dauerregen komplett unter Wasser. Auch für meine Gefährten erweist sich die Simpsonwüste als unerbittlich.

Allein in meinem 900 g schweren Zelt ruhe ich mich nach den Anstrengungen des Tages aus und warte darauf, dass sich der Abend senkt. Vor der Dunkelheit muss alles im Zeltinneren verstaut werden.

Nach 20 Tagen begrüßen mein Mann und ich uns mit einer Umarmung. Unser beider Gesichter sind von der Erschöpfung gezeichnet.

Endlich befreie ich meine Haare, die so lange unter dem enganliegenden Chech steckten. Es tut fast weh, und ich freue mich schon auf das Haarewaschen.

Meine Füße tun noch weh: Erst nach mehreren Monaten wird jede Spur der Blasen und Wunden verschwunden sein.

Noch mit dem Rucksack auf dem Rücken sinke ich auf die Knie und danke der Wüste zum letzten Mal. Ich habe meinen großen Traum, auf jedem Kontinent eine Wüste zu durchqueren, verwirklicht.

Vorbereitungen

Wer annimmt, ein Unternehmen wie eine Wüstendurchquerung sei eine unterhaltsame Art des Zeitvertreibs oder gar der Sinnsuche in einem öde und langweilig gewordenen Leben, irrt sich gewaltig.

Ich bin fast sicher, dass alle diejenigen, die in mir eine unausgelastete, anspruchsvolle Frau sehen, die verzweifelt nach Extremen sucht, um sich zu beweisen, schnell ihre Meinung revidieren würden, könnten sie auch nur an einem meiner Tage während der Vorbereitungszeit teilhaben. Die Realisierung dieser Projekte ist ein steiniger Weg. Sie erfordert harte Knochenarbeit, großen Einsatz während eines aufreibenden Programms, das kaum eine Verschnaufpause gönnt. Zuerst wird die Geländebeschaffenheit analysiert und anschließend die günstigste Route für das Vorhaben festgelegt. Dazu ist aber eine persönliche Besichtigung vor Ort etliche Monate vor dem eigentlichen Expeditionsbeginn unbedingt nötig. Die Suche konzentriert sich dabei vor allem auf mögliche Trinkwasserreserven entlang der geplanten Marschroute. Findet man kein Wasser, muss die Versorgung anderweitig organisiert werden. Danach versucht man, die ungefähre Dauer des Projekts abzuschätzen und stellt schließlich die Ausrüstung zusammen, die für die Durchquerung benötigt wird. Besondere Sorgfalt verwenden wir stets auf ein Notfallprogramm für eventuelle Rettungseinsätze und die Planung des Funk- oder Telefonkontakts zwischen meinem Team und mir. Ebenfalls wichtig ist die Auswahl der Fahrzeuge für das Team, das für die Wüste ebenfalls optimal ausgerüstet werden muss. Dann sucht man einen erfahrenen Guide, der mit der betreffenden Region bestens vertraut sein sollte. Ihm fällt eine entscheidende Rolle zu, was die Sicherheit der Beteiligten und den Erfolg des Unternehmens insgesamt betrifft. Möglich ist ein solches Programm nur, wenn Sponsoren mit im Boot sitzen – die allerdings nach reiflicher

Prüfung auf fruchtbare Zusammenarbeit hoffen lassen müssen. Nebenbei ist auch Pressearbeit nötig, um sich die Kooperation mit unterschiedlichen Print- und TV-Medien durch Zusagen von Interviews und TV-Auftritten zu sichern. Das heißt, man muss auch dafür jederzeit zur Verfügung stehen. Kurz gesagt: ein Fulltimejob, der neben dem täglichen Training bewältigt sein will. Außerdem ist da noch das strenge, von Fachärzten ausgearbeitete Ernährungsprogramm, das leider unweigerlich mit einem mehr oder weniger asketischen Lebensstil verbunden ist. Und dieser ganze Aufwand ohne Aussicht auf finanziellen Gewinn, nur mit dem Ziel, zumindest die Unkosten zu decken – wenn das kein Wahnsinn ist ...

Der Rücken spielt mir einen Streich

Das Übel kommt unerwartet und aus heiterem Himmel. Bei der Rückkehr von einer normalen Trainingseinheit im Fitnessstudio spüre ich die ersten Anzeichen: ein anhaltender, für mich bisher unbekannter Schmerz im Rücken, den ich, als ich mich hinlege, für ein eher harmloses Muskelproblem halten möchte. Ein ungutes Gefühl bleibt aber bestehen, und innerhalb weniger Stunden verschlechtert sich meine Situation. Jeder Schritt löst eine neue Schmerzattacke aus. Ich bin plötzlich ans Bett gefesselt. Oscar gibt mir ein Schmerzmittel und entzündungshemmende Tabletten, doch die Wirkung bleibt aus. Ich wage mich kaum noch zu bewegen, bleibe notgedrungen drei Tage im Bett. Nachdem die Krise schließlich überwunden ist, gehe ich zum Arzt und lasse mich röntgen.

Als der untersuchende Arzt mit den Bildern in der Hand vor mir steht, ist seine Miene nicht unbedingt ermutigend. Er reicht die Aufnahmen an den Kollegen weiter, der mir gegenübersitzt. Er kennt mich gut. Ich lasse ihn nicht aus den Augen, während er die Bilder aufmerksam studiert, und ahne schon, dass ich auf eine schlechte

Nachricht gefasst sein muss. »Carla, du hast ein Problem am fünften Lendenwirbel, einen Bandscheibenvorfall. Ich schätze, du kannst den Rucksack an den Nagel hängen und dir Australien aus dem Kopf schlagen.« Ich starre ihn einen Augenblick verständnislos an, bringe kein Wort heraus und spüre ein seltsames Kribbeln im Magen. »Aber das ist unmöglich. Ich habe nie Rückenprobleme gehabt. Bist du sicher?« Er nickt stumm und zeigt mir die Stelle auf dem Röntgenbild. »Siehst du? Leider ist ein Irrtum ausgeschlossen. Es tut mir aufrichtig leid, aber du hast keine Wahl. Du musst hierbleiben.« Und dann holt er zum letzten Schlag aus: »Ich fürchte, du musst operiert werden.«

Im ersten Moment verschlägt es mir den Atem. Dann bricht eine Welt für mich zusammen – die Welt, die ich in mühsamer Kleinstarbeit in so vielen Jahren harter Arbeit und Entbehrungen aufgebaut habe. Ich kann es nicht fassen. »Warum? Aber warum?«, wiederhole ich immer wieder. Ich begreife nichts mehr. Ich bin wie betäubt, versuche jedoch eine neutrale Miene aufzusetzen. Die Diagnose trifft mich hart, doch ich will nicht klein beigeben, möchte mehr Informationen. Zusammen mit Oscar sondiere ich die Lage. Auch er ist eher gegen eine Operation. Aber um klarer zu sehen, müssen wir eine zweite Meinung einholen. Ich lasse mir einen Termin bei Professor Corona geben, einer Koryphäe auf dem Gebiet der Neurochirurgie. Ich erkläre ihm kurz das Problem und was ich gerade mache und vorhabe. Er hört verblüfft zu, während ich ihm von meinen Wüstendurchquerungen und meinem Vorhaben in Australien berichte, dann unterzieht er mich einer gründlichen Untersuchung. Die positive Ausstrahlung des Arztes beruhigt mich sehr, und ich beschließe, mich ohne Wenn und Aber seinem Urteil zu beugen. Nachdem er einige Daten in den Computer eingegeben hat, wendet er sich an mich: »Das Problem besteht tatsächlich. Von einer Operation halte ich allerdings nichts. Die Voraussetzungen für einen

Eingriff sind nicht gegeben. Außerdem glaube ich nicht, dass es in Ihrem Fall etwas helfen würde.« Nach einer kurzen Pause fährt er fort: »Was das Projekt in Australien betrifft, kann ich Ihnen weder zu- noch abraten. Die Wahrscheinlichkeit, dass Sie das körperlich durchstehen, liegt bei 50 Prozent. Viel hängt von der Vorbereitung des physischen Trainings ab, das natürlich an die neue Situation angepasst werden muss. Aber vor allem kommt es auf Ihre mentale Einstellung an.« Ich atme innerlich auf. »Als Arzt dürfte ich das eigentlich nicht sagen, aber ich habe den Eindruck, wenn Sie etwas wirklich wollen, schaffen Sie es auch. Kommen Sie in einem Monat wieder.« Dann fügt er beinahe verschwörerisch hinzu: »Ich bin übrigens einer Ihrer größten Fans.« Am liebsten hätte ich ihn umarmt. Ich fühlte mich verstanden, ermutigt, eine schwierige Situation in meinem Leben zu meistern, das Selbstvertrauen wiederzufinden, das mir so plötzlich abhanden gekommen war.

Ich mache mir nichts vor. Bei dem, was ich vorhabe, werde ich auf eine harte Probe gestellt. In einer Wüste herrschen Ausnahmesituationen. Deshalb muss ich in den kommenden Monaten alle mir zur Verfügung stehenden Kräfte mobilisieren und bin entschlossen, für dieses Projekt auch Opfer zu bringen. Ich kann es kaum erwarten, mit Franco zu sprechen. Der Weg wird lang, schwierig und voller Hindernisse und Rückschläge sein. Eine Erfolgsgarantie für all unsere Anstrengungen gibt es nicht. Der Traum ist noch nicht ausgeträumt – im Gegenteil, er wartet darauf, verwirklicht zu werden.

Drei Jahre sind eine lange Zeit

Die Zeit zwischen zwei Projekten ist immer eine Phase der Besinnung und der Aufarbeitung. Seit meiner letzten Durchquerung sind drei Jahre vergangen. Das ist zu lange im Vergleich zu den Pausen zwischen meinen früheren Projekten, die im Rhythmus von zwei

Jahren stattfanden. Die Anfangsphase war dieses Mal von Unsicherheit und Stress gekennzeichnet, aber ich versuche, mir eine gewisse Professionalität anzueignen, um mit solchen unerwarteten Schwierigkeiten besser umgehen zu können, und beschließe, trotzdem weiterzumachen.

Auch wenn es nicht ganz leichtfällt, versuche ich gegenüber den täglichen Anforderungen eine objektivere, distanzierte Einstellung einzunehmen und mich gefühlsmäßig nicht so sehr involvieren zu lassen. Das betrifft vor allem das energie- und zeitraubende Geschäft mit den Sponsoren, das ich nun irgendwie effizienter abzuwickeln hoffe. Das Auffinden eines geeigneten Geldgebers ist nun mal *die* Grundvoraussetzung für das Unternehmen. Nach den ersten herben Enttäuschungen hoffte ich – ganz unprofessionell – darauf, dass eine gute Fee erscheinen und das Problem mit ihrem Zauberstab lösen möge. Es fällt mir nach dem Wegfall meines Sponsors immer noch sehr schwer einzugestehen, dass ich nun ganz auf mich allein gestellt bin und Angelegenheiten übernehmen muss, die ich bis dato noch kaum überblicke.

Um die technische Ausrüstung allerdings muss ich mich weniger kümmern. Meine alten Sponsoren in dieser Sache signalisieren sofort ihre Bereitschaft, mich auch diesmal zu unterstützen. In dieser kritischen Situation empfinde ich das Entgegenkommen dieser Firmen als große Hilfe. Allerdings ist damit die finanzielle Ausstattung des Unternehmens noch lange nicht gesichert. Die Suche nach einem Hauptsponsor trägt mir in dieser Zeit nichts als Ärger, Aufregung und Stress ein. Doch nicht zuletzt, weil ich ich mich denjenigen gegenüber verpflichtet fühle, die mich bedingungslos unterstützen, bin ich nun erst recht entschlossen, die australische Wüstenexpedition zu wagen und notfalls alles aus eigener Tasche zu bezahlen. Dieser Entschluss ist für mich ein echter Befreiungsschlag, lässt mich wieder hoffen, und ich finde mein

Selbstvertrauen wieder. Es ist immer wieder erstaunlich, wie sehr die eigene Einstellung den Gang der Dinge beeinflusst und selbst in ausweglos scheinenden Situationen noch eine Wende herbeiführen kann.

Innerhalb kürzester Zeit sehe ich mich nicht mehr in der unbehaglichen Rolle der Bittstellerin. Im Gegenteil. Ich bekomme überraschende Angebote und zwar so zahlreich, dass man von einem regelrechten Sponsorenpool sprechen kann. Die einzelnen sind nicht besonders finanzstark, aber sie alle tragen zur Umsetzung des Projekts bei.

Nach der Begegnung mit Professor Corona und seiner beruhigenden Rückendiagnose spreche ich jetzt endlich mit Franco über meine Situation, denn ich befinde mich trotz der gestiegenen Zuversicht immer noch in einem gewissen Dilemma. Wir spielen sämtliche Eventualitäten und Risiken durch, die für mich entscheidend sein können. Einerseits möchte ich meinen Partnern die Rückendiagnose nicht unbedingt verheimlichen. Schließlich kann mein Handicap zum Scheitern der Expedition führen. Andererseits kann man auch durch übermäßige Vorsicht bereits im Vorfeld alles zerstören. Ich möchte mir zumindest die Möglichkeit nicht verbauen und halte erst mal still. Es ist keine leichte Verantwortung, die ich auf mich nehme, aber ich bin überzeugt, sie schultern zu können. Wie nicht anders erwartet, bestätigt Franco die Einschätzung des Chirurgen und erklärt dann: »Das heißt harte Arbeit. Es geht darum, die Muskeln zu stärken, um die Wirbelsäule gegen das Gewicht zu schützen, das du tragen musst. Viel hängt von dir selbst und deiner Opferbereitschaft ab.« Und er fügt hinzu: »Ich schätze, du willst es noch mal wissen, was?« Damit war also auch Franco dafür, dass ich das Projekt vorantreibe. Bevor ich mir jedoch das Engagement weiterer Personen sichere, will ich gewiss sein, dass die Aussichten auf Erfolg des Unternehmens hoch sind. »Wenn ich es wirklich wissen will, kannst du mir garantieren, dass wir es schaffen?« Ich sage bewusst »wir«, denn diese Entscheidung betrifft uns beide. Er trägt jetzt einen entscheidenden Teil der Verantwortung mit. Wir sitzen auf der Bank im Umkleideraum des Fitnessstudios, und ich blicke ins Leere. Es ist ein heikler Moment. Ich sehe mich vor eine Entscheidung gestellt, die bei einem Fehlschlag alles Bisherige mit einem Schlag zunichte machen und obendrein meinen Ruf ruinieren kann. Was ist, wenn die gegenüber den Sponsoren verschwiegenen Rückenprobleme nicht in den Griff zu bekommen sind? Was sie dann von mir und dem Projekt denken, lässt sich auch ohne große Fantasie leicht ausmalen. Wer wollte es ihnen auch übelnehmen, sich unter diesen Bedingungen aus dem Projekt zurückzuziehen? Franco gibt sich besonnen, doch ich kenne ihn. Sein kaum merkliches Gesten- und Mienenspiel verraten innere Anspannung. Nach einer kurzen Pause antwortet er. Seine Stimme klingt jedoch fest und entschlossen: »Stell dich auf ein hartes Training ein. Wenn du alles tust, was ich sage, sind wir auf dem richtigen Weg.« Und wie zu sich selbst fügt er hinzu: »Ja, ich bin sicher. Wir können es schaffen.«

Endlich ein Anfang

Das Unglaubliche nimmt endlich Form an. Wir beginnen endlich über Jahreszeiten und Daten zu sprechen, vor allem über die erste Reise nach Australien, die notwendig ist, um Dauer und Art der Durchquerung zu bestimmen. Der Schrecken, den mir die enormen Schwierigkeiten in der Kalahari bereitet haben, sitzt mir immer noch in den Knochen. Dies war die einzige Wüste, die ich vor Beginn meiner Expedition nicht in Augenschein genommen hatte. Seit damals habe ich mich nie wieder blind in ein solches Unternehmen gestürzt.

Es beginnen lange Besprechungen am Kartentisch. Mit Oscar und Daniele, der auch diesmal die Expedition leitet, werten wir alle Informationen aus, die uns zur Verfügung stehen, und diskutieren sie abendelang. Keiner von uns war je in Australien gewesen. Also müssen wir alle nur verfügbaren Quellen heranziehen, um ein möglichst konkretes Bild von Lage und Geologie der Simpsonwüste zu gewinnen. Die Jahreszeiten sind auf dem australischen Kontinent im Vergleich zu Europa genau entgegengesetzt. Das heißt, wenn es bei uns Sommer ist, ist es dort Winter. All das muss beachtet werden, will man den idealen Zeitpunkt für eine Expedition bestimmen. Weder extrem kalte Nächte noch extrem hohe Tagestemperaturen sind ideale Voraussetzungen für ein so schwieriges Unternehmen. Daher scheinen uns die Jahreszeiten mit gemäßigten Temperaturen und Bedingungen die günstigsten zu sein. Kälte in der Wüste bedeutet Temperaturen von mehreren Minusgraden, und die Hitze in der Mitte Australiens erreicht unerträgliche Spitzen bis zu 60 °C. Nach langen Diskussionen kommen wir überein, dass das Unternehmen im April 2003 stattfinden soll – endlich!

Nachdem nun das konkrete Datum feststeht, sind wir mit einer Begeisterung und einer Entschlossenheit bei der Arbeit, wie wir sie schon lange nicht mehr erlebt hatten. Dennoch läuft nicht immer alles nach Plan. Wieder tauchen Schwierigkeiten auf. Die benötigte Ausrüstung ist für jedes Projekt unterschiedlich und muss den neuen Anforderungen angepasst werden. Vom Satellitentelefon bis zur Kleidung, vom Biwakzelt bis zur Foto- und Filmausrüstung muss alles so gewählt werden, dass sie den speziellen Erfordernissen während der Expedition durch die Simpsonwüste im Alleingang und zu Fuß entsprechen. Und dabei wird der ewige Kampf um das Gewicht meiner Ausrüstung schon fast zur fixen Idee. Denn zum ersten Mal muss ich auch an die eingeschränkte Belastbarkeit meiner Wirbelsäule denken.

Durch die vorausgegangenen Durchquerungen haben sowohl meine Ausrüster als auch ich eine Menge Know-how entwickelt. Bei der Auswahl des Materials für mein australisches Projekt stützen wir uns natürlich auf diese Erfahrungen. Dennoch ist in den vergangenen fünf Jahren die Entwicklung auf einigen Gebieten weiter fortgeschritten, und die Verringerung des Gewichts und des Volumens einiger Produkte kommen mir sehr entgegen.

Wie schon angekündigt, gestaltet sich das Training im Studio mit Franco härter denn je, zum Glück ohne weitere Probleme, wenn man von der allabendlichen Abgespanntheit einmal absieht. In Kürze wird die Arbeit mit Gewichten auf dem Laufband beginnen. Bis dahin setze ich die Muskelaufbauarbeit fort und stemme Gewichte – alles ohne die geringsten Rückenbeschwerden. Jede Trainingseinheit verläuft sehr konzentriert und zielorientiert. Zeit für Pausen und Entspannung bleibt kaum. Unsere Gespräche reduzieren sich strikt auf die Durchführung der einzelnen Übungen. Viele Worte werden nicht gemacht. Wir sind ein eingespieltes Team. Oft genügen ein Blick oder eine Geste. Außerhalb meiner Familie weiß mit Ausnahme der behandelnden Ärzte und Franco immer noch niemand von meinen Rückenproblemen.

Allmählich gewinne ich wieder meine alte Fitness zurück, obwohl ich gezwungen bin, einige Gewohnheiten zu ändern. Ich lerne, meiner Wirbelsäule weder unnötige Belastungen noch schnelle und unbedachte Drehungen zuzumuten, wenn ich aus dem Bett steige. Francos Worte »Geh in die Knie, wenn du dich bückst und Gewichte hebst, roll dich auf die Seite, bevor du aufstehst, benutze den Hüftgurt, wenn du schwere Arbeiten verrichten musst!« verfolgen mich auf Schritt und Tritt. Nach einer Weile beherzige ich die zuerst unbequemen Regeln ganz automatisch, als hätte ich nie etwas anderes getan. Das Wichtigste ist jetzt, gesund zu bleiben und nicht leichtsinnig zu werden.

Den ersten Trainingstag mit dem mit Wasserflaschen gefüllten Rucksack im Studio auf dem Laufband vergesse ich nie. Wochenlang habe ich mich geistig bereits auf diese Feuerprobe vorbereitet, doch je näher die Abreise rückt, desto mehr quält mich der Gedanke daran. Ich schrecke mitten in der Nacht auf, liege stundenlang wach im Bett und male mir aus, was mit dem Rücken alles passieren könnte. Unterschiedlichste Bilder ziehen vorbei, das häufigste ist das vom trockenen Knacken meiner Wirbelsäule, die unter der Last des Rucksacks bricht.

Ich stehe auf dem Laufband, mein Stützgurt ist festgezurrt, und ich warte ängstlich schwitzend auf die Unterstützung Francos bei der Schulterung des gewichtigen Rucksacks. Dann drohen 18 Kilogramm mich aus dem Gleichgewicht zu bringen. »Alles in Ordnung?«, fragt Franco. »Warte – wir fangen langsam an. Dann steigere ich die Geschwindigkeit und den Steigungswinkel. Bleib ganz ruhig!«, fährt er fort. Ich beginne einen Fuß vor den anderen zu setzen. Meine Vorsicht lässt mich völlig verkrampfen. Ich habe den Blick auf das Laufband fixiert, bis ich mich allmählich entspanne und in einen natürlicheren Schrittrhythmus verfalle. Als sich keine Probleme ergeben, lache ich befreit, und Franco grinst und hebt den Daumen.

Wenn alles bestens läuft …

Alles scheint sich zum Besten zu wenden. Selbst der Besuch beim Neurochirurgen bestätigt die Besserung. Mein Rücken hält sich gut, und das gibt mir Auftrieb. Der Weg nach Australien erscheint längst nicht mehr so dornig und lang, wird von Tag zu Tag realistischer. Zwar bleiben noch Fragen ungelöst und Schwierigkeiten zu überwinden, doch das ist unter den gegebenen Umständen normal.

Alles erscheint im schönsten Gleichgewicht. Doch just in diesem Augenblick geschehen gleich zwei unerwartete Dinge, die noch einmal die Wüstendurchquerung in Frage stellen. Nach meiner Mutter stirbt nun auch mein Vater, das Familienoberhaupt. Obwohl er seit Jahren schon aufgrund seiner Krankheit teilnahmslos und fern der realen Welt in seinen Erinnerungen lebte, blieb er dennoch ein Fixpunkt in meinem Leben und dem meines Bruders Italo. Sein Tod bedeutet für uns zwangsläufig einen Rollentausch und macht uns zu den Ältesten des Familienclans. Allerdings haben die traurigen Ereignisse auch positive Konsequenzen. Mein Bruder und ich fühlen uns nach Jahren sehr unterschiedlicher Lebensweisen so nahe wie lange nicht mehr. Fast könnte man den Eindruck gewinnen, meine Eltern hätten uns mit ihrem Tod wieder zusammengeführt.

Das zweite Ereignis ist der Ausbruch des Irakkriegs. Das ganze öffentliche Interesse scheint sich auf diesen Kriegsschauplatz zu konzentrieren und degradiert alle anderen Geschehnisse zu bloßen Randnotizen. Unter diesen Umständen hat es keinen Sinn, das australische Projekt zu starten. Eilige Absprachen mit den Sponsoren bestätigen meine Absicht, den Zeitpunkt des Aufbruchs nunmehr zu verschieben. Der Monat April erscheint uns nach wie vor als die beste Jahreszeit, da die Temperaturen in der Wüste zu diesem Zeitpunkt voraussichtlich am erträglichsten sind. Aber um ein ganzes Jahr können und wollen wir das Projekt nicht mehr hinauszögern. Die einzig mögliche Lösung ist es daher, die Durchquerung nach dem australischen Winter anzusetzen. Immer vorausgesetzt natürlich, die Lage im Irak lässt dies zu. Damit ist der September die einzig verbleibende Alternative. Das heißt, wir müssen unbedingt in den ersten Septembertagen aufbrechen, um zu vermeiden, in die sommerliche Hitzewelle zu geraten, die zwangsläufig zum Abbruch des Unternehmens führen würde.

Es fällt mir sehr schwer, aber es bleibt mir nicht erspart, die Verschiebung auch in der Presse anzukündigen. Ich frage mich nun, ob all die Hindernisse noch im Bereich des Normalen liegen oder ob ich sie als Warnung auffassen muss: als Warnung vor allzu großen Risiken bei der Wüstendurchquerung, als Fingerzeig, das Projekt fallen zu lassen. Ich frage mich aber auch, ob meine Beharrlichkeit, mit der ich das Projekt trotz immer wieder auftauchender Schwierigkeiten immer weiterverfolge, sich nicht in Verbohrtheit und Besessenheit gewandelt hat. Ich versuche meine derzeitige Situation zu beurteilen. Aber dazu brauche ich wie stets in solchen Fällen Ruhe und Einsamkeit. Mailand ist für solche Dinge nicht der rechte Ort. Angesichts ständig klingelnder Telefonapparate und ruheloser Mitarbeiter ist das einfach unmöglich. Diesen Ort finde ich in der Abgeschiedenheit der Berge. In kurzer Zeit bekomme ich meinen Kopf frei, und ein erstes Ergebnis ist, dass ich der Verschiebung des Starts auch etwas Positives abgewinne: Wir haben einige Monate mehr Zeit, um in Ruhe die Ausrüstung auszusuchen und die erste Reise nach Australien besser zu organisieren. Aber vor allem bedeutet es, dass ich durch das längere Training meine physische Konstitution weiter verbessern kann. Nachdem ich das für mich geklärt habe, setze ich mir ein Ultimatum: Wir werden bis September weitermachen. Sollte es dann immer noch unmöglich sein, das Projekt zu starten, ist Schluss, dann gebe ich den australischen Traum auf. Ich kehre schließlich nach Hause zurück und informiere die anderen von meinem Entschluss. Von da an heißt es nur noch abwarten.

Im Flugzeug

Die Person neben mir schläft seit Stunden unberührt vom Dröhnen der Triebwerke, dem Stimmengewirr der Passagiere und dem hellen Lichtschein der Lampen. So als habe Daniele meinen Blick gespürt, schlägt er nun schläfrig die Augen auf und dreht sich zu mir um. »Hast du geschlafen?«, fragt er eher gewohnheitsmäßig denn aus Neugier.

»Wenig«, antworte ich, obwohl ich die ganze Reise wie benommen zwischen Wachen und Schlafen verbracht habe. Ich fliege gern, und eigentlich macht es mir nichts aus, ans andere Ende der Welt zu reisen, aber ich bin ungeduldig. Ich sehne mich danach, endlich anzukommen, ein paar Schritte zu gehen und frische Luft zu atmen. Wir hatten einstimmig beschlossen, dass Daniele und ich die Lage in Australien gemeinsam sondieren sollten, um das Unternehmen entsprechend zu organisieren und die Dauer der Durchquerung so genau wie möglich festzulegen.

Die Eindrücke sind überwältigend. Australien überrascht uns. Kaum verlassen wir Sydney mit dem Ziel Alice Springs an Bord eines weiteren Flugzeugs, werden wir in die für uns Europäer völlig ungewohnte Weite und Einsamkeit dieses Kontinents übergangslos hineinkatapultiert. Der Ausdruck »Outback« bezeichnet nicht nur wüstenhafte Landstriche, sondern ist auch das Synonym für das Land hinter der Zivilisation.

Als Vorposten des Outbacks gilt Alice Springs, der kulturelle Mittelpunkt des Volkes der Aborigines, der auf uns einen gleichzeitig faszinierenden und beunruhigenden Eindruck macht. Wir fühlen uns wie auf einer Zeitreise in eine fremde Welt, in der eine seltsame Mischung aus Steinzeit und modernen Errungenschaften herrscht.

Hier leben nomadisierende Familien und Gruppen von Aborigines, scheinbar ohne Ziel, verschmelzen Vergangenheit und Gegenwart zu einer Wirklichkeit, die offensichtlich keine Zukunft hat. Trotz der krassen Gegensätze fügt sich doch alles zu einer gewissen Harmonie, die Alice Springs ebenso einzigartig macht wie die rostrote, wilde und alles beherrschende Wüste, die bereits hinter den letzten Häuserreihen beginnt. Schon nach wenigen Kilometern treffen wir auf Känguruherden, die uns aus wenigen Metern Entfernung am Straßenrand beäugen. Ich halte im Schatten einiger kleiner Bäume an, und als wir versuchen, uns ihnen zu nähern, ergreifen sie mit weiten Sprüngen die Flucht, bleiben jedoch nur wenige Meter entfernt wieder stehen.

Wir fahren Hunderte von Kilometern über staubige Sandpisten, ohne auch nur einer Menschenseele zu begegnen. Als wir schließlich zwischen zwei roten Felswänden über eine Anhöhe kommen, versperrt uns plötzlich eine Wildpferdherde den Weg. Wir bringen den Geländewagen gerade noch rechtzeitig zum Stehen, als die Pferde nur wenige Meter vor uns wie auf Kommando mit donnernden Hufen davongaloppieren ... Ich zähle ungefähr 20 Tiere. Am darauffolgenden Tag verwandelt ein sintflutartiger Regenguss die Piste in tiefen Morast, der ein Weiterkommen fast unmöglich macht. Unser Fahrzeug schlingert und schleudert gefährlich und bleibt fast im Schlamm stecken. Als wir die erste Raststelle auf unserer Route erreichen, erfahren wir, dass die Weiterfahrt in die Wüste unmöglich ist, da die Piste gesperrt wurde. In Australien ist alles perfekt organisiert. Die Tankstellen und Rastplätze, die auf der Karte eingezeichnet sind, existieren tatsächlich, sind funktionstüchtig und bieten alles, was man braucht. Sie wirken wie verloren in dieser endlosen Leere und sind doch wesentlicher Bestandteil der umgebenden Natur. Treffen wir auf Menschen, sind die Begegnungen überraschend freundlich und von anstreckender Fröhlichkeit. Allerdings habe ich den leisen Verdacht, dass diese nicht ganz so natürlich ist, wie sie zu sein scheint. Denn es ist mir unbegreiflich, wie man derart isoliert leben und dennoch so umgänglich sein kann.

Die Schließung der Wüstenpiste zwingt uns zu einem großen Umweg, um Dalhousie Springs am Westrand der Simpsonwüste, den geplanten Ausgangspunkt für meine Durchquerung, zu erreichen. Während der Nacht sinken die Temperaturen hier unter null Grad, und die Kälte dringt durch jede Ritze in unser Zelt. Die Erinnerung an die eiskalten Nächte in der Takla Makan und daran, wie ich in den langen, einsamen Stunden inmitten in der Wüste gelitten habe, ist noch sehr frisch. Ich hoffe inständig, dass sich diese Erfahrung nicht wiederholen wird.

Wir erreichen Dalhousie und merken es zuerst gar nicht. Die einzige menschliche Behausung ist die Rangerstation, aber die ist verlassen. Wir erleben eine neue Überraschung: Nach all den Tagen, die wir mittlerweile auf diesem Kontinent unterwegs sind, haben wir uns noch immer nicht an das gewöhnt, was uns hier erwartet. Erreichen wir auf der Karte als wichtige städtische Zentren eingezeichnete Orte, entpuppen sich diese als Ansammlungen einiger weniger Häuser. Sind die Punkte auf unserer Karte mit Symbolen versehen, die nach unserem Verständnis für eine Größenordnung von etlichen zehntausend Einwohnern stehen, reduziert sich das, was wir vorfinden, auf eine einzige Wellblechhütte.

Im ersten Moment wirkt die Simpsonwüste auf mich eher nichtssagend. Aber seit unserer Ankunft in Australien haben wir nichts anderes gesehen als Wüste, und auch die Simpsonwüste bietet ein ähnlich monotones Panorama. Je weiter wir jedoch in die Wüste vordringen, desto stärker verändert sich die Landschaft. Der Sand wird tief, weich und zur tückischen Falle, was uns nur allzu bewusst wird, als wir das erste Mal im Sand stecken bleiben. Es folgen spannende Stunden, in denen wir uns abmühen, die Räder des Geländewagens freizuschaufeln. Dabei bietet sich mir Gelegenheit, mit dieser großen Unbekannten Kontakt aufzunehmen. Noch im australischen Winter ist es hier tagsüber reichlich heiß, und unter der gleißenden Sonne verschwimmt das rostrot gefärbte Gelände vor meinen Augen. Der sandige Landstrich hier scheint wie mit Grasbüscheln getüpfelt zu sein, die allerdings so stachelig sind, dass sie durchaus eine Gefahr darstellen. Es handelt sich um Spinifex- oder Igelgras, ideale Zufluchtsstätte für kleines Getier und Schlangen. Schon durch die erste unfreiwillige Berührung mit den spitzen Widerhaken der Grashalme fange ich mir Kratzer an meiner Hand ein. Die wunden Stellen brennen unangenehm und schwellen innerhalb weniger Minuten an.

Danieles Sorgenfalten sprechen Bände. Offenbar hat er nicht mit einem derart schwierigen Gelände gerechnet. Auch für mein Team wird diese lebensfeindliche Wüste kein Zuckerschlecken werden. Da wir inzwischen erfahren mussten, dass es in der Simpson Desert kein Wasser gibt, fällt den Männern die Aufgabe zu, auch hier Wasserdepots für mich anzulegen, an denen ich meinen Trinkwasservorrat regelmäßig auffüllen kann.

»Wenn es so einfach wäre, hätten schon zig Leute die Simpson durchquert«, murmle ich mehr zu mir selbst, um mir Mut zu machen. Aber wenn ich es nicht versuche, werde ich auch nie wissen, ob es möglich ist.

Ayers Rock

Nach einer Woche haben wir nun ein wesentlich konkreteres Bild der Simpsonwüste und kehren nach Alice Springs zurück. Gleichzeitig wissen wir aber auch, dass bis zum Beginn der Durchquerung noch ein riesiger Berg an Arbeit vor uns liegt.

Am Tag vor dem Rückflug nach Italien unternehmen wir einen Ausflug zu einer Art australischem Wallfahrtsort – dem »Muss« für jeden Australien-Touristen: Wir besuchen die Felsformation von Uluru, auch Ayers Rock genannt. Er ist ein Heiligtum der Aborigines. Die Simpsonwüste grenzt an ein großes Reservat der Ureinwohner Australiens, ein Gebiet, das wieder in ihr Eigentum übergegangen ist und für dessen Pflege und Erhalt sie verantwortlich sind. Die Simpsonwüste ist ebenfalls Teil der Geschichte dieser faszinierenden Menschen und unbestrittenen Herren der grenzenlosen australischen Weiten. Auch heute noch ist der Geist ihrer uralten Legenden und Mythen zu spüren. Nirgendwo sonst in Australien sind seine Ureinwohner und ihre Kultur so präsent wie im Northern Territory.

Die Kultur der Aborigines ist ungefähr 60 000 Jahre alt und eine der ältesten überlebenden Kulturen. Vor der Ankunft der Europäer vor 200 Jahren bevölkerten die Stämme der Aborigines das gesamte Innere des Kontinents und einen Teil der umliegenden Inseln. Man zählt ungefähr 700 unterschiedliche Stämme, die 250 Sprachen und Dialekte sprechen. Im Laufe ihrer langen Geschichte haben einige Sippen ihren Lebensstil in den vergangenen Jahrhunderten an die sich wandelnden Umweltbedingungen angepasst, ohne jedoch ihre tiefen Wurzeln zu vergessen. Ihre Traditionen leben in Tänzen, Mythen, kultischen Handlungen und ihrer Kunst weiter, die in zunehmendem Maße auch in der westlichen Welt Bewunderung und Anerkennung finden. Die Ausdrucksmittel der Aborigines gewinnen nicht nur in künstlerischer, sondern auch in wirtschaftlicher Hinsicht eine immer größere Bedeutung und erweisen sich als nützlicher Beitrag zur Erhaltung der Gemeinschaften, die immer mehr in den Integrationsprozess eingebunden werden.

Gegenwärtig stellen die Aborigines rund 25 Prozent der Bevölkerung im Northern Territory, das entspricht einer Zahl von 50 000 Menschen. Mittlerweile befinden sich größere Teile der von ihnen beanspruchten Gebiete wieder in ihrem Besitz. Die Erfolgsromane, die die Aborigines als primitive Wesen mit Häuten und Fellen bekleidet darstellen, die sich von Raupen und Wurzeln ernähren, lassen vergessen, dass die Realität ganz anders aussieht. Es geschieht viel in Australien, um ihre Interessen zu wahren und ihnen zu helfen, ihre Werte in unsere Zeit hinüberzuretten: Die Verbreitung der unterschiedlichen Richtungen ihrer Stammeskunst ist dafür ein eindeutiger Beweis.

Unser Besuch am Uluru ist mir unvergesslich. Allein der Anblick dieser monolithisch wirkenden Felsformation aus Sandstein, einem einzigartigen Naturdenkmal, ist ein Erlebnis. Wohl kaum jemand bleibt von dieser heiligen Stätte der Aborigines unberührt, die unvermittelt aus der Ebene aufragt und eine geradezu mystische Ausstrahlung hat. Schon von Weitem erkenne ich die lange Schlange von Touristen, die sich über die Felswand zum Kamm hinaufwindet. Der Weg dort ist mit einem Seil als Kletterhilfe gesichert. Dabei weist ein Schild in mehreren Sprachen ausdrücklich darauf hin, dass das Besteigen des Uluru allein der Gemeinschaft der Aborigines vorbehalten ist. Die Aborigines dulden die touristischen Aktivitäten bis jetzt noch, halten ein Besteigen jedoch für einen unerwünschten Tabubruch. Diesen will ich jedoch – abergläubisch wie ich bin – angesichts der schwierigen Herausforderung, die mir in einigen Monaten bevorsteht, nicht riskieren.

Die Vorbereitungen gehen weiter

Wir fliegen zusammen mit vielen wertvollen Informationen über die Wüste im Gepäck wieder nach Italien zurück. Daniele ist nun mit der Organisation beschäftigt, und mir ist klar, dass er damit den schwierigsten Part des Projektes übernimmt, doch ich vertraue ihm blind. Unterdessen gilt meine Aufmerksamkeit all den Dingen, die vor der Abreise unerledigt geblieben sind. Oscar bereitet alles für die Film- und Fotodokumentation der Expedition und ihre spätere Veröffentlichung vor.

Die Entscheidung, die Durchquerung im Monat September zu starten, hat für uns den großen Nachteil, dass wir während der ferienbedingten Sommerpause in Europa kaum Ansprechpartner bei unseren technischen Ausrüstern haben. Da die meisten Firmen im August dichtmachen, muss sämtliches Material bis Ende Juli fertig zusammengestellt und der Ablauf der Berichterstattung über das Unternehmen geklärt sein. Nun erst wird mir in vollem Umfang bewusst, dass der schwierigste Teil erst noch bevorsteht. Die Nervenanspannung ist groß, und es genügt schon bald eine Kleinigkeit, um mich aus der Fassung zu bringen. Ich kenne mich selbst nicht wieder, denn eine derartige Unausgeglichenheit ist völlig untypisch für mich.

Jeder Tag bringt Unerwartetes: Kaum ist ein Problem gelöst, erwächst uns sofort einer Hydra gleich das nächste. Es ist ein Teufelskreis, aus dem wir uns kaum zu befreien wissen. Aber der Abreisetermin rückt unausweichlich näher. Kaum jemand kann sich noch dem Klima des kollektiven Wahnsinns entziehen.

Eine Testserie an der Fakultät für Sport und Bewegungswissenschaften der Universität Mailand, der ich mich unterziehe, beansprucht gleich mehrere Tage. Dabei sollen mein Gesundheitszustand, meine Fitness und meine körperliche Belastbarkeit festgestellt werden. Wie schon während der Vorbereitungen für die Durchquerung der Takla Makan werde ich auch dieses Mal medizinisch betreut. Verantwortlich ist Professor Veicsteinas, Inhaber des Lehrstuhls für Physiologie und zugleich Direktor des Instituts für Sportwissenschaften. Zusammen mit seinen Mitarbeitern beobachtet er mich seit Anbeginn meiner Vorbereitungen mit Tests und Laboruntersuchungen. Die vorläufigen Ergebnisse waren bisher mehr als ermutigend. Professor Veicsteinas versucht nachzuweisen, dass sich jeder Mensch, unabhängig von seinem Alter, dank regelmäßiger sportlicher Betätigung und einer angemessenen Ernährung in eine ausgezeichnete körperliche Verfassung bringen kann. Anders gesagt: Niemand muss den Aufwand eines Leistungssportlers betreiben, um fit zu bleiben. Es genügt die richtige Ernährung und tägliche Bewegung. Diese Tests, denen ich unterzogen werde, sind dieselben, wie sie auch bei Wettkampfsportlern vorgenommen werden. Sie sind anspruchsvoll, aber durchaus machbar. Natürlich bin ich dennoch aufgeregt. Und wie so oft, hilft allein schon die positive Einstellung. Immerhin ist das Bestehen der Testreihe mein Persilschein für Australien. Die zufriedene Miene des Professors schließlich signalisiert mir, dass ich mir keine Sorgen machen muss. Auch der Professor ist mittlerweile von dem Unternehmen begeistert, und sein Engagement ist der letzte Ansporn für mich, noch härter an mir zu arbeiten. Nach zwei Stunden, in denen ich unterschiedlichen Belastungen ausgesetzt werde und das Team des Professors unter den neugierigen Blicken einer Gruppe von Studenten die Ergebnisse in den Computer eingibt, erläutert Professor Veicsteinas den jungen Leuten die Arbeit. Schließlich wendet er sich an mich: »In Anbetracht deines Alters und der im Computer ausgewerteten Ergebnisse bist du biologisch gesehen wesentlich jünger.« Prompt fällt mir die Diagnose des Professors ein, der mich nach der Rückkehr aus China vor fünf Jahren untersucht hatte. Dann fügt er salopp hinzu: »Von der Physis her bist du in Topform, und wenn der Kopf mitmacht, sehe ich kein Problem. Dann kannst du es mit der Wüste aufnehmen. Wir sehen uns kurz vor der Abreise wieder.«

Noch mehr Training

Den Rucksack schwer mit Wasserflaschen, Kletterseilen und anderen Gegenständen beladen, stapfe ich den Weg entlang. Regen und Schweiß vermischen sich zu einer süß-salzigen Mischung, die Hose und Hemd – inzwischen klatschnass – wie eine zweite Haut am Körper kleben lässt. Wasser rinnt mir in Bächen aus den Haaren über das Gesicht in den Hemdkragen. Seit zwei Wochen trainiere ich in den Bergen. Es ist August, das Fitnessstudio ist geschlossen, und auch Franco hat sich in die Ferien verabschiedet. Für mich ist an Urlaub nicht zu denken, wenngleich ich ihn dringend nötig hätte. Es ist ein ausgesprochen trockener Sommer, der heißeste, seit ich denken kann, und selbst hier, in 1000 Metern Höhe, gibt es kaum Kühlung. Der Regen, wenn auch lästig, bringt ein wenig Erleichterung. Tagtäglich absolviere ich mein Training mit schwerem Rucksack und denke an die Wüste und ob ich dort, mit derselben Last auf dem Rücken, denselben Schuhen, Hose und Hemd und vermutlich auch mit denselben Gedanken, in gnadenloser Sonne bestehen kann. Ich kontrolliere meinen Puls mit einem Blick auf die Anzeige des Herzfrequenzmessers, den ich am Handgelenk trage: Ich muss einen Wert von 135 Schlägen pro Minute halten und erhöhe jetzt leicht das Tempo, obwohl der rutschige Untergrund eine gleichmäßige Schrittfrequenz unmöglich macht. Um diese hohe Pulsfrequenz konstant zu halten, gehe ich ausschließlich bergauf. Beim Abstieg mit entsprechendem Gepäck besteht die Gefahr, dass die Gelenke zu stark belastet werden. Außerdem komme ich dadurch meinem Ziel, die Widerstandskraft zu stärken, nicht näher. Kurz vor Ende des Bergtrainings rufe ich Oscar mit dem Handy an und gebe ihm meinen Standort durch. Ich versuche eine Straße zu erreichen, um ihm die Anfahrt zu verkürzen. Häufig erscheint er dann mit dem Fotoapparat oder der Videokamera, um meine Anstrengung zu dokumentieren, und zwingt mich, auf der Suche nach dem perfekten Bild, immer wieder denselben Weg auf und ab zu laufen. Als ich ihn dicht vermummt in Regenjacke und Kapuze näher kommen sehe, entfährt mir ein erleichterter Seufzer. Ich rechne damit, dass er mir die Erschöpfung anmerkt und wir sofort nach Hause fahren. Stattdessen zückt er die Kamera und arbeitet die Fotoserie ab. Ich habe längst keine Kraft mehr, gegen diese Tortur aufzubegehren. Schließlich wird es mir doch zu viel, und ich versuche zu protestieren, aber er lässt mich erst gar nicht zu Wort kommen. Stattdessen reicht mir mein listiger Gatte mit entwaffnendem Lächeln ein Handtuch und ein trockenes Hemd und verstaut seinen Fotoapparat. Dann nimmt er mir den Rucksack mit einer gespielten Fürsorglichkeit ab, die mich unwillkürlich laut auflachen lässt. Natürlich bringen auch ihn diese Trainingseinheiten um den verdienten Urlaub. Aber er fügt sich ohne Klagen.

Die täglichen körperlichen Belastungen sind eine harte Schule für mich, ich lerne jedoch mit ihnen umzugehen. Außerdem steigern sie nach dem Training mein Wohlbefinden und helfen mir, den Kopf nach dem Stress der vergangenen Monate wieder freizubekommen. Während des Marsches folge ich dem Rhythmus meines Atems, sauge den Duft des Waldes in mich ein, spüre die Energie, die durch jede Faser meines Körpers fließt und alle düsteren Gedanken vertreibt.

Ein unerwartetes Problem

Das Satellitentelefon! Wenige Tage vor der Abreise ereignet sich das nächste Desaster. Schon vor Monaten hatte uns eine große italienische Telefongesellschaft versprochen, zwei Satellitentelefone für die Kommunikation zwischen meinem Hilfsteam und mir zur Verfügung zu stellen, da sie natürlich hoffte, von meiner Publicity zu profitieren. Ich hatte daher keinen Grund, an der Einhaltung der Abmachung zu zweifeln. Unmittelbar nach meiner Rückkehr von meinem Bergtraining erkundige ich mich nichtsahnend nach dem Liefertermin der Satellitentelefone und bekomme die knappe Antwort: »Tut mir leid, aber die Apparate sind nicht mehr verfügbar.« Im ersten Moment fehlen mir die Worte. Dann explodiere ich: »Wie bitte? Ist Ihnen klar, was Sie da sagen? Ich breche in zwei Wochen auf, und Sie teilen mir mit, die Telefone seien nicht verfügbar? Und wie bitte soll ich in der Wüste Kontakt mit meinem Team halten?

Mit Hilfe von Brieftauben etwa?« Ich senke die Stimme, versuche, mich zu beherrschen und zu verstehen, was geschehen ist. Die Stimme am anderen Ende schweigt zu meinen nunmehr ruhigen, aber harten verbalen Attacken und erklärt schließlich: »Ein Apparat ist verfügbar. Den können wir Ihnen schicken. Aber das andere Telefon hat ein bedeutender Industrieller angefordert. Er braucht es auf seiner Yacht.« Ich kann es nicht fassen. Das ganze Projekt droht wegen eines Telefons zu scheitern. Ich bin drauf und dran zu sagen, was mein Gesprächspartner mit seinem Telefon machen kann, aber das verkneife ich mir im letzten Moment. Ich bin am Boden zerstört. Die Respektlosigkeit mir gegenüber, aber vor allem die Nichteinhaltung von vertraglichen Vereinbarungen enttäuscht mich. Niemand muss das, was ich mache, gut finden, aber mit unkorrektem Verhalten kann ich schlecht umgehen.

Die Sache mit dem Telefon ist ein herber Rückschlag. Es sieht so aus, als sollten sich die Widrigkeiten bis zuletzt fortsetzen, mit denen wir seit Beginn des Projekts zu kämpfen haben. Dabei fällt es mir immer schwerer, all diesen Stolpersteinen noch etwas Positives abzugewinnen. Ich muss gestehen, es gelingt mir in diesem Moment nicht einmal ansatzweise. Ich sitze vor dem Telefon – Ironie des Schicksals –, den Kopf in den Händen vergraben und versuche verzweifelt, so kurz vor der Abreise eine Lösung für das Problem zu finden. Sollte nicht die Wüste selbst die größte Herausforderung sein, sondern der ganz alltägliche Wahnsinn, der mir meine Grenzen aufzeigt? Ausgerechnet dort, wo wir uns am sichersten fühlen, alles unter Kontrolle zu haben glauben? Ich bin dennoch nicht bereit, klein beizugeben.

Auch heute noch läuft mir bei dem Gedanken an dieses Ereignis ein Schauer über den Rücken.

Im Gespräch mit meinen langjährigen Freundinnen Anna und Rosanna di Ferrino mache meinem Ärger Luft und äußere meine

Ängste. Währenddessen fällt der Name Edi Orioli. Edi Orioli, den früheren Motorrad-Champion und viermaligen Paris-Dakar-Sieger, kenne ich seit vielen Jahren. Auch er ist vom Wüstenbazillus infiziert. Meine Freundinnen raten mir, ihn anzurufen. Ich berichte ihm kurz, was mir widerfahren ist. Hilfsbereit wie immer gibt er mir die Adresse einer nordeuropäischen Firma, die ihm ihre Satellitentelefone für die Wüstenrallye zur Verfügung stellt. Wir wissen beide, dass der Zeitrahmen unglaublich eng ist, doch einen Versuch ist es wert.

Ich nehme umgehend Kontakt zur Mailänder Niederlassung der Firma auf und bitte, den Leiter sprechen zu dürfen. Dieser erfasst die Situation sofort, telefoniert mit der Mutterfirma, legt den Verantwortlichen meine Situation dar und verschafft mir sofort einen Gesprächstermin. Ich bin einfach perplex, wie schnell und effizient sich diese mir völlig unbekannte Person für mich einsetzt. Wir treffen uns in seinem Büro, und mein erster positiver Eindruck bestätigt sich. Er erbittet sich eine Woche Zeit, um die Angelegenheit zu klären. Bereits nach wenigen Tagen geschieht das Unglaubliche: Eine dänische Telekommunikationsfirma stellt mir Iridium-Satellitentelefone zur Verfügung.

Die wenigen Tage, die uns noch bis zur Abreise nach Australien bleiben, vergehen in gewohnter Betriebsamkeit. Ich arbeite Tag und Nacht, um die letzten Dinge zu koordinieren. Die Organisation in Australien hat Daniele übernommen. Ihm steht wie immer Oscar zur Seite – für mich eine große Beruhigung. Ihre Zusammenarbeit ist lang erprobt, und ich kann sicher sein, dass sie in der Lage sind, jede Notlage zu meistern. Ein kleiner Unsicherheitsfaktor ist das in Italien stationierte Team, das das Abenteuer publizistisch begleiten wird. Angesichts der Zeitdifferenz von neun Stunden zwischen Italien und Australien eine heikle Angelegenheit, denn die per E-Mail eintreffenden Nachrichten aus Australien müssen täglich überarbeitet und ins Internet gestellt werden. Das Team soll also eine Art

Tagebuch der Durchquerung im Internet veröffentlichen und gleichzeitig die Verbindung zu Presse, Rundfunk und Fernsehen halten, die zusammen mit den Sponsoren das Unternehmen direkt verfolgen werden. Außerdem soll die elektronische Post all jener Freunde und Fans gelesen und beantwortet werden, die Nachricht von mir erwarten. Aber in diesem Punkt hat das Wunder einen Namen: Luisella.

Wir sind zwar keine alten Schulfreundinnen, haben jedoch in kurzer Zeit eine enge Beziehung aufgebaut. Wir sind beide Frauen von Ärzten und kennen uns seit vielen Jahren. Die entscheidende Begegnung allerdings fand erst auf dem Flughafen statt, als wir beide unsere Männer begleiteten, die im Rahmen der internationalen humanitären Mission der Organisation *Ärzte der Welt (Médecins du Monde)* nach Tansania flogen. Seitdem wandelte sich Luisellas Begeisterung für das australische Projekt zu engagierter Mitarbeit und Einsatzfreude. Inzwischen ist sie eine enge Freundin und tragende Säule bei der Organisation der Pressearbeit. Mit Ruhe und Entschlossenheit bewältigt sie einen Berg von Arbeit. Ihrem Engagement ist es zu verdanken, dass es mir schließlich gelingt, mit jenem Minimum an Gelassenheit abzureisen, das nötig ist, um eine kraftraubende Expedition wie die Durchquerung der Simpsonwüste anzutreten.

Letzte Momente

Die Bilder laufen wie in einem Film ab, den man tausendmal gesehen hat und der doch immer wieder neu ist. Stimmen, Worte, Gesichter von Verwandten, Freunden und Bekannten, von Mitarbeitern. Sie alle wollen sich verabschieden, mehr erfahren und mich mit ihren Gedanken und ihren Herzen begleiten. Bei der Pressekonferenz sehe ich viele feuchte Augen, lächelnde Gesichter, Hände die applaudieren und die sich mir entgegenstrecken, mich beglückwünschen, mich liebevoll umarmen. Ich sehe Max an der Seite meines Bruders, beide sichtlich bewegt. Alle Anwesenden wissen, wie ich kämpfen musste, um dahin zu gelangen, wo ich jetzt bin. Solch unerwartet große Zuneigung hilft mir mehr als alles andere, mein Vorhaben durchzuführen.

Den Flug nach Australien trete ich diesmal in Begleitung von Daniele und Oscar an. Zwar kennzeichnet die Abreise den tatsächlichen Beginn des Unternehmens »Simpsonwüste«, aber für mich hat sie schon beinahe den Charakter einer Flucht – der Flucht vor monatelanger Hektik und vielen Ängsten, die mir beinahe das innere Gleichgewicht und jede Energie geraubt hätten. Endlich lasse ich die zahllosen durchwachten Nächte, die Unsicherheit und Niedergeschlagenheit hinter mir. Ich fühle mich leer, ausgepumpt. Als ich den Sicherheitsgurt anlege, freue ich mich – etwas aberwitzig – auf die vielen Reisestunden, die vor mir liegen und die mir, wie ich hoffe, eine erholsame Verschnaufpause vor dem Start zur Wüstendurchquerung verschaffen. Oskar hingegen scheint nur nervös, fast ärgerlich zu sein. Kaum hat das Flugzeug abgehoben, blickt er schon ungeduldig schnaubend auf seine Uhr, so als könne er die Landung kaum noch erwarten. Daniele dagegen hat sich wie üblich ins Reich der Träume verabschiedet. Bevor ich die Augen schließe, denke ich noch, wie gut es ist, die beiden auch bei diesem Abenteuer an meiner Seite zu wissen. Mir ist bewusst, dass meine Sicherheit in ihren Händen liegt. Und ich weiß, dass ich jederzeit auf sie zählen kann. Sie haben es schon in so vielen schwierigen Situationen bewiesen.

Auf dem Flughafen von Perth erwartet uns Marco, ein Mailänder, der seit vielen Jahren in dieser schönen australischen Stadt lebt und dort bereits die Nachricht von unserer Ankunft verbreitet hat. Noch für denselben Abend hat er ein Abendessen mit dem italienischen Konsul organisiert. Überrascht stellen wir fest, dass es sich dabei um eine junge Frau handelt – eine hübsche und ausgesprochen sympathische Erscheinung, locker im Umgang und neugierig auf die Einzelheiten unseres Abenteuers. Sie teilt uns mit, dass sie für den übernächsten Tag, bevor wir zu unserem Zielort weiterreisen, einen Pressetermin arrangiert habe. Dazu sind die Presse und Journalisten von Radio- und Fernsehanstalten geladen, die Programme in italienischer Sprache senden. Von ihr erfahre ich, dass es in Perth eine große und gut organisierte italienische Gemeinde gibt. Offenbar sind sie stolz darauf, dass eine Italienerin die Durchquerung versuchen möchte, die nie zuvor eine Frau unternommen hat. Am darauffolgenden Morgen berichte ich live und durchaus bewegt in unserer Muttersprache von meinem Vorhaben und schließe mit einem herzlichen Gruß an alle Italiener in Australien. Mir wird bewusst, wie wichtig es für im Ausland lebende Personen ist, Verbindung mit der Heimat aufrechtzuerhalten.

Ein Blick auf den Kalender zeigt uns, dass es mittlerweile bereits Mitte September ist und wir unsere Reise nach Alice Springs zügig fortsetzen müssen. Der australische Sommer steht vor der Tür, und die drohende Hitze beherrscht unser aller Gedanken. Es erwarten uns anstrengende Arbeitstage, in denen wir vor Ort die restlichen Ausrüstungsgegenstände und Vorräte an Wasser und Verpflegung organisieren müssen. Danach gibt es nur noch die Wüste.

Niemandsland

Die Zeit zwischen der Ankunft vor Ort und dem Aufbruch zur Durchquerung ist bei Projekten dieser Art immer ein schwieriger Balanceakt. Jeder von uns ist sich bewusst, dass auch nur der kleinste Fehler oder die geringste Nachlässigkeit ungeahnte und gefährliche Folgen haben können. Wüsten haben nun einmal die Eigenart, weitab von bewohnten Zentren zu liegen, so dass sich Fehler nur schwer ausbügeln lassen. Also kontrollieren wir zum x-ten Mal jede einzelne Position auf unseren Bestandslisten, die wir schon bis zum Erbrechen in Italien abgearbeitet hatten, markieren jeden Posten, der noch fehlt und den wir vor Ort besorgen müssen: Verpflegung, Biwakmaterial, Ausrüstung und Treibstoff für das Fahrzeug, Wasser, Medikamente und Toilettenartikel. Ziel ist dabei, dass wir uns während der ungefähr einmonatigen Durchquerung autonom in der Wüste bewegen, versorgen und etwaige Notfälle ohne Hilfe von außen meistern können. Aus Sicherheitsgründen halten wir uns noch eine Verlängerung des Unternehmens für weitere zwei Wochen offen.

Sämtliche technischen Ausrüstungsgegenstände, die wir aus Italien mitgebracht haben, werden streng auf ihre Funktionstüchtigkeit geprüft, um unliebsame Überraschungen von dieser Seite auszuschließen. Dennoch wissen wir, dass man nie gegen alle Unwägbarkeiten gefeit ist. Wie schon bei meinen vorausgegangenen Projekten trage ich in mein Expeditionstagebuch die Gebrauchsanleitungen all jener Geräte ein, die ich im Rucksack mitführe. Es ist eine notwendige Vorsichtsmaßnahme, vor allem in Bezug auf die Geräte, deren Bedienung ich noch nicht blind beherrsche. Im Verlauf der Durchquerung ist man häufig so darauf fixiert, Schwierigkeiten zu überwinden, schlicht zu überleben, dass es ratsam ist, mögliche Probleme schon im Vorfeld auszuschließen. Schwierigkeiten bei der Handhabung der Geräte sind typisch für die erste Phase des Unternehmens, in der die Gewöhnung und Anpassung an die fremde Umgebung viel Energie rauben. Kann man sich auf die eigenen Notizen verlassen, garantiert das mehr Ruhe und Sicherheit.

Den größten Unsicherheitsfaktor stellen in diesem Fall die Satellitentelefone dar. Australien zählt zu den Staaten, deren Staatsgebiet nicht vollständig von Satelliten abgedeckt ist. Und ausgerechnet die Simpsonwüste ist in dieser Beziehung besonders unsicher. Zwar soll das Iridium-Netzsystem unserer Apparate auch in dieser Region funktionieren, doch dazu ist eine nicht gerade einfache Konfiguration nötig. Nachdem wir einen Tag vergeblich versuchen, die Geräte einzustellen, wird uns klar, dass wir für den Aufenthalt in Alice Springs und für unsere Vorbereitungen zu wenig Zeit eingeplant hatten. Das Satellitentelefon ist praktisch die Nabelschnur, die mich mit dem Rest der Welt verbindet, das einzige Gerät, durch das ich mit meinen Gefährten kommunizieren und täglich meine Position bestimmen und weitergeben kann – kurz gesagt, es ist meine Lebensversicherung. Daraus ergibt sich, dass wir erst zur Durchquerung aufbrechen, wenn wir sicher sein können, dass die Geräte perfekt und zuverlässig funktionieren. Je weiter wir jedoch den Start hinauszögern, desto wahrscheinlicher kommen wir in die Jahreszeit der großen Hitze, was Anlass zu neuen Ängsten und Befürchtungen gibt. Trotzdem sind wir uns einig: Eine reibungslose Kommunikation hat Vorrang.

Outback

Wir haben Alice Springs erst vor wenigen Stunden verlassen, und es kommt mir wie Jahre vor. Eine Reise durch das australische Outback gestaltet sich, als bewege man sich durch die Unendlichkeit eines Raumes, in dem die Gegenwart der einzig sichere Orientierungspunkt ist.

Wir beschließen, kurz anzuhalten, um uns die Beine zu vertreten, auch wenn keiner von uns Lust hat, die angenehme Kühle des klimatisierten Fahrzeugs zu verlassen. Heiße Luft schlägt uns entgegen, nimmt uns im ersten Moment den Atem, und ich fühle mich für einen Moment in die Ténéré zurückversetzt. In kurzer Zeit steigt das Thermometer auf 50 °C. Unter heißer Sonneneinstrahlung trocknen unsere unbedeckten Hautpartien aus wie unter einem Föhn. Da war sie also, die unbarmherzige, so oft zitierte Backofenhitze der australischen Wüste! Dabei sind die Maximalwerte des australischen Sommers noch nicht erreicht, die jede Aktivität verbieten. Dennoch haben die Temperaturen bereits eine Höhe erreicht, die uns Sorge bereitet. Im Unterschied zur Ténéré kann ich hier nicht auf Aorat, mein kapriziöses weißes Dromedar, zählen, das es mir trotz seiner Launenhaftigkeit und Unerzogenheit ermöglichte, bei großer Hitze meine Durchquerung fortzusetzen. In der Simpson bin ich ganz auf mich gestellt, bin ich mit dem Rucksack auf dem Rücken mein eigenes Lastenkamel.

Wir forcieren das Tempo und erreichen Dalhousie Hot Springs nach anstrengender Fahrt, die uns aufgrund der flimmernden Hitze und dem auffälligen Ziegelrot des Sandes in Erinnerung bleibt – jeder in seinen eigenen Gedanken versunken, die wir nur selten laut auszusprechen wagen. Natürlich waren wir durch all die bekannten Verzögerungen gezwungen, das Unternehmen bis zu diesem Zeitpunkt hinauszuschieben, und mussten daher von vorneherein mit erschwerten Bedingungen rechnen. Was das tatsächlich bedeutet, wird uns allerdings erst jetzt und vor Ort so richtig klar.

Es ist Abend, als wir nach dem Aufbau des Lagers alle um den Tisch vor einem Teller Pasta sitzen und endlich die Dinge besprechen können, die wir den ganzen Tag über für uns behalten hatten, um uns über einiges klar zu werden. Dabei zeigt sich, dass meine Begleiter sehr besorgt um meine Sicherheit sind. Bestimmt nicht zu unrecht, aber eher unfreiwillig, fällt mir die Rolle zu, meine Gefährten zu beruhigen. Wir diskutieren noch lange weiter, bis uns die Müdigkeit übermannt und wir die Entscheidungen auf den kommenden Tag verschieben müssen, wenn Don Rowlands, unser Guide, ein Aborigine, eintrifft, mit dem wir uns in Dalhousie verabredet haben. Nach schwierigen Telefongesprächen und E-Mails sind wir neugierig darauf, ihn endlich persönlich kennenzulernen. Bei meiner ersten Australienreise mit Daniele hatte ich mit Don Rowlands nur telefoniert. Niemand kennt die Wüste besser als er. Er ist absolut verlässlich und bestens geeignet, die Arbeit des Hilfsteams zu organisieren und zu leiten. Schließlich ist er der Einzige, der tatsächlich in der Lage zu sein scheint, die Gleichungen mit vielen Unbekannten dieses Unternehmens zu lösen, das sich immer komplizierter zu gestalten scheint. Es ist also nur natürlich, dass wir uns bei der Frage, ob ich in der Lage sein werde, die Durchquerung trotz aller Schwierigkeiten im Alleingang durchzuführen, auf sein Urteil verlassen. Ich habe nicht vergessen, wie überrascht er reagierte, als ich ihm bei unserem ersten Telefonat von meiner Absicht erzählte, die Simpsonwüste allein und zu Fuß zu durchqueren. Von ihm erfuhr ich auch, dass dies bisher nur einem Mann, einem Tibeter, gelungen war.

Am nächsten Morgen taucht während unseres Frühstücks in einer Staubwolke ein Pick-up auf und fährt direkt auf uns zu. Auf der Pritsche des Fahrzeugs türmt sich eine aus der Ferne nicht deutlich erkennbare Ladung auf. Der Lieferwagen hält schließlich neben unserem Lager an, und ein großer, muskulöser Mann steigt aus. Er trägt den typischen Lederhut der Australier, dessen breite Krempe sein dunkelhäutiges, markantes Gesicht teilweise verdeckt. Das herzliche, offene Lächeln in den Zügen ist dennoch erkennbar. Mit einer Stimme, die gut zum Rest der Erscheinung passt, stellt er sich als Don vor. Während wir unsere Namen nennen, mustern wir uns gegenseitig und sind uns auf Anhieb sympathisch. Ich lese Erleichterung in den Augen meiner Gefährten. Offenbar beruhigt sie die Erscheinung und Ausstrahlung des Mannes, der uns in die Wüste führen soll. Dons Augen fixieren mich freundlich, aber auch etwas skeptisch. Genau wie Jin, unser chinesischer Führer in der Takla Makan, kann er offenbar nicht begreifen, dass ich die Frau sein soll, die als Erste versuchen will, die Simpsonwüste zu Fuß zu durchqueren. Ich erwidere sein Lächeln und versuche meinerseits, in seinem Gesicht die typischen Züge eines Aborigine zu erkennen. Doch abgesehen von seiner dunklen Haut entspricht er kaum dem Stereotyp, das wir von den australischen Ureinwohnern haben. Wir laden ihn ein, mit uns zu frühstücken. Er greift aus einem der Kühlschränke auf der Ladefläche seines Pick-ups einige gekühlte Dosen Bier und stellt sie auf den Tisch. Dann öffnet er eine der Dosen und bedeutet uns, es ihm gleichzutun. Er ist erstaunt, als wir nicht zugreifen. Aber um acht Uhr morgens ziehen wir heißen Tee oder Milchkaffee einem kalten Bier vor. Die Ankunft von Don erzeugt unwillkürlich neuen Optimismus im Team, der für die Moral unserer kleinen Truppe so wichtig ist. Dennoch empfinden wir Dons offensichtlichen Gleichmut etwas provozierend, bis wir etwas später erkennen, dass sich hinter seiner stoischen Maske große Sicherheit und ein hohes Maß an Effizienz verbergen. Er kennt jede Tücke der Simpsonwüste und beginnt schnell mit einer Art Anschauungsunterricht für uns, der sich als außerordentlich hilfreich erweist.

Der erste Tag vergeht mit der Planung jedes einzelnen Zeitabschnitts, den wir in der Simpsonwüste verbringen. Don bestätigt uns eine der wichtigsten Informationen, die wir bereits einkalkuliert hatten: An der Route meiner Durchquerung existieren auf der gesamten Länge weder Wasserstellen noch Brunnen, so dass wir gezwungen sind, Trinkwasserdepots anzulegen. Den dazu benötigten Wasservorrat müssen wir, wie Don uns erklärt, hier in Dalhousie aufnehmen. Es ist die letzte bewohnte Station vor der Durchquerung, und Wasser finden wir hier im Überfluss. Wir beschließen daraufhin, dass unmittelbar nach meinem Start auch das Team mit den Geländewagen aufbrechen und während der Vorausfahrt bereits mit der Anlage der Depots beginnen soll. Die

Fahrzeuge können sich nur auf der sogenannten »French Line« fortbewegen, der einzigen Piste, die die Simpsonwüste von West nach Ost durchschneidet. Ich dagegen will versuchen, mich auf einer südlicheren Route zu halten, um einige Kilometer abzukürzen. Bei der Einrichtung der Depots müssen meine Gefährten jeweils die Fahrzeuge verlassen und sich mit ihrer kostbaren Fracht zu deren jeweiligem Bestimmungsort zu Fuß durchschlagen. Wir stimmen uns dahingehend ab, dass die Entfernung zwischen uns gleichmäßig 70 bis 80 Kilometer betragen soll. Während die anderen zum wiederholten Male die Route durchgehen, die auf der Karte eingezeichnet ist, nutze ich die Zeit, um abseits der Männer mein Gepäck allein vorzubereiten. Auch wenn alles bereits im Vorfeld exakt berechnet und organisiert wurde, ist das Packen des Rucksacks für mich ein wichtiges Ritual: Es symbolisiert für mich den Abschied von der menschlichen Gemeinschaft und den Eintritt in eine neue Realität, eine Einsamkeit, in der die Fähigkeit, sich allein zu bewegen, zur wichtigsten Komponente wird. Bei diesem Vorgang präge ich mir jeden Handgriff ein. Das mag lästig erscheinen, erweist sich jedoch in kritischen Momenten, wenn gewisse Dinge möglichst schnell greifbar sein müssen, als lebensnotwendig.

Ich bin bei dieser Arbeit so konzentriert, dass ich zuerst nicht merke, wie still die anderen plötzlich geworden sind. Dann, als ich von meinem Rucksack aufsehe, entdecke ich das Tier, nur wenige Meter von uns entfernt: Es ist ein Dingo, eine vor langer Zeit verwilderte Hunderasse, die auch in den Wüstenregionen überleben kann. Im ersten Moment glaube ich, Madu vor mir zu haben, jenen Mischlingshund, den wir 17 Jahre lang hatten und der in seinem Stammbaum offenbar australische Vorfahren gehabt haben muss. Die Ähnlichkeit jedenfalls ist frappierend. Dingos haben den Ruf, besonders aggressiv zu sein. Dieses Exemplar allerdings macht eher einen verängstigten Eindruck, was sich bestätigt, als ich Anstalten mache, ihm etwas Essbares zuzuwerfen. Er ergreift sofort die Flucht, und erst als er merkt, dass ihm niemand folgt, bleibt er stehen und sieht mich an. Dann kommt er, angelockt vom Duft des Futters, zurück – aber sehr zögernd und misstrauisch auf jede verdächtige Geste lauernd. Als er das Futter findet, packt er es hastig und verschwindet. Don erklärt uns, dass man in der Wüste häufig auf Dingos trifft, wo sie wegen ihres orangegelben Fells im Sand nicht leicht zu erkennen sind.

Dann trennt mich bis zum Aufbruch nur noch ein Tag. Die folgenden zwölf Stunden sind noch einigen Tests und der Besorgung des Trinkwassers vorbehalten. Während die ersten langen Schatten über das Lager fallen, blicke ich hinüber, wo sich die Simpsonwüste ausbreitet, eines der ältesten Wüstengebiete der Erde. Bislang hat lediglich ein Mann allein diese menschenleere Landschaft durchquert. Jetzt ist es an mir, dies ebenfalls zu versuchen. Die rasch hereinbrechende Dämmerung löscht auch den letzten Widerschein des Lichts auf den Sandflächen, und ich lasse meinen Gedanken freien Lauf. Dabei geht ein Schauer durch meinen Körper – ein Schauer, der nichts mit der nächtlichen Kühle zu tun hat.

Schon seit Sonnenaufgang herrscht große Unruhe im Lager. Wir sind eifrig bemüht, die enorme Anspannung zu verbergen, die mittlerweile alle erfasst hat. Selbst Don ist das gewohnte Phlegma abhanden gekommen, und sein Stimmungsumschwung äußert sich in einer für ihn sonst untypischen Hektik. Doch im Lauf der Stunden legt sich die Aufregung allmählich, die keiner durchzuhalten vermag, und alle kehren zu ihrem gewohnten Arbeitsrhythmus zurück.

Während Oscar und Daniele Wasservorräte herbeischaffen, nutze ich die Gelegenheit, um im kleinen See hinter dem Lager ein Bad zu nehmen. Es ist heiß und für mich für längere Zeit die letzte Gelegenheit, mich zu erfrischen. Statt wie gewohnt mit einem

Kopfsprung unterzutauchen, gehe ich aus einem unerfindlichen Grund langsam ins Wasser – und das ist mein Glück! Als ich den Fuß ins Wasser tauche, mache ich einen Satz rückwärts. Das Wasser ist kochend heiß! Augenscheinlich wird diese pittoreske Wasserpfütze in der Wüste von einer heißen Quelle gespeist... Nach der ersten Schrecksekunde gehe ich behutsam weiter und tauche bei einer Wassertemperatur von 60 °C unter.

Wir brechen auf!

Wieder einmal zeigt sich die faszinierende Wirkung der Zeit: Das, was in so weite Ferne gerückt, ja praktisch unerreichbar zu sein schien, ist plötzlich, fast unerwartet in greifbare Nähe gerückt. Der Augenblick des Aufbruchs ist da. Das Lager wurde schon vor Stunden abgebaut, die Geländewagen sind beladen, die Gefährten stehen bereit. Der erste Höhepunkt nach jahrelanger Vorbereitung, einer Zeit voller Rückschläge, Enttäuschungen, Hoffnungen, aber auch freudiger Überraschungen. Der Aufbruch ist immer ein ganz besonderer Moment, er markiert den Übergang zwischen dem bisher Erlebten und dem, was es noch zu entdecken gilt. Ich habe den Rucksack geschultert, den Blick geradeaus in Richtung Wüste gerichtet, die mich nun erwartet. Erneut wiederholt sich der eingespielte Brauch, der immer gleich und diesmal doch so anders ist: Es ist definitiv das letzte Mal.

Es ist Zeit für eine letzte Umarmung, dann mache ich mich auf den Weg, begleitet vom Klicken der Fotoapparate und dem Surren von Oscars Videokamera. Es ist halb zehn Uhr morgens, wir schreiben den 22. September 2003. Ich spüre die Blicke der Gefährten, die mir noch lange folgen. Wir haben alle eine harte Zeit hinter uns, und für sie beginnt jetzt der verantwortungsvolle Auftrag, die Wasserdepots einzurichten und mein Abenteuer zu begleiten. Ich wiederum stehe vor der schwierigen Aufgabe, einen Traum zu verwirklichen, bei dem mich so viele Menschen aktiv unterstützen. Es muss gelingen – ich schulde es ihnen.

Nur mühsam löse ich mich aus der tröstlichen Zuflucht meiner Gedanken und konzentriere mich auf die Wirklichkeit. Es ist heiß. Ich werfe einen Blick auf die Uhr, die in den Pulsmesser integriert ist. Der Temperaturanzeiger steht auf 50 °C. Eine Bruthitze. Ich bin erst wenige Minuten auf dem Weg, und schon ist das Gewicht des Rucksacks erdrückend schwer. Vor dem Start wog er 25 Kilo, das ist etwas mehr als mein Gepäck in der Takla Makan, doch bei dieser Hitze scheint sich das Gewicht verdoppelt zu haben. Ich bin in Schweiß gebadet und habe den Eindruck, kaum Luft zu bekommen. Der Chech klebt über Nase und Mund. Ich öffne den Sehschlitz weiter, um besser atmen zu können, und dabei merke ich, dass vor allem der Spezialgurt stört, den ich – ähnlich wie Motorradfahrer einen Nierengurt – seit Wochen trage, um die Wirbelsäule unter der Last des Rucksacks zu stabilisieren. Ich hatte mich so schnell an dieses Hilfsmittel gewöhnt, dass ich ihn bisher kaum noch gespürt hatte. Bei diesen Temperaturen jedoch entwickelt er sich zu einem regelrechten Folterinstrument. Bei jeder Bewegung bohren sich die zur Verstärkung dienenden Stäbe schmerzhaft in die Hüfte, und der Schweiß brennt auf der Haut. Kaum eine Stunde unterwegs, und schon überkommt mich das Gefühl völliger Erschöpfung. Es ist das erste Mal, dass ich bei derartig hohen Temperaturen zu Fuß unterwegs bin. In der Sahara konnte ich auf Aorat reiten, wie es mir die Tuareg beigebracht hatten, um gegen die gleißende Sonne dicht verhüllt die heiße Zeit des Tages zu überbrücken, bis sich die Temperaturen abkühlten und wir erneut unseren Weg zu Fuß fortsetzen konnten.

Ich halte an, um zu trinken, und setze den Rucksack ab. Dann nehme ich das Hemd aus dem Hosenbund und reiße mir fast ungeduldig den Gurt von den Hüften. Mein Bauch ist von tiefen roten

Rillen überzogen, und dort, wo die Stäbe des Gurtes die Haut berühren, ist diese blutig aufgekratzt. Ich hole tief Luft und atme erst einmal befreit aus und ein, doch die Erleichterung ist nicht von Dauer. Bevor ich mich wieder auf den Weg mache, muss ich mich entscheiden, ob ich den Gurt wieder anlegen will.

Ich bin ziemlich ratlos. Schließlich siegt die Vorsicht, auch wenn das bedeutet, dass ich weiterleiden, also den Stützgurt wieder anlegen muss. Letztendlich ist es mir zu riskant, in diesem frühen Stadium der Durchquerung auf ihn zu verzichten. Es erscheint mir klüger, einige Tage abzuwarten und es dann zu versuchen. Reichlich niedergeschlagen nehme ich den Marsch wieder auf, fühle mich zum ersten Mal regelrecht ohnmächtig, weil ich nicht so recht weiß, wie ich mich am besten verhalten soll. Selbstgespräche führend kämpfe ich weiter, den Blick auf die Uhr fixiert, und sehne die nächste Pause herbei.

Das erste Biwak

Die Sonne ist noch nicht ganz untergegangen, als ich ans Übernachten denke. Es ist mein erstes Biwak, und ich brauche ein paar Stunden Tageslicht, um es in Ruhe aufzubauen und meine Ausrüstung zu sortieren. Zu Beginn einer Durchquerung ist jeder Handgriff noch ungeübt, und man benötigt viel Zeit im Umgang mit den einzelnen Gegenständen, die für die Nacht möglichst gut im Zelt verstaut werden müssen. Einige Regeln für das Aufstellen des Lagers gelten in allen Situationen, unabhängig von der Art der Wüste. Andere wiederum kristallisieren sich erst vor Ort heraus. Die Hitze, die mich den ganzen Tag über begleitet hat, legt sich am Abend nur unwesentlich. Obwohl ich keinen strammen Tagesmarsch hinter mir habe, fühle ich mich todmüde, und die Qualen, die mir der Hüftgurt verursacht, tragen nicht gerade zu meinem Wohlbefinden bei. Am liebsten hätte ich mich sofort von diesem ungeliebten Korsett befreit. Doch auch hier siegt wieder die Vernunft, und ich warte, bis das Zelt aufgebaut ist. Die Worte meines Trainers haben sich mir tief eingeprägt: »Lerne jede deiner Bewegungen bewusst zu kontrollieren. Dann kann dir nichts passieren.« Als schließlich alles übersichtlich verstaut ist, strecke ich mich auf der Isomatte aus, um mich ein wenig auszuruhen, bevor ich mein Abendessen vorbereite und zum ersten Mal mein Team anrufe. Ich habe kaum die Augen geschlossen, als mich die Mücken überfallen. Schon während des Aufenthalts in Dalhousie Hot Springs erwiesen sich diese Stechmücken als Plage, die wir uns durch die Nähe des kleinen Sees erklärten. In der Wüste allerdings hatte ich mit diesen Quälgeistern nicht gerechnet! Ohne Mückenmittel gibt es kein Entrinnen, und ich ziehe mich sofort ins Zelt zurück – und komme vom Regen in die Traufe. Um das Gewicht des Zeltes zu reduzieren, haben wir auf das Moskitonetz vor dem Eingang verzichtet. Das bedeutet, ich bin gezwungen, das Zelt zu schließen, um mich vor den Mücken zu schützen. Dabei ist die Hitze im Zeltinneren erstickend, und die kleinen Belüftungsöffnungen im Giebel sind ein Witz. Um sieben Uhr abends rufe ich dann mein Team an, um die Position meines Lagers durchzugeben. Meine Probleme behalte ich mehr oder weniger für mich. Unbekleidet lege ich mich schließlich auf die Isomatte. Ich bekomme kaum Luft, die Ausdünstung meines Körpers schlägt sich als Kondenswasser an den Zeltwänden nieder und macht die Luft noch stickiger. Unterdessen fallen die Mücken, die es mit mir bis ins Zelt geschafft haben, unverzagt weiter über mich her. Schweiß rinnt über das Gesicht und brennt, vermischt mit Tränen, in den Augen. An Schlaf ist nicht zu denken, und das lästige Ungeziefer verhindert, dass ich im Freien Abkühlung finde – ein einziges Debakel. Immer wieder lasse ich etwas frische Luft ins Zelt und versuche mit geschlossenen Augen ruhig zu liegen.

Allmählich legt sich meine innere Anspannung, meine Herzschläge beruhigen sich, und ich sinke in den Schlaf. Irgendwann spüre ich, dass ein leichter Windhauch durch die Lüftungsöffnungen ins Zelt streicht. Die Temperaturen sinken und sorgen für zunehmende Erfrischung.

Ich gehe weiter

Als ich meinen Marsch am Morgen wieder aufnehme, ist es bereits sehr heiß. Sollte es bei diesen Temperaturen bleiben, muss ich meinen Wasserkonsum streng reglementieren. Die große Unbekannte dieses Unternehmens war der Nachschub an Trinkwasser. Meinen täglichen Verbrauch im Voraus zu berechnen war unmöglich, da dieser von den tatsächlich auftretenden Temperaturen abhängt. Wir hatten beschlossen, dass mein Team, das vorausgefahren war, abschnittsweise vier Wasserdepots anlegen sollte. Sobald sie damit fertig sind, stellen sie ihr Lager auf und warten jeweils zwei Tage, bevor sie aufbrechen, um die nächsten Depots einzurichten. Dieses Verfahren gibt uns Zeit und Möglichkeit, meinen tatsächlichen Wasserkonsum abzuschätzen und neu zu entscheiden, ob wir die Vorratsmenge erhöhen oder verringern sollen. Auf diese Weise werde ich abends das Wasserdepot erreichen, einen Teil sofort verbrauchen und den Rest als Vorrat für die Wegstrecke des folgenden Tages mitnehmen. Schon nach dem ersten Tag allerdings ist mir klar, dass ich kaum in der Lage bin, eine bestimmte tägliche Wegstrecke konstant einzuhalten. Damit scheinen all unsere Berechnungen erst einmal hinfällig.

Die Hitze zwingt mich, meine Pausen während des Tages zu planen. Aufgrund meiner Erfahrungen in China beschließe ich, jede volle Stunde eine Rast von 15 Minuten einzulegen. Während dieser Viertelstunde trinke ich, nehme Nahrungsergänzungsmittel zu mir und setze vor allem den Rucksack ab. Zusätzlich mache ich einige Minuten lang einfache Stretching-Übungen, um die Rückenmuskeln zu lockern. Angesichts der hohen Temperaturen und um ein Austrocknen zu verhindern, sehe ich mich gezwungen, die mittägliche Rast zu verlängern. Ich muss also morgens früher aufbrechen und die kühleren Stunden dazu nutzen, Zeit aufzuholen.

Ich bin mit all diesen organisatorischen Dingen derart beschäftigt, dass ich bisher kaum einen Blick für die Landschaft gehabt habe. Allerdings habe ich ehrlich gesagt wohl nichts versäumt. So weit mein Blick jetzt reicht, erstreckt sich eine monotone Steinwüste, aus der in der Sonne gedörrte Sträucher ragen, zwischen denen gelegentliche Sandhäufchen daran erinnern, dass ich mich in einer Wüste befinde. Nicht alle Wüsten sind reine Sandwüsten, und Panoramen wie diese sind in den ariden Zonen verhältnismäßig häufig. Von spektakulären Dünenformationen, an denen ich mich sonst kaum sattsehen kann, ist hier jedenfalls leider vorerst nichts zu sehen.

Die spitzen Steine dieser Wüste, an denen kein Weg vorbeiführt, machen sich immer unangenehmer bemerkbar. Um die großen Probleme wie in der chinesischen Wüste zu vermeiden, habe ich diesmal alte Tennisschuhe als Schuhwerk gewählt. Diese sind weich und leicht und haben sich schon bei anderen Gelegenheiten gut bewährt. Leider hatte ich keine Ahnung, dass weite Etappen aus Schotterflächen bestehen. Die Steine sind unterschiedlich groß und scharfkantig und drücken sich durch die Schuhsohlen bei jedem Schritt unangenehm in die Ballen meiner Füße, wo sich bereits zwei Blasen gebildet haben. Meine Unbedachtheit kostet mich schließlich schmerzhaft blutende Füße. Ich weine vor Schmerzen und Wut: Hatte ich doch geglaubt, diesmal an alles gedacht zu haben. Unwillkürlich fallen mir die tibetischen Pilger ein, die ihre

Sünden abbüßen, indem sie Hunderte von Kilometern auf den Knien rutschen, wobei nur die Kraft ihres Glaubens sie aufrechterhält und sie ihren Schmerz vergessen lässt. Wieder einmal bleibt mir kaum etwas anderes übrig, als ebenfalls meine mentalen Kräfte zu mobilisieren, um weiterzugehen … immer weiter … und weiter … und weiter …

Am Abend im Lager krame ich im Erste-Hilfe-Kasten nach Abhilfe für meine Leiden. Nachdem ich die Füße, so gut es geht, gewaschen habe, nehme ich die mir inzwischen schon vertraute Operation vor: Mit Nadel und Faden durchsteche ich die mit Flüssigkeit gefüllten Blasen und verknote die Fadenenden. Auf diese Weise fungieren die Fäden als eine Art provisorische Drainage. Dann desinfiziere ich die wunden Stellen und lasse sie über Nacht trocknen. Am Morgen vor dem Aufbruch versorge ich die Blasen auf dieselbe Weise, die sich schon in China bewährt hatte. Ich gebe zuerst Blasenpflaster über die Wunden und anschließend als Polster eine Wattekompresse darüber, die ich mit einem Verband fixiere. Den ganzen Tag über versuche ich beim Gehen, das Gewicht mehr auf die Fersen zu verlagern, und konzentriere mich darauf, den Schmerz unter Kontrolle zu halten. Meine Füße scheinen sich wie von selbst zu bewegen, denn der Schmerz hat sie gefühllos gemacht. Die Pausen verkürze ich so weit, dass ich gerade frische Energien schöpfen kann, ohne den betäubenden Effekt einer ständigen Bewegung bis zur Mittagspause zu unterbrechen. Am liebsten hätte ich zu diesem Zeitpunkt die Schuhe ausgezogen, in denen die Füße aufgrund des Verbandes wie in Zement gegossen stecken, um meine Wunden zu kontrollieren, doch ich widerstehe der Neugier. Ich habe Angst, später nicht mehr in die Schuhe zu passen. Aber ich will keine Zeit verlieren, denn am Abend muss ich das erste Wasserdepot noch vor Einbruch der Dunkelheit erreichen. Meine Wasserflaschen sind praktisch leer, und mein Durst ist groß.

Auf der Suche nach Wasser

Ich prüfe erneut die Anzeige des Satellitennavigationsgeräts. Aufgrund der Positionsdaten, die mir das Team am Vorabend durchgegeben hat, müsste ich das erste Wasserdepot bald erreichen. Trotz der Zuversicht, dieses mittels des GPS kaum verfehlen zu können, bleibt ein unsicheres Gefühl. Wie schon in der Takla Makan steigt die Anspannung und schlägt in Angst um, sobald ich mich der angegebenen Position des Depots nähere und die abgesprochenen Hinweiszeichen nicht umgehend entdecke. Auch in Australien kamen wir überein, dass die Stellen durch bunte, an Sträucher gebundene Bänder markiert werden sollten. Leider ist die Vegetation in dieser Steinwüste so ausgedünnt und niedrig, dass die Markierung erst aus unmittelbarer Nähe zu sehen ist. Aber schließlich taucht sie auf. Das Band hängt schlaff zu Boden, kein Windhauch bewegt es. Mir entfährt unwillkürlich ein Seufzer der Erleichterung. Ich gehe langsamer. Erst mein keuchender Atem verrät mir, wie schnell ich zuvor gelaufen war. Ich mache mich sofort daran, das Zelt aufzubauen. Die Sonne steht schon tief am Horizont, und ich möchte nicht von der Dunkelheit überrascht werden. Ich sehe mich hastig um, kann jedoch nirgends in den Schotterfeldern einen geeigneten Lagerplatz entdecken. Ich lasse den Rucksack neben dem Wasserdepot zurück und beginne das Terrain zu erkunden. Endlich finde ich eine schmale Sand- und Kieszunge inmitten eines Rings aus dem harten Stachelgras, das Don uns als beliebtes Versteck für Schlangen beschrieben hatte. Ich habe keine Wahl. Mit meinen Trekkingstöcken, schlage ich auf die Grasbüschel und versuche so viel Krach wie möglich zu machen. Allerdings sind die Halme so zäh und spitz, dass sie meine Stöcke locker abfedern. Lediglich zwei Eidechsen ergreifen in Panik die Flucht. Der Platz ist so eng, dass das winzige Zelt gerade darauf passt, was den Aufbau erschwert. Nachdem ich meine sämtliche Ausrüstung darin verstaut habe, muss ich mich wie ein Schlangenmensch am stacheligen Gras vorbei und in die Zeltöffnung winden. Meine erste schmerzhafte Begegnung mit dieser scharfkantigen Grasart während meines ersten Australienaufenthaltes ist nicht vergessen, und ich achte sorgfältig darauf, die Widerhaken der Grashalme nicht zu berühren. Ich bereite mich auf die nächste Nacht im »Backofen« vor, und diesmal ist es die Angst vor Schlangen, die mich wach hält. Als ich endlich einnicke, verfolgen sie mich noch im Schlaf. Zum ersten Mal habe ich tatsächlich Angst vor diesen Reptilien, und die Furcht ist berechtigt. In Australien leben die gefährlichsten dieser Spezies, die den Menschen nicht nur dann angreifen, wenn sie sich in der Defensive fühlen. Ich hatte derart viele Geschichten über australische Schlangen gehört, dass ich sie von Anfang an gefürchtet habe. Selbst mein Sohn, ein Reptilienfreund, der jahrelang zwei Schlangen zu Hause im Terrarium gehalten hat, hat mich ermahnt, unbedingt auf der Hut zu sein. Auch Don hat uns vor dem Aufbruch in die Wüste gewarnt, dass alle in dieser Region vorkommenden Schlangen außerordentlich giftig und ihre Bisse für den Menschen fast immer tödlich seien.

Ich verbringe die ganze Nacht im geschlossenen Zelt. Meine Hüften haben sich am Stützgurt wund gerieben, so dass ich jede Berührung vermeide und nur in Rückenlage Erleichterung finde. Mittlerweile hat sich auch ein stechender Schmerz in der linken Schulter gemeldet. Offenbar sind die Tragegurte falsch eingestellt, und die Last des Rucksacks ist damit nicht gleichmäßig verteilt. Ich nehme mir vor, das am nächsten Tag zu ändern. Trotz der Hitze schlafe ich, erschöpft von der Last des Rucksacks und den Schmerzen an Füßen und Schulter, ein.

Am nächsten Morgen packe ich den Rucksack im Zelt. Zu unbequem und unangenehm ist der Ring aus Stachelgras draußen. Und dann bücke ich mich, um das Zelt zusammenzurollen, und stoße trotz aller Vorsicht mit dem Gesäß an den Grashorst direkt vor dem Zelteingang. Durch den Hosenstoff hindurch spüre ich, wie sich die scharfen Widerhaken in die Haut bohren. Es ist ein brennender Schmerz, der sich augenblicklich über das ganze Gesäß ausbreitet. Bereits die erste unfreiwillige Begegnung mit diesen messerscharfen Grasspitzen hat mich gelehrt, dass das einzige Mittel dagegen Geduld ist. Man kann nur abwarten und hoffen, dass sich der Schmerz von selbst wieder legt. Sicher ist nur, dass es bei einer Begegnung nicht bleiben wird.

Hinkend und schleppenden Schrittes mache ich mich schließlich wieder auf den Weg. Es ist der dritte Tag seit dem Aufbruch von Dalhousie Hot Springs, und ich habe mehr Mühe als sonst, die richtige Einstellung zu dieser Wüste und damit das nötige innere Gleichgewicht zu finden. Die Hindernisse, die es zu überwinden gilt, sind unerwartet zahlreich und scheinen einfach nicht enden zu wollen. Und das zehrt beträchtlich an meinen Nerven und an meiner Kraft, die schon in diesem frühen Stadium fast erschöpft zu sein scheint.

Diese Simpsonwüste ist mir ein Rätsel. Ich stehe zwar noch ganz am Anfang der Durchquerung, dennoch kann ich keine Parallelen zu den anderen Wüsten erkennen, in denen ich gewesen bin. Jedesmal wenn ich das Gefühl habe, dass ich sie ein wenig zu verstehen beginne, ändert diese Wüste schlagartig ihr Antlitz, und ich stehe wieder am Anfang.

Plötzlich reißt mich ein bekanntes Geräusch aus meinen Gedanken. Nur einige Dutzende Meter von mir entfernt hält ein Jeep. Ein Mann steigt aus und kommt auf mich zu. Nach dem ersten Schreck fällt mir ein, dass ganz in der Nähe die Grenze des Naturparks der Aborigines verläuft. Der Mann mit dem Jeep ist ein Ranger. Das entsprechende Abzeichen an seiner Uniform ist deutlich zu erkennen. Er ist offenbar noch überraschter als ich, in der Wüste einem menschlichen Wesen zu begegnen, das mit Rucksack und zu Fuß unterwegs ist. Als er erfährt, dass ich Italienerin bin, ist er fassungslos. Er erkundigt sich sofort, ob ich Wasser habe, und ich berichte ihm von den Wasserdepots. Dann möchte er wissen, wie ich Kontakt zu meinem Team halte. »Haben Sie ein Funkgerät?« »Ich habe ein Satellitentelefon«, erwidere ich und zeige es ihm zusammen mit dem Solarpanel an meinem Rucksack. Das scheint ihn zu beruhigen. Dennoch warnt er, um meine Sicherheit besorgt, zur Vorsicht – besonders wegen der Schlangengefahr. Dann verabschieden wir uns, und es dauert eine ganze Weile, bis ich höre, dass sich der Geländewagen langsam in Richtung Nationalpark entfernt.

Der Sand ...

Die bis dahin seltenen Sandflächen werden immer größer und ersetzen ganz allmählich die monotone Schotterdecke der Steinwüste. Auch die Farbe des Geländes wandelt sich. Es beginnt in den charakteristischen Rosttönen der australischen Wüste zu leuchten, während der bisher endlose Horizont plötzlich Grenzen zu haben scheint. Ich habe mir nie viel aus Steinwüsten gemacht, aber diesmal habe ich sie hassen gelernt. Das stundenlange Gehen über die scharfkantigen, spitzen Steine hat meine Füße ruiniert. Ausnahmslos jeder Zeh ist wund gerieben, und ich kann mir kaum vorstellen, je wieder gesunde Füße zu haben. Ich lasse die öden Schotterflächen ohne Bedauern hinter mir und kann es kaum erwarten, meine Füße in weichem Sand zu versenken, obwohl ich schon jetzt weiß, dass ich auch dort leiden werde.

Das Vegetationsbild beginnt sich ebenfalls zu ändern. Die Igel- oder Stachelgras-Horste machen immer häufiger höheren Büschen ohne Stacheln Platz. Als die Sonne am höchsten steht und die Hitze unerträglich wird, sehe ich mich nach einem Platz für meine zweistündige Mittagspause um. Schatten ist hier ein Luxus, den die sich dicht über dem Boden ausbreitenden Gehölze kaum gewähren. Aber zumindest lässt sich die Plane zwischen den Büschen aufspannen, die mir als Schattenspender dient. Es ist ein quadratisches Tuch aus einem aluminiumbeschichteten Gewebe, ultraleicht, aber ausgesprochen reißfest, das ich in einer Außentasche des Rucksacks bei mir habe. Es gehört zu jenen vielfach einsetzbaren Gegenständen, die nicht ins Gewicht fallen und sich in kritischen Situationen oft als nützlich erweisen. Ich befestige dieses praktische Sonnensegel mit seinen elastischen Schlaufen an zwei Ecken an einem Busch und die anderen beiden am Rucksack oder an meinen Stöcken. Darunter verbringe ich meine Rast, um Beine, Füße und Rücken auszuspannen und das Getränk aus Nahrungsergänzungsmitteln zuzubereiten, das die Grundlage meiner Mittagsmahlzeit darstellt. Diesmal muss ich keine der großen Kapseln schlucken, die in China sozusagen mein tägliches Brot waren, sondern ich benutze ein süßes Pulver von undefinierbarem Geschmack, das, in Wasser aufgelöst, getrunken wird. Ich beschließe die Mahlzeit mit einem Zwieback und einem Stück Trockenfleisch, das ich ausgiebig kaue, um den Geschmack maximal auszukosten. Wie schon bei meinem vorausgegangenen Unternehmen konsumiere ich zu den Mahlzeiten fast ausschließlich Nahrungskonzentrate, die meinen täglichen Bedarf decken und entsprechend der berechneten täglichen Kalorienmenge zusammengestellt wurden. Diese ergänze ich lediglich mit Trockenfleisch, Zwieback, Trockenfrüchten und der unverzichtbaren löslichen Brühe mit Knoblauch und Chili. Ich nutze die mittägliche Rast auch, um eine Tasse dieser besonderen Brühe zu trinken, die ich trotz Hitze genieße.

Leider kann ich mich in diesem Klima nicht an den Rückengurt gewöhnen. Er bleibt ein Folterinstrument, ein Problem, das sich noch zu den anderen Beschwerden hinzugesellt. Der schlimmste Augenblick des Tages ist der, wenn ich nach der Mittagspause wieder aufbrechen muss. Dann steht die Sonne noch hoch am Himmel, brennt erbarmungslos auf mich nieder, und die geschwollenen Füße schmerzen in den Schuhen. Mehr als einmal bin ich versucht, einfach unter meinem Sonnensegel, ungeachtet der Hitze und der unbequemen Stellung, zu bleiben und den Tag zu verschlafen. Die Mittagsstunden stellen mich auf eine harte Probe. Ich scheine kaum vorwärts zu kommen, meine Stimmung sinkt auf den Nullpunkt, und allein die Aussicht, am Ende des Tages das Lager aufstellen und mich ausruhen zu können, hält mich aufrecht. Die Hitze spielt mir noch dazu üble Streiche: Mehrmals am Tag täuschen Luftspiegelungen die verlockende Anwesenheit von Wasser vor und vergrößern nur das Durstgefühl. Aber nach einer gewissen Zeit bin ich auch daran gewöhnt.

Entsetzliche Hitze

Die Tagestemperaturen bewegen sich zwischen 40 und 50 °C mit gelegentlichen Spitzenwerten von 55 °C. Aber im Unterschied zu anderen Wüsten, in denen die Temperaturunterschiede beachtlich sind, bleiben die Temperaturen in der Simpsonwüste gleichmäßig hoch und fallen nur einige Stunden lang unter 30 °C. Bei jeder Wüstendurchquerung hatte ich bisher vor dem Zelt stets die magischen, stillen Augenblicke der Abendstunden genossen, mit der untergehenden Sonne und dem heraufziehenden, unvergleichlich klar funkelnden Sternenzelt. Es war die Zeit, in der ich mich ganz den Gefühlen und Gedanken hingab, die sich während des anstrengenden Tages nicht einstellen konnten. Es waren zwar nur kurze Momente, aber ein Ausgleich für die schier endlosen, auf ein Ziel ausgerichteten sportlichen Anstrengungen. Sie spendeten nicht nur Kraft, sondern waren auch die ersehnte Belohnung für die Mühen des Tages – hier in der Simpsonwüste jedoch wissen dies die stechenden Plagegeister sehr wirkungsvoll zu verhindern, und ich muss auf diese Momente verzichten. Nach dem Aufbau flüchte ich wütend in das Zelt und ziehe den Reißverschluss zu, um die lästigen Quälgeister auszusperren. Dennoch gelingt es immer einigen der Biester, in mein Refugium zu gelangen, so dass auch hier erst einmal die Jagd beginnt. Draußen ist es noch hell, und der Gedanke, bis zum Morgen im Zelt bleiben zu müssen, ist quälend. Von wegen Wüste – ich meine, mich am Amazonas zu befinden. Später dann, wenn ich im Zelt das Licht anknipse, fliegen die Mückenschwärme angezogen vom Schein der Taschenlampe so zahlreich gegen die leichten Zeltwände, dass sie ein ständiges Trommeln wie Regentropfen verursachen. Die innere Anspannung, die sich tagsüber aufbaut, ist hoch und muss trotz Hitze, Mückenplage und der Enge des Raumes abgebaut werden. Schließlich gelingt mir das einigermaßen, zusammengerollt in Fötus-Stellung fühle ich mich halbwegs geschützt, und ich versuche, die sirrenden Mücken und die Hitze zu vergessen, die mich fast in den Wahnsinn treiben. Ich greife nach meinem neuen Talisman: eine kleine Puppe, die Max mir geschenkt hat. Ich habe ihr ein kleines Tuch umgebunden, das meiner Mutter gehörte. Ich drücke sie ganz fest an mich, bevor ich meiner Fantasie endlich freien Lauf lasse: Ich sehe aus der Vogelperspektive die endlose Weite der Wüste unter mir und in ihrer Mitte das winzige, von Mücken attackierte Zelt. Und in seinem Inneren erkenne ich mich, in mir ruhend, heiter und gelassen, vor allem geschützt.

Am nächsten Morgen entdecke ich in der Umgebung des Zelts im Sand Tierspuren. Wer hat mir einen Besuch abgestattet? Erst später, auf meinem Tagesmarsch, löse ich das Rätsel. Ungefähr 30 Meter vor mir taucht plötzlich ein Dingo auf, der mich unbeweglich und ungerührt mustert. Als ich jedoch langsam und vorsichtig auf ihn zugehe, verschwindet er im Buschwerk. Später, als ich bereits wie benommen durch die nachmittägliche Hitze marschiere, flitzt plötzlich eine Eidechse zwischen meinen Füßen hindurch. Sie ist ungefähr einen halben Meter lang, und in der ersten Schrecksekunde halte ich sie für eine Schlange. Ich habe sie ebenso erschreckt wie sie mich, und sie sucht hastig Zuflucht unter einem nahen Igelgras-Horst. Ich hatte sie beim Sonnenbad gestört, aber trotz ihrer Größe nicht bemerkt und nehme mir daher vor, in Zukunft aufmerksamer zu sein. Wäre die Eidechse tatsächlich eine Schlange gewesen, könnte ich diese Geschichte jetzt wohl kaum erzählen. Vor mir führt deutlich auch weiterhin die Spur eines Dingos durch den Sand, so als wolle sie mir den Weg weisen. Der Dingo allerdings bleibt seit der Begegnung an jenem Morgen für mich unsichtbar. Die Vorstellung, dass er in meiner Nähe ist und mich durch die Wüste führt, gefällt mir. In der Bruthitze kreuzen nur wenige Tiere meinen Weg. Selbst die Insekten suchen offenbar den seltenen Schatten, um sich vor der erbarmungslosen Sonne zu schützen. Ich frage mich allmählich, wie ich das alles überstehen soll, und finde keine Antwort darauf. Die Krise ist schlimm und dauert länger als sonst, aber ich denke keinen Augenblick lang daran aufzugeben.

Plötzliches Erwachen

Plötzlich schrecke ich aus dem Schlaf. Etwas stimmt nicht. Es dauert einige Sekunden, bis ich die Benommenheit abschütteln, einigermaßen klar denken kann. Ich knipse die Taschenlampe an und blicke auf die Uhr. Es ist Mitternacht. Ausgestreckt auf meiner Isomatte, fühle ich einen dumpfen, pochenden Schmerz in meinem linken Fuß, dort, wo die Blasen am schlimmsten sind. Alles deutet auf eine beginnende Entzündung hin. Ich krame in der Reiseapotheke nach dem Antibiotikum und nehme eine Tablette. Ich fühle mich miserabel, habe plötzlich Schüttelfrost und stechende Kopfschmerzen. Zitternd krieche ich in den Schlafsack. Die Symptome sind eindeutig. Ich habe Fieber. Mit dem Fieberthermometer unter der Achsel falle ich wieder in einen unruhigen Schlaf. Als ich nach einer Stunde erneut aufwache, zeigt das Fieberthermometer 38 °C an. Schmerzen und steigendes Fieber reißen mich immer wieder aus dem Schlaf. Irgendwie vergeht die Nacht. Am Morgen fühle ich mich wie gerädert, würde am liebsten einfach liegen bleiben, aber das kann ich nicht zulassen. Wie sollte ich es auch bei 50 °C in der Sonne in einem Zelt und mit hohem Fieber aushalten? Bewegung und längere Ruhepausen im Schatten erscheinen mir die beste Medizin – immer vorausgesetzt, dass ich Schatten finde.

Am Morgen nehme ich ein Frühstück, bestehend aus Tee und den üblichen Nahrungsergänzungsmitteln, zu mir. Anschließend verarzte ich sorgfältig meine geschundenen Füße. Der Bereich um die Blase am linken Fuß ist gerötet und leicht geschwollen. Beim geringsten Druck entsteht ein stechender Schmerz. Ich lege erneut einen kompletten Verband an, um die Wunde zu polstern und besser zu schützen. Kaum trete ich auf, schießt ein messerstichartiger Schmerz in den Fuß, der sich durch den ganzen Körper bis in die Schläfen ausbreitet. Die Erinnerung an meine Leiden von der Kalahari bis zur Takla Makan wird wieder wach. Dort waren die lädierten Füße mein größtes Problem, und auch diesmal scheint mir dies nicht erspart zu bleiben. Nur Kraft meines Willens gelingt es mir, den Schmerz zu verdrängen und meinen Weg fortzusetzen.

Die Stöcke fest umklammert, breche ich auf. Mit unsicheren Schritten, die Wellen von Schmerzen auslösen, die so intensiv sind, dass ich sie nur durch Stöhnen und Schreien zu dämpfen weiß. Als ich mich heiser geschrien habe, marschiere ich stumm weiter, den Blick starr auf den Boden gerichtet, um ja auf keinen – nicht einmal den kleinsten – Stein zu treten.

Wie in Trance setze ich einen Schritt vor den anderen. Ich spüre, wie sich die Schwellung über den ganzen Fuß ausbreitet und bis zur Wade kriecht, so dass ich den Schuh aufbinden muss, um mir etwas Erleichterung zu verschaffen. Irgendwann stumpft der Schmerz ab, und ich gewöhne mich an das dumpfe Pochen im Bein. Kaum lasse ich mich jedoch zu meiner mittäglichen Rast nieder, bringt sich der Schmerz unbarmherzig in Erinnerung. Irgendwann wird das Brennen erträglicher, aber dann ist es bereits Zeit zum Aufbruch. Und der Teufelskreis beginnt von vorne.

Statt Erleichterung ist die Qual nach jeder Pause noch größer, so dass ich trotz Erschöpfung und der drückenden Last des Rucksacks auf meinen Schultern freiwillig auf jede zweite Rast verzichte. Die Sonne steht noch hoch am Himmel, als ich beschließe, das Lager aufzuschlagen. Ich kann nicht mehr weiter. Irgendwie schaffe ich es noch, das Zelt aufzubauen. Doch bereits nach wenigen Minuten hat sich die dünne Zelthaut so mit Hitze aufgeladen, dass sie zu kochen scheint. Im Inneren ist es nicht auszuhalten. Ich lege die Isomatte in den Sand und ziehe endlich die Schuhe aus. Der linke Fuß ist dick angeschwollen. Der Verband ist von blutigem Wundsekret durchtränkt, als ich ihn vorsichtig abnehme. Die Blasenpflaster kleben fest wie eine zweite Hautschicht an meiner Fußsohle. Langsam und gegen Übelkeit ankämpfend ziehe ich die Pflaster ab und reinige die Wunden mit Wasser und Seife. Dann lasse ich sie an der Sonne trocknen. Anschließend stecke ich die Füße in den Sand und beginne sie hin und her zu bewegen, um sie durch die sanft schmirgelnden Sandkörner zu reinigen. Schließlich stehe ich auf und versenke die Beine bis zu den Knöcheln in den Sand und beginne immer im Kreis um das Zelt herumzugehen. Es ist wie eine wohltuende Massage. Der direkte Kontakt der Haut mit dem Sand vermittelt sofort ein wohliges Gefühl von Reinheit. Und während ich weiter durch den Sand wate, träume ich einen alten Traum; den

Traum von einem Haus mit Fußböden aus Sand, am liebsten mit rostrotem Sand, über den ich dann den ganzen Tag mit nackten Füßen gehen kann. Leider lässt sich dieser Traum kaum verwirklichen – besonders dann nicht, wenn man in Mailand wohnt.

Die Sonne ist hinter den Dünen versunken, und der Sand kühlt schnell ab. Ich reinige die Wunden erneut mit Wasser und Seife, trockne sie gut ab und schlüpfe in die leichten Stoffschuhe, die ich ausschließlich in der Nacht trage. Dann schlucke ich eine weitere Tablette des Antibiotikums. Am Telefon rät Oscar mir, die Sandkur zumindest während der nächsten drei Tage fortzusetzen – auch dann noch, wenn sich Fieber und Schmerzen über Nacht legen sollten. Danach geht es mir viel besser. Die Sandtherapie in Verbindung mit dem Antibiotikum hat angeschlagen. Und endlich finde ich Schlaf.

Und dann kommen die Fliegen ...

Ich knipse die Taschenlampe an und kontrolliere die Uhrzeit: Es ist halb fünf Uhr morgens. Ich hätte mich gern noch einmal in meinem Schlafsack umgedreht, doch ich habe mir vorgenommen, früh aufzubrechen, um die Kühle der Morgenstunden dazu zu nutzen, die am Vortag verlorene Zeit aufzuholen. Wie heute beginnt jeder zweite Tag mit der Prozedur des Pulsmessens mit einem Herzfrequenz-Messgerät in Ruhestellung. Anschließend trage ich die Daten in mein Tagebuch ein, ebenso wie die Pulsfrequenz in unterschiedlichen Belastungsphasen während des Tages. Das Datenmaterial soll vom Institut für Sportmedizin für eine Studie über meine physische Verfassung während des Unternehmens ausgewertet werden.

Während der Messungen merke ich plötzlich, dass es verhältnismäßig kühl geworden ist. Ein Blick auf die Temperaturanzeige meiner Spezialuhr zeigt, dass die Temperatur in der Nacht um 20 °C gefallen ist. Ich bin unterdessen so an Hitze gewöhnt, dass ich meinen Fleece-Pullover überstreife, bevor ich aufbreche. Die Abkühlung empfinde ich als Wiedergutmachung der Wüste für die bisher erlittenen Qualen. Trotz des lädierten Fußes komme ich gut voran. In den ersten beiden Stunden erreiche ich sogar eine Durchschnittsgeschwindigkeit von fünf Kilometern pro Stunde! Das ist unter den gegebenen Bedingungen rekordverdächtig. Es dauert allerdings nicht lange, dann steigen die Temperaturen wieder, und mit der Hitze tauchen Schwärme winziger Fliegen auf. Sie sind bereits auf der gesamten Durchquerung eine Plage, nur hatte ich das Problem aufgrund der zahlreichen anderen Schwierigkeiten verdrängt und gehofft, sie würden nach einigen Tagen von selbst verschwinden. Stattdessen waren sie mir bis tief in die Wüste in immer aggressiverer Manier gefolgt und attackieren mich mittlerweile den ganzen Tag. Der Chech verhüllt mein Gesicht und lässt nur die Gläser der Sonnenbrille frei. Trotzdem dringen sie in die winzigen Öffnungen am Ansatz der Brillenbügel und fliegen in meine Augen. Am Tage lassen sich die Plagegeister offenbar auf meinem Rucksack als blinde Passagiere nieder, um jede Rast dazu zu nutzen, über mich herzufallen. Im Dutzend stürzen sie sich auf jeden Zentimeter nackter Haut. Am schlimmsten ist es, wenn ich das Turbantuch lösen muss, um zu essen oder zu trinken. Im Nu fliegen die winzigen Biester in Nase und Mund, sind dabei derart flink, dass ich es häufig erst merke, wenn ich sie bereits verschluckt habe. Ich habe kein Mittel, mich ihrer zu erwehren. Am Abend ist die Fliegenplage am größten. Je wütender ich werde, desto aggressiver reagieren sie. Habe ich endlich das Zelt aufgestellt und schließe den Reißverschluss nicht schnell genug, schwirren sie im Nu ins Zeltinnere. Ohne Mückenspray bleibt mir nichts anderes übrig, als sie einzeln zu jagen. Das erweist sich bald als abendfüllende Aufgabe, denn sie kriechen in jede Ritze meiner Ausrüstung und verwandeln meinen Zufluchtsort in ein Schlachtfeld. Die Stechmücken sind längst verschwunden. Die Schwärme winziger Fliegen haben stattdessen deren Part übernommen und treiben ein weit übleres Spiel mit mir. Und jedes Mal wenn sie mich wieder gnadenlos überfallen, sehne ich fast wieder die Mücken herbei.

In Gefahr

Zum ersten Mal tritt jener Ernstfall ein, den ich auf meinen letzten beiden Wüstendurchquerungen so gefürchtet hatte. All die Jahre habe ich mich immer wieder dazu ermahnt, nie – vor allem nicht in scheinbar vertrauten Situationen – in meiner Aufmerksamkeit nachzulassen. Gerade in der Wüste rächen sich Momente, in denen man unkonzentriert ist, allzu oft mit schwerwiegenden Folgen – so wie im folgenden Fall: Nach längerem Marsch fühle mich von den weicheren Geländekonturen und vor allem vom Schatten einiger etwas größerer Gehölze abseits der Route angelockt. Zudem verspricht der Abstecher die Marschstrecke zu verkürzen. Dabei ist es meine Absicht, ein Stück weiter erneut auf die ursprünglich geplante Route zu stoßen. Wegen der sonstigen Eintönigkeit dieser kargen Gegend schon ganz bescheiden, bin ich geradezu fasziniert von dem unerwarteten Panorama, das sich dort bietet, und vernachlässige deshalb prompt, mein Satellitennavigationsgerät zu kontrollieren – in der Illusion, auf meinen untrüglichen Instinkt bauen zu können. Und dann – der zweite schwere Fehler – überziehe ich auch noch die Mittagsrast um einiges. Viel zu spät merke ich, dass etwas nicht stimmt. Alarmiert greife ich nach dem GPS-Gerät, das meine schlimme Befürchtung bestätigt. Es zeigt Koordinaten an, die vom vorausberechneten Kurs so erheblich abweichen, dass ich mir irgendetwas einfallen lassen muss, um das Trinkwasserdepot überhaupt noch zu erreichen. Der Tag war bereits weit fortgeschritten, und in kurzer Zeit würde es dunkel werden. Um schneller vorwärts zu kommen, lasse ich den Rucksack in einer kleinen, von Buschwerk umgebenen Lücke zurück. Diese Lücke soll gleichzeitig als Platz für mein Nachtlager dienen. Zur Sicherheit binde ich mein Halstuch an einen gut sichtbaren Ast und gebe die Positionsdaten in mein GPS ein. Ich beabsichtige, nur so viel Wasser zu holen, wie ich für den Abend benötige, und habe vor, den Rest am darauffolgenden Tag zu holen. Meine Wasserflaschen sind fast leer, und der Gedanke, so gut wie nichts mehr zu trinken zu haben, macht noch durstiger. Ich stecke mir ein paar Proteinriegel und einige Bonbons in die Tasche, trinke einen Schluck und mache mich mit eingeschaltetem GPS-Gerät im Laufschritt auf den Weg. Meine Beine sind nach dem Tagesmarsch zwar bleischwer, doch ohne das Gewicht des Rucksacks fühle ich mich geradezu beflügelt. In kurzer Zeit ändert sich die Landschaft, und unvermittelt bauen sich etliche Hindernisse auf, die das Fortkommen erschweren. Die Erschöpfung macht sich zunehmend bemerkbar und zwingt mich zu einer langsameren Gangart. Gleichzeitig muss ich hilflos zusehen, wie sich die Sonne verabschiedet und rasch hinter der Buschkulisse verschwindet. Der Lichtkegel meiner Taschenlampe erfasst nur einen kleinen Ausschnitt des Geländes. Ich bin noch immer viel weiter vom Depot entfernt als angenommen, als ich die Notbremse ziehe. Die Sache wird mir unheimlich – allein schon wegen der Schlangen, die besonders in der Dämmerung aktiv sind. Nur – was mache ich ohne Wasser? Die Erinnerung an die Durststrecke in der Kalahari ist noch sehr lebendig. Ich habe Angst, muss schnell zu einer Entscheidung kommen, prüfe erneut die Anzeige des GPS-Geräts und beschließe umzukehren. Ich ziehe eine Nacht ohne Trinkwasser einer Nacht im Freien, ohne Dach über dem Kopf und Satellitentelefon vor. Ich werfe einen Blick auf die Uhr. Es ist sieben, die übliche Zeit für mein Telefonat mit dem Team. Bleibt mein Anruf aus, werden sie sich bald Sorgen machen. Werden sie versuchen, mit mir Kontakt aufzunehmen? Wie ist ihnen zumute, wenn ich mich nicht melde?

Als mir das GPS-Gerät endlich anzeigt, dass ich mich im Bereich befinden müsste, wo ich meine Ausrüstung zurückgelassen hatte, finde ich nichts. Ein Busch gleicht hier dem anderen, was ich vorher gar nicht so registriert habe, und von meinem Tuch ist weit und breit nichts zu sehen. »Es muss doch hier sein«, sage ich mir immer wieder, während ich die Taschenlampe ein- und ausschalte, um nach meiner Markierung zu suchen. Die Batterie meiner Taschenlampe kann nicht mehr lange halten, aber ich habe keine andere Möglichkeit, den Platz zu finden. Meine Nervosität steigt.

Gleichzeitig sinken die Temperaturen rapide. In dieser Lage stelle ich mich bereits darauf ein, die ganze Nacht schutzlos im Freien zu verbringen. Bekleidet nur mit Hemd und kurzer Hose, fange ich an zu frieren. Schon sehe ich mich wie eine Mumie in das lange Turbantuch des Chech eingewickelt, als der Lichtkegel der Taschenlampe plötzlich mein Tuch erfasst. In nur wenigen Metern Entfernung hängt das Halstuch an einem Ast. Ich hätte nie gedacht, dass mir ein Stück Stoff einmal so willkommen sein könnte.

Als das Zelt aufgebaut ist, nehme ich Verbindung mit dem Team auf. Eine passende Ausrede fällt mir nicht ein. Also gestehe ich die Wahrheit und ernte dementsprechend heftige Vorwürfe, doch am Ende beruhigen wir uns alle. Nun bin ich wieder allein in der Dunkelheit und kann trotz des Hungers ohne Wasser kein Essen, nicht einmal die Tabletten mit den Nahrungskonzentraten zu mir nehmen. Ich beneide in diesem Moment die beiden Männer, die jetzt in ihrem hell erleuchteten Lager sitzen und essen und trinken. Schon fast dankbar für die grenzenlose Erschöpfung, falle ich umgehend in einen bleiernen und traumlosen Schlaf.

Die Dünen beginnen

Am Morgen ist das Auffinden des Depots glücklicherweise keine große Affäre mehr. Ich fülle das gesamte Wasser, das ich gestern nicht mehr finden konnte, in die Wasserflaschen um. Das Gewicht zwingt mich nun dazu, langsamer zu gehen. Bald erhebt sich die erste Dünenkette vor meinen Augen, am Ende einer weiten Fläche aus Sand und Schotter. Sie erscheint nicht besonders hoch, wirkt jedoch verhältnismäßig steil und verläuft mit geradem Kamm in der Unendlichkeit des Panoramas. Nach den flachen Wüstenebenen ist dies nicht nur für meine Augen die erste echte Abwechslung, sondern auch für den Körper, vor allem für die Muskelpartien, die sich erst an die veränderten Bewegungsabläufe gewöhnen müssen. Leider machen sich schon während der ersten Anstiege die lädierten Fersen unangenehm bemerkbar, da nun das ganze Gewicht bei jedem Schritt darauf drückt. Die Stöcke sind in dieser Situation kaum hilfreich. Auch wenn der Sand die Schritte abfedert, bereitet der Marsch nun alles andere als Vergnügen, und so erreiche ich nur mühsam den ersten Dünenkamm. Statt des erwarteten freien Ausblicks erhebt sich unmittelbar hinter einer weiteren flachen Senke am Fuß des Dünenhangs der nächste Dünenwall, der exakt dem gleicht, den ich gerade überwunden habe. Es ist nicht zu übersehen, dass ich die Felder der berühmten rostroten Paralleldünen erreicht habe, womit der schwierigste Teil des Unternehmens eigentlich erst beginnen sollte. Von jetzt an startet ein Hürdenlauf von sage und schreibe genau 1120 streng parallel von Südosten nach Nordwesten verlaufenden Dünenketten. Die Aussicht auf das monotone Auf und Ab in einer an Gleichförmigkeit nicht zu überbietenden Landschaft wirkt auf viele vielleicht entmutigend, nicht aber auf mich. Denn genau diese Eigenschaft ist es, die meinen ganzen sportlichen Ehrgeiz herausfordert. Schon nach mehreren Dünenquerungen entdecke ich, dass sich die rhythmisch wiederholenden Landschaftsformen auch sehr gut an meine Rhythmik von Aktiv- und Ruhephasen angleichen lassen. Das heißt, die Pause wird entweder auf dem Dünenkamm oder während des Abstiegs ungefähr im Stundenrhythmus eingelegt. In der Höhe weht stets eine leichte Brise, und der Sand ist feinkörniger und weicher. Hier genieße ich die wenigen Minuten der Rast besonders, wohlig im Sand liegend, vor mir die bizarre Wüstenkulisse, die Arme seitlich ausgebreitet, die Finger im Sand. Dieser Sand ist feinkörniger als in der Takla Makan und der Kalahari, hat eher die leicht pudrige Konsistenz der Ténéré, aber die schönere Farbe. Es ist ein leuchtendes Rostrot, das sich je nach Sonnenstand und Lichteinwirkung in ständig wechselnden Abstufungen von Gold-Orange bis zu Dunkelziegelrot zeigt. Allein diese Farbe gibt mir das Gefühl einer warmen Umarmung, und endlich finde ich die Ruhe und Konzentration, die ich bisher vermisst habe. Ich beginne mit der Wüste zu sprechen, glaube ihre tiefe Stimme zu vernehmen, wortlos, in harmonisch wechselnder Klangart, die mehr vermittelt, als jeder Satz dies auszudrücken vermag. Endlich gelingt es mir, an einen unterbrochenen Dialog wieder anzuknüpfen, der die Schwierigkeiten und Anstrengungen dieser Expedition erträglicher erscheinen lässt.

Bei dem abendlichen Telefonat bedauert mich Oscar: »Ich weiß nicht, wie du das aushältst. Es ist alles so unglaublich eintönig und nervtötend. Eine hässliche Wüste, diese Simpson. Die schlimmste von allen.« Dass er gerade jetzt, da ich endlich einen Zugang zu dieser Wüste gewonnen habe, eine solche kritische Meinung äußert, entbehrt nicht einer gewissen Ironie. Ich weiß nicht, ob ich jemals in der Lage sein werde, ihm die Gefühle, die diese Wüste in mir auslöst, vollends mitzuteilen – die Wüste ist für mich nicht allein ein geologisches Phänomen, sondern eine sehr persönliche Erfahrung.

Endlich ziehen Wolken auf und verhüllen die Sonne, die bisher so erbarmungslos auf mich herabbrennt, doch die Hitze nimmt nicht ab.

Ich bin bereits zwei Stunden unterwegs, als sich der übliche azurblaue Himmel bleigrau verdunkelt. Zur Freude allerdings bleibt keine Zeit, denn ein neues Problem zeichnet sich ab. Bei bedecktem Himmel kann sich das Solarpanel für das Satellitentelefon nicht aufladen. Sollte sich also das Wetter im Verlauf des Tages nicht bessern, habe ich am Abend keine Möglichkeit, zu telefonieren oder Telefonate zu empfangen.

Ich beschleunige meine Schritte und beschließe, die übliche Mittagspause abzukürzen, um die am Vortag verlorene Zeit einzuholen. Ich gehe in Gedanken versunken weiter, als ich plötzlich das Gefühl habe, beobachtet zu werden. Verwirrt sehe ich mich um, doch da ist niemand. Erst als ich den Blick hebe, entdecke ich ihn. Es ist ein Falke, der wenige Meter über mir seine Kreise zieht, ohne sich von mir und meinen neugierigen Blicken beirren zu lassen. Fasziniert beobachte ich, wie geschickt er die Thermik ausnutzt, um sich scheinbar mühelos in die Höhe zu schrauben und anschließend wieder sanft hinunterzugleiten. Wir mustern uns, der Raubvogel aus der Luft, ich unten im Sand, und legen eine Strecke gemeinsam zurück, bis er sich allmählich entfernt. Ich fürchte schon, ihn verloren zu haben, als er nach einer knappen Stunde plötzlich wieder auftaucht, erneut über mir kreist und verschwindet, nur um ein wenig später zurückzukehren. So geht es fast den ganzen Tag. Möglicherweise handelt es sich gar nicht um denselben Vogel, vielleicht sind ja mehrere Falken in der Nähe, neugierig angezogen von der merkwürdigen Gestalt, die unten durch den Sand stapft. Aber die Vorstellung, dass es sich um ein und denselben Vogel handelt, der mir Gesellschaft leistet, gefällt mir besser. Erst gegen Abend, als ich mein Lager für die Nacht vorbereite, verabschiedet sich der Vogel endgültig. Mein erster Blick gilt der Ladeanzeige des Satellitentelefons. Die Batterie ist leer. Damit fällt an diesem Abend der Telefonkontakt mit dem Team aus. Ich bin allein, abgeschnitten vom Rest der Welt, und fühle mich doch irgendwie erleichtert.

Mit Vernunft hat das nichts zu tun, denn falls die ungünstige Witterung auch am folgenden Tag anhält, wird die Sache kompliziert: Weder kennt mein Team die genauen Koordinaten meines Aufenthaltsortes, noch erfahre ich die Position des nächsten Wasserdepots. Und trotzdem genieße ich diesen Moment der absoluten Freiheit, zumindest diesen einen Abend.

Das Zelt ist beinahe fertig aufgebaut. Ich habe schließlich einen kleinen ebenen Platz gefunden, umgeben von Büschen und in der Nähe eines verdorrten Baumstammes mit freigelegtem Wurzelgeflecht, zur Hälfte im Sand vergraben. Ich freue mich schon darauf, mich endlich entspannt auf meiner Isomatte ausstrecken zu können, als ich ihn entdecke. Der Falke sitzt auf einem Ast nur wenige Meter von mir entfernt, und er ist nicht allein. An seiner Seite verfolgt ein ganz ähnlicher Vogel jede meiner Bewegungen. Dann erheben sich beide in die Luft und beginnen über dem Zelt zu kreisen. Ich lasse alles stehen und liegen und beobachte sie. Zuerst halte ich ihr Gebaren für Neugier. Aber nach einigen schnellen Manövern und lautem Flügelschlagen kehren sie zu ihrem Platz auf dem trockenen Ast zurück, stoßen mit gereckten Hälsen Schreie aus und steigen wieder auf in die Lüfte, um schließlich ihre Kreise immer dichter über meinem Kopf zu ziehen. Dann ändert sich ihr Flugverhalten. Mit schnellen Flügelschlägen führen sie waghalsige Kehrtwendungen aus, rütteln nervös über dem Zelt und schreien laut und anhaltend. Allmählich kommen mir Bedenken. Haben sie hier irgendwo ihr Nest? Bin ich ihm zu nah gekommen? Es ist Frühling in Australien. Vielleicht versuchen sie ihre Brut zu schützen. Ich beobachte sie noch eine Weile und beschließe, das Zelt abzubauen. Bei dem Gedanken, diese schönen Raubvögel zu stören, könnte ich trotz Müdigkeit sowieso kein Auge zutun. So schwer es auch fällt, ich bringe das Opfer. Um halb sechs Uhr abends sammele ich alle meine Habseligkeiten zusammen und stelle das Zelt gut 50 Meter weiter wieder auf. Mehr Privatsphäre kann ich den Vögeln nicht gewähren, denn das Platzangebot für mein Zelt ist begrenzt, und es ist zu spät, um in größerer Entfernung nach einer Alternative zu suchen. Die Vögel beobachten mein Tun aufmerksam. Als ich fertig bin, setze ich mich in den Sand und warte neugierig darauf, was geschieht. Zuerst kreisen sie weiter über der alten Stelle, tauchen dann über meinem neuen Zeltplatz auf – so als wollten sie sich vergewissern, dass ich dort auch bleibe –, dann verschwinden sie kurz, nur um zum nächsten Kontrollflug anzusetzen. Dann, ganz allmählich, beruhigen sie sich und lassen sich schließlich auf einem der untersten Äste des abgestorbenen Baumes nieder. Erst jetzt entdecke ich eine kleine, vom Wurzelgeflecht gut geschützte Sandhöhle: vermutlich ihr Nistplatz. Ich bin noch ganz fasziniert von den beiden Raubvögeln, als plötzlich ein lautes Kreischen die Luft erfüllt. Erst nach einer Weile löst sich das Rätsel auf. Ursache ist ein großer Schwarm grau, rosa und weiß gemusterter Kakadus, die erstaunliche Flugkunststücke vollführen und über meinen Kopf hinwegschwirren und mich alle Müdigkeit vergessen lassen.

Wind kommt auf

Hält man den Blick auf den Boden gerichtet, offenbart sich inmitten der lebensfeindlich erscheinenden Wüste eine überraschend vielfältige Kleintierwelt. Zahlreiche Eidechsen in wechselnden Farbkombinationen flitzen geschmeidig vor meinen Füßen herum. Seltsame weichtierartige Wesen sind von einem Sandkokon umhüllt, der ihnen offenbar als Schutz dient. Sie kriechen wie Muscheln durch den Sand und hinterlassen dabei feine Spuren. Drei Mistkäfer kämpfen sich mühsam vorwärts. Zwei von ihnen rollen eine Dungkugel, die größer ist als sie selbst, während ihr Gefährte ihnen in einiger Entfernung wie ein Ersatzmann folgt, jederzeit bereit, für einen ermattenden Kollegen einzuspringen. Tatsächlich lässt ein Käfer den Dungball plötzlich los und überlässt seinen Platz dem Dritten im Bunde, während er sich ausruht, um dann seinerseits die Nummer zwei abzulösen. Auf diese Weise geht der Transport ohne Unterbrechung weiter. Der Sand ist übersät mit einer Vielzahl seltsamer Fährten, die ich kaum zu deuten vermag. Die sich kreuzenden Tierspuren unterschiedlichster Art wirken wie eine kunstvolle Stickerei. Auf dem Dünensand entdecke ich etwas ganz Besonderes: Es sind die unverwechselbaren Fährten, die die zweigeteilten Sohlen der Dromedare hinterlassen. Den Spuren zufolge muss eine Herde hier vorbeigekommen sein. Wie viele es waren, kann ich allerdings nicht abschätzen. Die einhöckerigen Kamele sind hier verwildert und haben sich über Zentralaustralien ausgebreitet. Immer wieder verhindert Buschwerk und die nächste Dünenkette einen weiteren Überblick, so dass ich nicht erkennen kann, wie viele Tiere sich eigentlich in meiner Umgebung tummeln. Inmitten des Durcheinanders unterschiedlichster Fährten treffe ich auf die Spuren eines Dingos. Ich habe inzwischen schon viele dieser Sandzeichen der wilden australischen Hunderasse gesehen, so dass ich sie auch hier gut identifizieren kann. Dabei habe ich irgendwie das Gefühl, dass sie mir den Weg zurück in die menschliche Gesellschaft weisen.

Am Nachmittag kommt Wind auf, der schnell meine Haut austrocknet, während die Augen zu brennen beginnen. Trotz des schützenden Turbantuchs sind auch die Schleimhäute von Nase und Mund betroffen, und die Gefahr einer Dehydrierung wächst. Das

Tückische dabei ist, dass bei niedrigeren Temperaturen und Wind das Bedürfnis zu trinken abnimmt. Also zwinge ich mich, noch häufiger zur Wasserflasche zu greifen. Überall bilden sich zarte, rosafarbene Verwirbelungen über der Sandfläche, die immer wieder dort spiralförmig aufsteigen, wo das Buschwerk den Wind nicht brechen kann. Die Furcht vor einem Sandsturm ist sofort wieder da. Es ist jenes in Wüstengebieten gefürchtete Naturereignis, das jede Aktivität verhindert. Allerdings deuten die Gegebenheiten in der Simpsonwüste darauf hin, dass sich der Sturm hier nicht in vollem Maße austoben kann. Die niedrige Vegetation bremst die Kraft des Sturmes, der den talkumfeinen Sand vor sich her peitscht. Allerdings kann das Buschwerk die mit Sand gesättigten Böen kaum in dem Maße abschwächen, dass ich nichts mehr zu befürchten hätte. Besonders auf den Dünenkämmen und in den breiten Senken zwischen den Sandwällen schlägt mir der Sturm mit voller Wucht entgegen, zerrt an Kleidung und Nerven und zwingt mich, die Augen trotz Sonnenbrillenschutz zusammenzukneifen. Einzige positive Begleiterscheinung des Sturmes ist das Ausbleiben der Fliegenplage.

Es ist kurz vor Sonnenuntergang, aber der Sturm beruhigt sich nicht, sondern wird immer wütender und verlangt beim Aufbau des Nachtbiwaks artistisches Geschick. Jeder Gegenstand, den ich aus dem Rucksack nehme, droht davonzufliegen. Eine Zeitlang bin ich nur damit beschäftigt, alle meine Habseligkeiten festzuhalten und zu sichern. Die schwierigste Aufgabe allerdings ist das Aufstellen des Zeltes. Aus Gewichtsgründen wurde es aus demselben Material hergestellt wie die modernen Segel. Kaum versuche ich es auszurollen, bläht es sich auf wie ein Spinnaker. Es bleibt mir nicht anderes übrig, als mich bäuchlings darüberzuwerfen, um es am Wegfliegen zu hindern. Ich passe die kurzen Pausen zwischen den Böen ab, um wenigstens die Stangen zu montieren, und halte dabei das Zelt flach auf dem Boden. Dann beschwere ich es mit meinem Rucksack und mache mich auf die Suche nach größeren Steinen. Kaum hebe ich das Zelt hoch, um es im Boden zu verankern, beginnt es heftig im Wind zu schlagen, und ich muss es erneut mit beiden Händen festhalten. Ich wage gar nicht daran zu denken, was passiert, sollte es reißen oder, schlimmer, davonfliegen. Für einen Moment beruhigt sich der Sturm etwas; für mich die Gelegenheit, den Aufbau fortzusetzen. Während ich das Zelt mit einer Hand am Giebel festhalte, stecke ich hastig die Heringe durch die Spannschlaufen tief in den Sand und beschwere sie sofort mit Steinen. Dann warte ich die nächste Böe ab, bevor ich den Reißverschluss öffne, die Wasserflaschen und den unausgepackten Rucksack hineinwerfe, hinterherkrieche und sämtliche Ausrüstungsgegenstände in den vier Ecken verteile, um dem Wind keine Angriffsfläche unter dem Zelt zu bieten. Jetzt erst kann ich mich daran machen, den Rucksack auszupacken.

Eine ganze Stunde dauerte der Kampf gegen die Böenattacken, dementsprechend abgespannt sinke ich auf die Matte. Meinen Hunger habe ich dabei fast völlig vergessen. Das Einzige, worauf ich Lust verspüre, ist eine heiße Brühe, doch ich wage es nicht, den Kocher anzuzünden. So bleibt mir nichts anderes übrig, als auf Trockenfrüchte auszuweichen, während der Wind draußen an meinem winzigen Zelt zerrt und rüttelt. Zeitweise klingt es so, als würde die Zeltplane in zwei Stücke reißen, und ich finde in dieser Nacht nur schwer Schlaf.

Ein Platzregen

Es ist Dienstag, der 30. September. Ein Tag, den ich nie vergessen werde.

Die ganze Nacht über rütteln schwere Windböen am Zelt. Dennoch übersteht die superleichte Konstruktion die Attacken unversehrt. Als ich das Zelt am Morgen verlasse, ziehen dichte, graue

Wolken über den Himmel, und der Wind scheint wieder aufzufrischen. Meine Beine sind kraftlos, wie aus Gummi. Vermutlich ist die durchwachte Nacht daran schuld. Als ich aufbreche, habe ich mehr Mühe als sonst, meinen gewohnten Rhythmus zu finden, und der Sturm, der sich mir wie am Vortag immer wieder mit aller Macht entgegenwirft, macht mir das Fortkommen nicht gerade leichter. Meine Schritte werden schwerer. Plötzlich erscheint die Sicht durch die Brille auf die Wüstenlandschaft verwischt, wie durch einen nassen Duschvorhang. Im selben Moment fühle ich Regentropfen auf der Haut. Ich kann es nicht fassen. Es regnet. Mitten in der Wüste tut sich der Himmel auf! Die Situation ist so absurd, dass mir der Gedanke, irgendwo Unterschlupf zu suchen, erst gar nicht kommt. Ich bleibe in Wind und Regen stehen, um mir das Spektakel anzusehen. Die Sandfläche vor mir erscheint plötzlich matt glänzend wie Samt – für mich ein einzigartiges, nie zuvor erlebtes Ereignis. Schon nach wenigen Minuten ist alles vorüber. Dennoch hat der kurze Regen die Wüste völlig verändert. Ein neuer, frischer Geruch hängt in der Luft, und der Regen hat in der Landschaft seine ganz besonderen, malerischen Spuren hinterlassen. Sträucher und Büsche wirken, als habe sie der Regen zu neuem Leben erweckt. Überall dort, wo noch vor wenigen Minuten alles von einer staubigen roten Patina überzogen war, leuchtet frisches Grün.

Lange kann ich diese Metamorphose nicht genießen, denn ich fühle mich immer noch sehr erschöpft. Zum Glück ist der Untergrund durch den Regen fester geworden und erleichtert das Weitermarschieren. Dann setzt erneut Regen ein. Es ist nur ein kurzer, heftiger Schauer, dennoch ist alles durchnässt. Der Wind trocknet jedoch meine Sachen ebenso schnell wieder.

Bei diesem Wetter wandere ich den ganzen Tag über weiter – kurze, heftige Schauer wechseln sich mit ausgedehnten Sonnenperioden ab, so dass sich in Letzteren das Solarpanel wieder aufladen kann. An diesem Abend sind außer dem Telefonat mit dem Team auch Direktschaltungen zu den italienischen Medien vorgesehen; Termine, die ich nicht versäumen darf. Aus diesem Grunde prüfe ich immer wieder die Ausrichtung der Solarzelle, um jeden Sonnenstrahl maximal auszunutzen.

Es bleibt mir schließlich kaum Zeit, das Zelt aufzustellen und mein Gepäck zu verstauen, bevor die Welt regelrecht untergeht. Blitze, Donner, das Rauschen des Regens und heftige Sturmböen verbinden sich zu einem dramatischen Naturschauspiel, wie ich es noch nie erlebt habe. Die Wüste tobt!

Mit einem Mal wird es finster. Ich taste im Chaos nach der Taschenlampe und verschließe das Zelt, damit kein Wasser eindringt. Dem Satellitentelefon und dem GPS-Gerät gilt meine größte Sorge. Ich stecke diese wichtigsten Geräte samt Fotoapparat und Videokamera in wasserdichte Plastiktüten. Sollten die Geräte nass und beschädigt werden, ist mein Abenteuer zu Ende. Nie ist mir die Idee gekommen, sie eines Tages gegen Regen und Nässe schützen zu müssen. Trotz aller Umsicht lässt es sich nicht vermeiden, dass allmählich durch den Reißverschluss der Zeltöffnung Wasser dringt. Ich lege das einzige kleine Frotteehandtuch vor den Eingang, das schon nach kurzer Zeit völlig durchweicht ist. Um das Zelt besser abzudichten, setzte ich das Sonnensegel zweckentfremdet ein, spanne die Folie über den gesamten Zeltgiebel und befestige sie am Zeltgestänge. Bis auf die Haut durchnässt, krieche ich wieder ins Zelt und trockne mich notdürftig mit dem Turbantuch ab. Die Freude darüber, das Zelt halbwegs gesichert zu haben, währt nicht lange. Das Kondenswasser, das sich an den Zeltwänden niederschlägt, beginnt in kleinen Bächen herabzurinnen und sich ausgerechnet dort am Zeltrand in Pfützen zu sammeln, wo die Ausrüstung verstaut ist, was mich wiederum dazu zwingt, diese im Rucksack zu verstauen und mit diesem den einzig halbwegs trockenen Platz in der Mitte auf der Isomatte zu teilen. Nur Wasserflaschen und wasserunempfindliche Geräte bleiben am Zeltrand liegen, um meine von Sturmböen geschüttelte Behausung mit ihrem Gewicht zu stabilisieren. Dann wickle ich mich in mein Turbantuch ein, verstoße gegen jede Regel und zünde den Campingkocher im Zelt an, um mich daran zu wärmen und die Feuchtigkeit im Zelt zu reduzieren. Nach einer Weile versuche ich, eine heiße Brühe zu kochen. Während ich mit einer Hand nach den Brühwürfeln krame, halte ich mit der anderen den Flammenregler auf der kleinsten Einstellung. Das Manöver ist riskant, aber zum Glück geht alles gut. Ein Zeltbrand in dieser Situation wäre verheerend gewesen. Die Telefonverbindung kann auch im Zelt hergestellt werden, und gegen sieben Uhr rufe ich Oscar und Daniele an. Beide machen sich große Sorgen, doch ich wehre ihre zahlreichen Fragen schnell ab. »Danke, mir geht's gut. Das Zelt hält. Kein Grund zur Aufregung. Wir sprechen uns morgen wieder.« Wir vereinbaren noch, dass sie ihr Telefon für den Notfall die ganze Nacht über betriebsbereit lassen und ich sie am folgenden Tag um ein Uhr anrufen werde, um meine geografischen Koordinaten durchzugeben. Später kommen die beiden Anrufe aus Italien. Ich spreche mit einer Rundfunkanstalt und einem Fernsehsender, die im Verlauf der Durchquerung zweimal wöchentlich ein Interview mit mir senden. Ich erkläre kurz die Lage. Die Gespräche dauern nur wenige Minuten, dann bringe ich das Telefon wieder in Sicherheit. Eine der schwierigsten Nächte im Biwak erwartet mich. Ich verbringe sie damit, alle zehn Minuten den Zeltreißverschluss einen Spalt weit zu öffnen, um das kleine Handtuch auszuwringen. Anschließend ziehe ich mich auf den kleinen Fleck auf der Matte zurück, der trocken geblieben ist. Alles andere ist bereits feucht bis nass. Lediglich das Material in den wasserdichten Plastiktüten ist sicher. Der Wind rüttelt am Zelt, während Blitze über den Himmel zucken und die Wüste sekundenlang hell erleuchten, bis das markerschütternde Krachen des Donners ertönt und alles wieder in Dunkelheit versinkt. Ich sitze mit dem Rücken an den Rucksack gelehnt und zittere vor Kälte und – zum ersten Mal – auch vor Angst.

Die Ruhe nach dem Sturm

Der Regen hat aufgehört. Sobald es hell wird, krieche ich aus dem Zelt und sehe mich neugierig um. Der Wind hat sich gelegt. Der Himmel zeigt sich klar und wolkenlos. Sein strahlendes Blau steht in seltsamem Kontrast zur regennassen Wüste und ihrer wiederbelebten Vegetation. Es ist, als hätte ich mich über Nacht auf eine Zeitreise begeben. Die Simpsonwüste ist wie verwandelt, zeigt sich wie in einem neuen Kleid. Als Erstes lege ich den Schlafsack zum Trocknen aus. Die Vorstellung, die kommende Nacht erneut im Nassen verbringen zu müssen, ist wenig verlockend. Im Zelt hat sich das eingedrungene Wasser mit Sand zu einer klebrigen Paste vermischt, die überall an den Sachen klebt. Mir ist sofort klar, dass ich an diesem Tag mein übliches Streckenpensum kaum schaffen werde. Wasser allerdings ist dieses Mal kein Problem. Mein Vorrat reicht noch für zwei Tage. Es ist schon nach neun Uhr, als ich endlich aufbreche. Um mich herum scheint die Natur geradezu explodiert zu sein. Innerhalb weniger Stunden sind überall winzige Pflanzen aus der Sanddecke geschossen und haben die rote Wüste in einen grünen, blühenden Garten verwandelt. Kleine weiße, rosafarbene, azurblaue, rote und gelbe mir unbekannte Blüten überziehen die Wüste wie ein farbenfroher Teppich. Es ist ein atemberaubendes Bild. Nach drei Stunden Marsch halte ich an einem kleinen Baum mit tief hängenden Ästen an, um dort meine Sachen zum Trocknen aufzuhängen. Dann baue ich das Zelt auf, damit es ebenfalls austrocknen kann, und lege mich in die Sonne. Das Klingeln des

Telefons reißt mich aus einem erholsamen Schlummer. Es ist noch nicht ein Uhr, und das Team will wissen, wie es mir geht, doch die schlechten Nachrichten kommen dieses Mal von der anderen Seite. Durch den Kurzschluss eines Generators ist der Computer abgestürzt, mit dem wir Nachrichten und Bilder nach Italien übermitteln. Damit ist die Verbindung zu Luisella unterbrochen, die die Tagebucheinträge über die Durchquerung regelmäßig ins Netz stellt und damit die Berichterstattung stets auf den neuesten Stand bringt. Dies war als ein Service für all jene gedacht, die unsere Abenteuer zeitgleich verfolgen möchten, und gleichzeitig für uns eine Möglichkeit, unseren Freunden immer nahe zu sein. Damit allerdings ist offenbar vorerst Schluss. Ich kann nur hoffen, dass es Oscar und Daniele gelingt, den Schaden so schnell wie möglich zu beheben.

Am Morgen habe ich den Mut gehabt, meinen Rückenstützgurt endgültig abzulegen. Ich ziehe ihn nur noch zum Auf- und Abbau des Zeltes an, da dann das Risiko, den Rücken zu sehr zu beanspruchen, besonders hoch ist. Mittlerweile habe ich eine gute Methode entwickelt, den Rucksack zu schultern, ohne Rücken und Gelenke zu stark zu belasten. Ich setze mich auf den Boden, schlüpfe mit den Armen in die Trägergurte und stelle sie auf die optimale Länge ein. Sobald sie bequem und fest sitzen, gehe ich mit dem Rucksack auf dem Rücken über die Seite in den Vierfüßerstand. In dieser Lage zurre ich den Hüftgurt fest. Anschließend richte ich mich leicht auf, stemme mich – die Stöcke fest in den Boden gerammt – hoch, bis ich auf den Füßen stehe. Um zu vermeiden, dass ich immer nur ein Knie belaste, wechsle ich ab. Diese Methode funktioniert besser als die, die ich mir in China ausgedacht hatte, und hat außerdem den Vorteil, dass die Last auf dem Rücken gleichmäßig verteilt ist. Allerdings darf ich nicht vergessen, mir die Stöcke rechtzeitig bereitzulegen. Das habe ich mehr als einmal schmerzlich erfahren, als ich die Stöcke nicht griffbereit hatte und das ganze Manöver wieder von vorne beginnen musste. Beim Anstieg auf eine Düne schließlich sehe ich etwas Längliches vor mir ausgestreckt im Sand liegen. Im ersten Moment halte ich es für eine Wurzel: Nur wenige Zentimeter vor meiner Schuhspitze liegt eine kleine schwarze Schlange, die träge ein Sonnenbad nimmt. Sie bewegt sich nicht, scheint zu schlafen. Erst als sie offenbar merkt, dass sie beobachtet wird, gleitet sie elegant auf einen Horst Spinifexgras zu und ist im nächsten Moment zwischen den Grashalmen verschwunden. Ich sehe ihr nach und wundere mich wieder einmal, wie ruhig und furchtlos die Tiere, denen ich in der Simpsonwüste begegne, auf meine Anwesenheit reagieren. Vielleicht hatte die Schlange keine Erfahrung mit Menschen – vielleicht hatte ich mich auch einfach ebenso so lautlos bewegt wie sie.

Meine Füße schmerzen noch immer, obwohl ich allabendlich meine Sandtherapie durchführe. Die wunderbare Massage im trockenen Sand ist auch weiterhin eine Wohltat. An diesem Abend nach dem großen Unwetter gönne ich mir angesichts des reichlichen Wasservorrats noch eine ausgiebige Körperpflege – und ziehe sofort einen Schwarm Fliegen an.

Ich berichte meinem Team gerade am Telefon von meinem »Luxusbad«, als ich merke, das etwas nicht stimmt. Oscars Stimme klingt seltsam. »Don hat im Radio gehört, dass eine Französin kurz nach dir zu einer Durchquerung aufgebrochen ist«, antwortet er schließlich auf meine drängenden Fragen. »Wie bitte?«, schreie ich ins Telefon. »Du hast schon richtig gehört. In der Meldung hieß es, dass sie ohne Gepäck unterwegs ist und eine tägliche Durchschnittsstrecke von ungefähr 25 Kilometer durchhält.« »Und wie schafft sie das ohne jede Ausrüstung?«, bringe ich etwas aus der Fassung geraten heraus. »Sie hat ein Team, zu dem sie jeden Abend stößt. Sie übernachtet im gemeinsamen Lager.« »Wie bequem«, denke ich und beneide sie beinahe, als ich an meine beiden durchwachten Nächte im nassen Zelt denke. »Wann ist sie aufgebrochen?«

»Eine Woche nach dir.«

»Dann holt sie mich nicht ein«, erwidere ich und bin etwas zu schnell beruhigt. »Ich würde mir an deiner Stelle schon Sorgen machen. Sie ist von Purni Bore aus aufgebrochen.« Ich fluche unterdrückt. Purni Bore lag fast 70 Kilometer hinter Dalhousie und am äußeren Rand der Steinwüste, in der ich mir die Füße ruiniert hatte. Nachdem ich aufgelegt habe, sitze ich noch lange da und starre auf das Telefon. Was hat eine Französin in meiner Wüste zu suchen? Bis heute hatte nie eine Frau die Simpson Desert durchquert, und jetzt – Ironie des Schicksals – sind zwei Frauen gleichzeitig unterwegs.

Von diesem Moment an ist alles anders. Ich bin zu einem Abenteuer aufgebrochen und finde mich plötzlich mitten in einem Wettkampf wieder. Aber wenn schon Wettkampf, sage ich mir, dann will ich ihn wenigstens gewinnen. Kein einfaches Unterfangen. Sie war zwar nach mir gestartet, führt die Durchquerung jedoch im Gegensatz zu mir nicht im Alleingang durch. Sollte sie jedoch vor mir ankommen, wird sie trotzdem die erste Frau sein, die die Simpsonwüste durchquert hat. Nach all den Jahren der Vorbereitung sollte ich mir meinen Traum kaputt machen lassen? Niemals! Ich bin in meiner Jugend Leistungssportlerin gewesen und mit einem Mal entdecke ich meinen Sportsgeist wieder. Trotz der Ruhe und Abgeklärtheit, die ich im Lauf der Jahre erworben habe, ist der Siegeswille ungebrochen. Trotz Müdigkeit spüre ich eine unbändige Energie in mir und wäre am liebsten sofort wieder aufgebrochen, nur um meinen Vorsprung zu sichern. »Man siegt mit dem Kopf, nicht mit den Beinen«, erinnere ich mich und verschiebe klugerweise alle weiteren Entscheidungen auf den kommenden Tag.

Ich breche früh auf und gehe gleich die erste Düne mit einem sportlichen Ehrgeiz an, den ich längst vergessen glaubte. Ich bin wild entschlossen, ebenfalls eine durchschnittliche Tagesstrecke von 25 Kilometern zu schaffen – und zwar trotz des 25 Kilogramm schweren Rucksacks auf meinem Rücken. Es ist schon ein großer Vorteil, wenn man ohne Gepäck marschieren, abends am gedeckten Tisch Platz nehmen und ins gemachte Bett fallen kann. Als ich mein Vorhaben dem Team mitteile, erklären sie mich für verrückt. Aber ich lasse mich nicht beirren. Sie versprechen, die nächsten Wasserdepots in größeren Abständen anzulegen. Sollte ich diesen ehrgeizigen Zeitplan allerdings nicht durchhalten, hätte ich ein Problem.

Seit einiger Zeit ist Doping das große Thema im Sport. Die Wettkämpfe finden mittlerweile offenbar weniger in den Stadien als vielmehr in medizinischen Labors statt. Ich halte nichts von Chemie-Cocktails. Athleten sollten mehr an sich arbeiten und an sich glauben, wenn sie gewinnen wollen. So habe ich es immer gehalten, und so halte ich es auch jetzt.

Ich komme schnell vorwärts. Das Gewicht des Rucksacks scheine ich kaum noch zu spüren. Der sportliche Wettbewerb, dem ich mich so unerwartet stellen muss, lenkt mich von meinen Problemen ab. Dennoch achte ich angesichts der höheren Belastungen, die ich mir zumute, besonders konzentriert auf die Signale meines Körpers, denn ich will nicht übertreiben.

Plötzlich taucht bedrohlich nahe eine weitere Schlange auf. Sie ist angesichts der unverhofften Begegnung offenbar ebenso erschrocken wie ich. Statt die Flucht zu ergreifen, richtet sie sich auf, so als wolle sie jeden Moment angreifen. Ich bleibe unbeweglich stehen. Mir schlägt das Herz bis zum Hals. So starren wir uns einige

Augenblicke wie versteinert an. Wer von uns beiden in diesem Moment die größere Angst hat, weiß ich nicht. Ich jedenfalls werde mich nicht als Erste bewegen. Mit dem Rucksack auf dem Rücken bin ich sowieso im Nachteil und viel zu langsam, um einem Angriff schnell genug ausweichen zu können. Ich stehe wie unter Schock und registriere doch jede Einzelheit. Schlangen haben mich von jeher fasziniert. Dieses Exemplar ist größer als die Schlange vom Vortag und grün-beige gefärbt. Sie gehört ganz offensichtlich zu den zahlreichen Arten, die im australischen Outback beheimatet sind. Plötzlich scheint das Reptil zu spüren, dass von mir keine Bedrohung ausgeht. Ihre Körperspannung löst sich allmählich, sie gleitet zu Boden und schlängelt sich auf der Suche nach einem Versteck seitlich davon. Eine unbedachte Bewegung – und die Schlange hätte zweifellos zugebissen. Bei der Vorstellung läuft es mir eiskalt über den Rücken.

Leider gelingt es mir nicht lange, die französische Konkurrentin über der Begegnung mit der Schlange zu vergessen. Immer wieder tauchen Bilder vor meinem geistigen Auge auf, wie sie ohne Gepäck leichtfüßig und im Laufschritt, einen Energieriegel knabbernd, die Dünen wie im Flug überwindet. Ich muss über mich selbst lachen und schiebe diese Bilder beiseite, weiß ich doch nur zu gut, wie zerstörerisch solche Gedanken sein können. Und trotzdem quält mich auch weiter die Frage, ob sie über mein Unternehmen informiert ist. So in Gedanken versunken, merke ich erst, als ein Schatten elegant über die Sandfläche gleitet, dass ich nicht mehr allein bin. Ich hebe den Blick. Es ist ein Falke. Er sieht aus wie der Raubvogel, der mich schon vor Tagen einmal begleitet hat. Auch jetzt kreist er über mir. Vermutlich hat ihn das in der Sonne glitzernde Solarpanel an meinem Rucksack neugierig gemacht. Unvermittelt stößt der Vogel einen Schrei aus und gleitet in enger werdenden Schleifen tiefer, so dass ich sogar sein wunderschönes Brustgefieder erkennen kann. Es ist von einem leicht rosa überhauchten Beige, eine Farbkombination, die ihn mit der Wüste eins werden lässt. Ich hebe die Hand wie zum Gruß. Er zuckt keinen Millimeter zurück, bleibt noch eine Weile bei mir, dann fliegt er davon. Nach einiger Zeit allerdings kehrt er zurück, begleitet mich eine Weile, bevor er wieder abtaucht, nur um kurz darauf erneut zu erscheinen. Das Spiel setzt sich den ganzen Tag auf diese Weise fort. Ich nehme seine Gegenwart als gutes Zeichen. Jede Begegnung mit den Tieren der Wüste ist eine neue, sehr bewegende Erfahrung. In dieser lebensfeindlichen Umgebung ist jedes von ihnen ein Meister der Überlebenskunst. Es ist interessant zu beobachten, in welcher Form sich die Tiere in Gestalt und Farbe der Wüste angepasst haben, und ich begreife die Begegnungen mit ihnen als Geschenk. Ich genieße ihre Gesellschaft. Sie regt mich an und gibt mir Kraft und Mut, meinen Weg weiterzuverfolgen. Am Abend, wenn der Adrenalinspiegel allmählich sinkt, holt mich die Wirklichkeit wieder ein. Dann widme ich mich der Pflege all meiner Wehwehchen und den sonstigen, inzwischen zur Routine gewordenen alltäglichen Arbeiten.

Bei jeder Marschpause mache ich einige Minuten lang die bewährten Dehnungsübungen, die mir helfen, die Wirbelsäule zu entspannen. Ich knie nieder, setze mich auf die Fersen, strecke beide Arme vor dem Körper aus und beuge mich hinunter, bis Stirn und Arme den Sand berühren. Dann strecke ich das linke Bein nach hinten und dann mit angespannten Muskeln so weit wie möglich nach rechts. Diese Stellung halte ich eine Minute, dann wiederhole ich sie mit dem rechten Bein. Die kleinen Fettpolster, die ich vor meiner Abreise aufgebaut hatte, sind inzwischen längst verbraucht. Die zusätzlichen Kilos, die ich auf Anraten der italienischen Ernährungswissenschaftler und durch Einhalten einer kalorienreichen Diät als Kraft- und Nahrungsreserve zugelegt hatte, hatten bereits das Training und vor allem der Stress der Vorbereitungszeit weitgehend aufgezehrt. Seit meinem Start in Dalhousie Hot Springs hat sich mein körperlicher Zustand merklich verändert: Ich habe kein Gramm Fett mehr zu viel, und meine Muskelkraft hat sich noch einmal sichtlich verbessert. Die auf Nahrungskonzentraten basierende Ernährung scheint mir gut zu bekommen, und abgesehen von den üblichen Wehwehchen fühle ich mich in Bestform und merke, dass meine Regenerationszeiten immer kürzer werden. Meine Herzfrequenz bleibt konstant niedrig und überschreitet bei den steilsten und anstrengendsten Anstiegen kaum 80 Schläge in der Minute. Nur am Nachmittag, wenn die Belastung ihren Höhepunkt erreicht, steigt sie allmählich an. Ich sehe das wieder einmal als Bestätigung dafür an, dass körperliche Betätigung in Verbindung mit einer vernünftigen Ernährung auch für die geistige Konstitution vorteilhaft ist. Der Wahlspruch der römischen Antike »Mens sana in corpore sano – ein gesunder Geist in einem gesunden Körper« hat nichts von seiner Gültigkeit eingebüßt.

Ein Telefonat mit meinem Sohn

An diesem Abend macht die Telefonverbindung Probleme. Das ist neu und verunsichert mich. Mittlerweile sind wir so daran gewöhnt, mit dem Handy immer und überall erreichbar zu sein, dass wir uns gar nicht mehr bewusst sind, welch komplizierter Technik wir uns eigentlich bedienen. Ich betrachte den Apparat in meiner Hand mit Bewunderung. Er ist so groß wie ein kleines Funkgerät und federleicht – also kaum mit dem zweieinhalb Kilogramm schweren Satellitentelefon zu vergleichen, das ich in China mitschleppen musste. Außerdem ist es sicherer und einfacher zu bedienen. Es ist also eigentlich absurd, dass ich mich mitten im Herzen Australiens, in der menschenleeren Wüste, ärgere, weil das Telefon gerade einmal seinen Dienst versagt! Dabei wäre diese Art der Kommunikation noch vor wenigen Jahren nicht einmal denkbar gewesen. Also warte ich einige Minuten, wechsle den Standort und versuche erneut, eine Verbindung herzustellen. Diesmal funktioniert es, und ich rufe Max an. Die Stimme auf der anderen Seite unseres Planeten ist laut und deutlich zu hören. Nach den üblichen Floskeln »Wie geht es dir? Alles in Ordnung?« kommt die erwartete Frage: »Hast du Schlangen gesehen? Wie viele? Und wie groß?« Ich beruhige ihn, erzähle von meiner Begegnung an diesem Tag, untertreibe jedoch etwas, um ihn nicht zu ängstigen. Wir sprechen nur wenige Minuten, aber es tut uns beiden gut und genügt, um meine Stimmung deutlich zu bessern. Gut gelaunt rufe ich schließlich das Team an und berichte von der heutigen erfolgreichen Suche nach dem Wasserdepot. Jetzt, da die Vegetation wieder spärlich geworden ist, sind die Markierungen problemlos zu finden. Auch auf der Gegenseite ist die Stimmung gut. Der Computer ist repariert, so dass die Verbindung mit Italien wiederhergestellt ist. »Und die Französin? Gibt es was Neues?«, will ich wissen. Nach einer kurzen Pause kommt die Antwort: »Nein, nichts. Sobald wir was wissen, sagen wir's dir.« »Ausflüchte«, denke ich, »sie verschweigen mir etwas.« Wo könnte meine Konkurrentin jetzt sein? Ich schätze die Tage und die Kilometer ab, die uns vermutlich trennen. Wenn sie langsamer wird und ich schneller gehe, kann sie mich trotzdem noch im letzten Moment vor dem Ziel abfangen. »Carla, hör auf! Was fantasierst du dir da zusammen!«, ermahne ich mich und versuche, nicht den Kopf zu verlieren. In Extremsituationen wie dieser ist es gelegentlich schwierig, Realität und Fantasie klar voneinander zu trennen. Die Bezugspunkte ändern sich, und Grenzen müssen neu gesteckt werden. Stille, Einsamkeit und Erschöpfung schaffen täglich neue, gelegentlich nach den Maßstäben der Vernunft schwer einzuordnende Situationen, die nur mit innerer Ruhe zu bewältigen sind.

Ich verlasse kurz das Zelt. Es ist bereits dunkel, und wie immer schalte ich die Taschenlampe an, um das Gelände in der Umgebung des Zelts abzuleuchten. Es ist eine einfache Vorsichtsmaßnahme, die mir mittlerweile zur Gewohnheit geworden ist und mich beruhigt. Plötzlich erfasst der Lichtkegel meiner Taschenlampe eine große Spinne. Bevor ich es verhindern kann, wandert sie zielstrebig und schnell auf den offen gebliebenen Zelteingang zu. Ich habe keine Chance, das zu verhindern. Hilflos muss ich zusehen, wie sie im Zeltinneren und zwischen all den verstreut liegenden Gegenständen verschwindet. Spinnen können in der Simpsonwüste gefährlich sein. Wo bitte, soll ich jetzt zu suchen anfangen? Ängstlich ziehe ich den Schlafsack von der Matte. Selbst wenn der Biss dieser Spinne nicht giftig sein sollte, kann er zu üblen Entzündungen führen. Ich suche das Tier überall, kann es im Halbdunkel jedoch nirgends entdecken. Verstecke bieten sich für eine Spinne genug zwischen meiner Ausrüstung und meinen Kleidungsstücken. Ebenso gut kann sie in einen der Aufbewahrungsbehälter geschlüpft sein, die überall herumliegen. Aus Angst, sie aufzuscheuchen oder mit einem Körperteil zu erdrücken, wage ich kaum, mich zu bewegen. Ich lüfte behutsam jeden Gegenstand und stelle ihn beiseite. Die Zeit verstreicht, ich verbrauche reichlich Taschenlampenbatterie, doch die Spinne bleibt verschwunden. Ich weiß sehr wohl, dass ich erst wieder schlafen kann, wenn ich sie gefunden habe, und drohe allmählich in Panik zu geraten. Plötzlich nehme ich aus den Augenwinkeln eine Bewegung an einem meiner Schuhe wahr. Mit angehaltenem Atem und wie in Zeitlupe mache ich Anstalten, den Schuh hochzuheben, und weiß, dass einige Spinnenarten ihre Gegner anspringen, wenn sie sich angegriffen fühlen. Aber dann habe ich sie – bewegungslos verharrt das Krabbeltier zwischen Schuh und Zeltwand. Trotz meiner Tierliebe sehe ich keinen anderen Ausweg, als sie zu töten. Dennoch wäre es mir lieber gewesen, sie hätte freiwillig das Weite gesucht.

Mittlerweile habe ich mich an die Bedingungen der Simpsonwüste und den täglichen Marschrhythmus gewöhnt. Ich merke das daran, dass mein Laufstil lockerer geworden ist und ich die Belastungen immer besser verkrafte. Endlich bin ich in der Lage, diese Wüste zu genießen. Monoton und gleichförmig erscheint sie mir ja schon längst nicht mehr. Bei genauerem Hinsehen tun sich dem aufmerksamen Betrachter Dinge auf, die sich nicht auf den ersten Blick erschließen. Wüsten sind geheimnisvolle Orte. Wer sich die Mühe macht, sie genauer zu ergründen, wird belohnt. Das niedrige Buschwerk wechselt sich jetzt immer häufiger mit knorrigen, bizarr gewachsenen Bäumen ab, die sich an manchen Stellen sogar zu einer Art Wäldchen verdichten, in denen die meisten Exemplare jedoch verdorrt sind. Angelockt von einer ungewöhnlich aussehenden Pflanze, nähere ich mich einer dieser Baumgruppen und bleibe fasziniert stehen. Das Bäumchen ist über und über von winzigen weißen Blüten bedeckt. Ich werfe einen Blick auf die Uhr. Der Zeitpunkt für meine planmäßige Rast ist fast erreicht, und ich beschließe, diese Neuentdeckung ausgiebig zu genießen. Ausgestreckt unter seinem weißen Blütendach, spüre ich wieder einmal, dass es eigentlich nur einer Kleinigkeit wie dieses Bäumchens bedarf, um sich der Schönheit des Lebens und der Natur bewusst zu werden. Während mich die üblichen Fliegenschwärme umschwirren, warte ich, dass sich die Hitze legt. Ich lasse den Blick über die Blütenzweige schweifen und kann mir in diesem Augenblick nichts Schöneres vorstellen.

Als ich den Kamm einer Düne erreiche, schaue ich auf und kann kaum meinen Augen trauen! Ich bleibe wie angewurzelt stehen: Beinahe wäre ich mit einem Dromedar zusammengestoßen. Es hat die Düne von der entgegengesetzten Seite her bestiegen und ist das größte Dromedar, das ich je gesehen habe. Die Begegnung hat uns beide gleichermaßen überrascht, denn bisher hatte der solide Sandwall den Blick auf die jeweils andere Seite versperrt. Alles spielt sich ab wie in einem Zeichentrickfilm: Im ersten Moment starren wir uns nur bewegungslos an, dann reagiert das Tier zuerst, scheut und galoppiert seitwärts entlang des Dünengrats mit der für ihn typischen schaukelnden Gangart davon. Das gibt mir Gelegenheit, es genau zu beobachten. Offenbar handelt es sich um eines der Dromedare, die in der Simpsonwüste und im restlichen Zentralaustralien ausgewildert sind. Es ähnelt seinen Artgenossen von der Ténéré, hat jedoch ein goldbraunes Fell und ist höher und massiger. Der große, pralle Fetthöcker, sein Nahrungsvorrat, zeigt, dass es wohlgenährt und gesund ist. Wäre es zu einem Zusammenstoß gekommen, hätte ich sicher den Kürzeren gezogen. Aber wer erwartet schon, auf einer Düne plötzlich einem Dromedar gegenüberzustehen? Und wer würde einem wohl glauben, dass man – mitten in der Einsamkeit der Wüste – einen Frontalzusammenstoß hatte, noch dazu mit einem Dromedar? Ich finde diese Vorstellung so komisch, dass mir vor Lachen die Tränen kommen.

Und dann folgt die nächste Überraschung. Ein Rauschen und Lärmen erfüllt die Luft und kündigt einen Schwarm der hier heimischen Rosakakadus oder Galahs bereits von Weitem an. Ihr Gefieder ist silbergrau und rosarot. Der ganze Schwarm lässt sich unter einem fast kahlen Baum nur wenige Meter von mir entfernt nieder und beginnt unter lautem Geschrei und Getöse zu picken. Ich bleibe einige Minuten lang bewegungslos stehen, mache dann vorsichtig einige Schritte auf die Vögel zu, um sie aus der Nähe betrachten zu können. Während ich mich lautlos anschleiche, picken die Vögel ungeniert weiter, lassen sich durch meine Gegenwart nicht stören, obwohl sie gelegentlich den Kopf heben und meine Bewegungen aufmerksam verfolgen. Als ich ganz offensichtlich eine unsichtbare

Grenze überschreite, ziehen sie sich ohne jede Hektik und ohne ihre Mahlzeit zu unterbrechen wieder ein Stück vor mir zurück. Diese Kakadus sind ungefähr taubengroß. Das Deckgefieder erscheint in unterschiedlichen Grauschattierungen. Backenpartien und Kehle dagegen sind von einem leuchtenden Rosarot, das an der Brust fast zu Weiß verblasst. Ich zähle ungefähr 30 Vögel, die hungrig unter dem Baum nach Nahrung suchen. Als sie schließlich satt sind, schwirren sie laut lärmend und flatternd auf und davon. Ihr heiseres Geschrei ist noch lange zu hören. Als sie verschwunden sind, sehe ich neugierig nach, was sie unter dem Baum gefressen haben, und entdecke im Sand kleine Samenkörner, die wie Nüsschen aussehen. Sie sind hart, von einem hellen Kastanienbraun und erinnern mich an Samen, die ich aus der Kalahari kenne. Im ersten Moment bin ich versucht, sie zu probieren, doch dann lasse ich es lieber. Ohne Kase, meinen Buschmann und Begleiter von damals, der mir in der Kalahari gezeigt hat, was essbar ist, ziehe ich es vor, kein Risiko einzugehen, und widerstehe der Versuchung, eine neue Geschmacksrichtung zu entdecken.

Eine schwierige Prüfung

Allmählich nähere ich mich dem Bereich der Salzseen. Im Inneren der Simpsonwüste verbergen sich ausgedehnte relativ feuchte Ebenen mit hoher Salzkonzentration. In jeder Wüste gibt es Salze, und die Simpsonwüste bildet hier keine Ausnahme. Nur sind diese Salzpfannen ausgesprochen gefährlich. Ähnlich den Pans der Kalahari heben sie sich wegen der hellgrauen Farbe schon aus großer Entfernung deutlich von den Flächen aus rostrotem Sand ab, die ansonsten die Landschaft dominieren. Sie wirken fast wie Seen und haben sogar deutlich sichtbare Uferzonen. Die raue Oberfläche ist ebenso tückisch wie die Salzflächen afrikanischer Wüsten. Im Zentrum dieser Pfannen vermischen sich Salz und Sand zu einem gefährlichen Schlamm, der alles und jeden verschlingt, der dort hineingerät. Die erste Salzfläche, auf die ich treffe, hat einen Durchmesser von lediglich 30 bis 40 Metern, ist jedoch deshalb nicht weniger gefährlich. Die heftigen Regenfälle der vergangenen Tage haben die Oberfläche noch weiter aufgeweicht und machen die Überquerung zum Risiko. Ich überlege, ob es nicht ratsam ist, einen Umweg in Kauf zu nehmen. Allerdings liegt die Salzpfanne in schwierigem, von dichtem Dornengestrüpp bewachsenem Terrain, in dem sich Risse und Spalten verbergen, die mich zu noch größeren Umwegen zwingen würden. Bevor ich, wie in den nächsten Tagen erwartet, auf die großen Salzseen treffe, ist es sicher nicht falsch, sich rechtzeitig mit diesen Bedingungen vertraut zu machen. Also wage ich die Überquerung. Vorsichtig setze ich einen Fuß vor den anderen und prüfe das Gelände vor mir mit den Stöcken, um festzustellen, ob die Oberfläche trägt. Sie ist glatt und schlüpfrig, der Untergrund jedoch erweist sich als verhältnismäßig fest und kompakt. Die Salzkruste scheint mein Gewicht zu tragen. Offenbar ist die Salzdecke vom Regen nur oberflächlich aufgeweicht, so dass ich ohne große Anstrengung vorwärtskomme. Ich bin jedoch stets auf der Hut und versuche mit dem Rucksack auf dem Rücken nicht auszurutschen. Endlich ist das andere Ufer sicher erreicht. Allerdings sind meine Schuhe so dick mit Salzschlamm bedeckt, dass sie wie schwere Salzklumpen an meinen Füßen hängen. Sie werden nun samt den verschlammten Stöcken einer umständlich erscheinenden Reinigungsprozedur unterzogen. Den Rest, so denke ich, wird der Sand erledigen. Es war immerhin ein erster Vorgeschmack auf das, was mich noch erwartet. Erleichtert fühle ich wieder weichen, aber sicheren Untergrund unter den Sohlen. Es ist weniger anstrengend, bei jedem Schritt in Sand einzusinken, als mit dem tückischen, rutschigen, Salzschlamm zu kämpfen. Die Erleichterung, die ich empfinde, ist allerdings nur von kurzer Dauer. Schon von Weitem erkenne ich die Umrisse der nächsten Salzpfanne, die sich zwischen den flachen Dünen abzeichnet. Sie sieht größer aus als die erste Salzfläche, und vom Ufer aus entdecke ich in ihrer Mitte eine ausgedehnte wässrige Lache, die mich ziemlich nervös werden lässt. Schon aus der Entfernung versuche ich weitere Gefahrenstellen auszumachen, während ich mit der Überquerung beginne. In diesem Moment jedoch zieht der Himmel zu, das Licht wird schlagartig milchig grau und diffus, und die Konturen verwischen sich. Bei diesen Sichtverhältnissen komme ich auf der Salzfläche nur sehr langsam voran, taste mich Schritt für Schritt mit den Stöcken weiter. Dann ist es geschafft. Ich gönne mir eine Pause, auch um den klebrigen Salzschlamm an Hose und Schuhen zu entfernen. Dazu setze mich aufs Trockene und benutze den Sand als Scheuermittel. In wenigen Minuten ist alles blitzsauber. Der ganze Tag ist angefüllt mit Prüfungen dieser Art, und irgendwann höre ich auf, die mal kleineren, mal größeren – alle jedoch von unwegsamem Dornengestrüpp umgebenen – Salzflächen zu zählen, die ich überquert habe. Obwohl ich die übliche Mittagspause bereits auf eine Stunde beschränkt habe, komme ich dadurch wesentlich langsamer vorwärts. Nur auf den trockenen Passagen hole ich wieder auf. Und natürlich treibt mich der Gedanke an die Konkurrentin vorwärts.

Schließlich erreiche ich eine Baumgruppe und entdecke durch die knorrigen Äste mit einem Mal den See. Auf der Karte ist er als blassblauer Fleck eingezeichnet, der erst jetzt, als ich ihm gegenüberstehe, seine wahren Dimensionen preisgibt. Vor mir liegt der große Salzsee als eine sich endlos ausbreitende bleigraue Masse, die sich am Horizont übergangslos in einen Himmel von identisch monotoner Farbe aufzulösen scheint. Der Anblick löst bei mir großes Unbehagen aus. Und doch kann man sich der Wirkung dieses

Naturphänomens mitten in der trockensten Wüste Australiens nicht entziehen. Es ist erst kurz vor fünf Uhr nachmittags, aber der bleigraue Himmel erzeugt bereits Dämmerstimmung. Im Schutz einer größeren Baumgruppe schlage ich mein Lager auf und bin sofort von einem Schwarm Fliegen umgeben. Die Insekten sind noch aggressiver und zahlreicher als sonst. Vielleicht ist das Wetter daran schuld. Jedenfalls ist an eine idyllische Abendmahlzeit vor dem Zelt mit Aussicht auf den See nicht zu denken. Bevor ich das Zelt verschließe, zeigen sich gerade noch vier wunderschöne weiße Kakadus, die offensichtlich ganz in meiner Nähe auf der Suche nach Futter fündig geworden sind. Es dauert nicht lange, und die Fliegenschwärme haben sich so zahlreich außen an den Zeltwänden festgesetzt, dass es drinnen aussieht, als habe sich der Himmel verfinstert. Erbost schlage ich mit der Hand von innen gegen den Stoff, aber das hat keinen lang andauernden Effekt: Die lästigen Insekten steigen zwar in einer spiralförmigen Wolke auf, aber nur um sich gleich wieder auf dem durchscheinenden Zeltgewebe niederzulassen. Zum zweiten Mal bin ich gezwungen, den Campingkocher für die Abendbrühe im Zelt anzuzünden. Erst als ich den Kocher wieder ausschalte, kann ich mich entspannen. Während ich die heiße Brühe schlürfe, betrachte ich bedauernd das einzige Panorama, das sich mir noch bietet: ein Zelthimmel, schwarz und düster vor Fliegen.

Durch das Moskitonetz der Belüftungsöffnungen im Zeltdach sehe ich schwarze Wolken am Himmel aufziehen, und ein heftiger Wind kommt auf, der in Böen bereits das Zelt erfasst. Offenbar ist ein neues Unwetter im Anzug, und die Aussicht, am nächsten Tag den Salzsee überqueren zu müssen, macht mir Sorgen. Die Zeit, während ich auf die tägliche Satellitenverbindung mit dem Team warte, nutze ich zur Körperpflege und -kontrolle. Die der Sonne und dem Wind ausgesetzten Hautpartien an Unterarmen und Beinen brennen und haben die Farbe von gegerbtem Leder angenommen. Zur Linderung gebe ich eine recht fetthaltige Salbe darüber, die ich sonst für die Fußpflege benutze. Sofort nimmt das Spannungsgefühl ab, und ich spüre augenblicklich eine Besserung.

Es regnet wieder

Kaum ist es dunkel geworden, setzt der Regen ein. Die dicken Wolkenberge, die der Wind über dem See zusammengetrieben hatte, setzen nun ihre Wassermassen frei. Blitze zucken aus dem Himmel nieder, einige schlagen, angezogen vom nassen Salzfilm, der sich an der Oberfläche gebildet hat, in den See ein, und durch ihren unheimlichen bläulichen Schein wird es in der nächtlichen Wüste taghell, bevor ohrenbetäubende Donnerschläge mich immer wieder zusammenfahren lassen. Um meine Furcht unter Kontrolle zu kriegen, stelle ich mir vor, es sei ein Feuerwerk, aber viel nützt es nicht. Das Wissen, allein in einem Zelt in der Wüste zu sein, von der Außenwelt abgeschnitten, in einem Unwetter am Ufer eines Salzsees, zu allem Übel auch noch umgeben von halb vertrockneten Bäumen, ist ein Nervenkitzel, auf den ich gern verzichte. Die Belastungen, denen ich bisher ausgesetzt war, haben meine physische und psychische Widerstandskraft doch mehr geschwächt, als ich noch vor Kurzem angenommen hatte. Eine mehrtägige Rast wäre aus meiner Sicht jetzt wünschenswert, aber die Entscheidung darüber diktiert einmal mehr die Wüste. Wie schon beim ersten Unwetter verpacke ich das empfindliche Material in Plastiktüten, während das Wasser allmählich durch den Reißverschluss tropft. Ich lege erneut das kleine Handtuch darunter, das ich regelmäßig in meinen Kochtopf auswringe, während ich dafür zu sorgen versuche, dass im Zelt so viel wie möglich trocken bleibt. Die aluminiumbeschichtete Plane hat sich schon bei der ersten Gelegenheit als Regenbremse bewährt, und ich kann nur hoffen, dass sie auch diese Nacht dicht hält. Die Stunden vergehen langsam im Zelt. Der Wind zerrt mit Macht daran, und Blitze erleuchten es immer wieder taghell. Ich schließe die Augen, halte mir gegen den Lärm die Ohren zu und warte. Irgendwann lässt das Unwetter nach. Zurück bleibt ein heftiger, nicht enden wollender Dauerregen. In sitzender Kauerhaltung, den Rücken gegen den Rucksack gelehnt, falle ich immer wieder in einen Minutenschlaf. Dabei versuche ich zu vermeiden, dass der Schlafsack, in den ich eingewickelt bin, bei unbedachten Bewegungen mit dem nassen Zeltboden in Berührung kommt und sich voll Wasser saugt, was leider nicht ganz gelingt. Gelegentlich zünde ich den Campingkocher an, nur um die hohe Luftfeuchtigkeit im Inneren des Zeltes zu mindern. Die Wirkung ist gering. Eigentlich sind es nur das Licht und das bisschen Wärme der kleinen Flamme, die mir helfen, die langen Stunden bis Tagesanbruch zu überstehen.

Irgendwann wird der Harndrang so stark, dass ich vor der Entscheidung stehe, entweder ins Freie zu gehen und die restliche Nacht in klatschnasser Kleidung zu verbringen oder eine andere Möglichkeit zu finden. Blitz und Donner hallen nur noch von fern, doch es gießt weiter in Strömen. Ich zweckentfremde kurz entschlossen meinen kleinen Kochtopf als Nachttopf und spüle ihn anschließend mit Regenwasser aus. Zumindest die Fliegen hat der Regen vertrieben. Ich bin todmüde. Sogar die Kraft, laut Selbstgespräche zu führen, fehlt mir. Ich knipse kurz die Taschenlampe an und sehe mich im Zelt um. Die grazile Zeltkonstruktion hat auch diesmal dem Unwetter standgehalten. Nur Regen und Kondenswasser bleiben weiterhin ein Problem. Es entbehrt nicht einer gewissen Komik, ausgerechnet in einer der niederschlagsärmsten Wüsten der Welt mit derartigen Unwettern konfrontiert zu werden. Natürlich habe ich Situationen wie diese schon häufig auf meinen zahlreichen privaten Reisen oder den Expeditionen für unsere

Dokumentarfilme erlebt und habe viele Nächte in durchnässten Zelten verbracht. Dennoch ist es ein Unterschied, ob man die Nacht in einem Biwak am Amazonas, auf Borneo oder in Papua-Neuguinea verbringt, wo tropische Regenfälle alltäglich sind und quasi zur Reise gehören, oder ob man sich allein mitten in der Simpsonwüste befindet.

Fließsande

Ein heller werdendes stumpfgraues Licht verleiht den schwarzen Schatten der Dunkelheit allmählich wieder Formen. Es ist die Ouvertüre zu einem farblosen Sonnenaufgang bei anhaltendem, tristem Nieselregen. Ich habe fast den Eindruck, mitten im November in einem Zeltlager in der Po-Ebene zu verbringen. Ich trete vors Zelt, und alles um mich herum ist aschgrau. Himmel und Erde bilden eine ineinanderfließende, einheitlich konturlose Fläche, und selbst der See, noch düsterer und bedrohlicher als am Vortag, scheint sich nahtlos in das monochrome Landschaftsgemälde einzufügen. Ich ziehe mich sofort wieder ins Zelt zurück und warte darauf, dass der Regen aufhört. Bei Regen ist eine Überquerung des Sees nicht möglich. Ich würde meine gesamte Ausrüstung aufs Spiel setzen. Die Batterie des Telefons ist fast leer. Es ist sieben Uhr morgens, als ich beschließe, das Team anzurufen, um meine Gefährten zu beruhigen. Sie sollen wenigstens wissen, dass trotz der schrecklichen Nacht alles in Ordnung ist. Als hätte Oscar schon auf meinen Anruf gewartet, meldet er sich bereits nach dem ersten Klingelton. Er klingt aufgeregter denn je, wiederholt mehrfach dieselben Sätze, bis er sich etwas beruhigt und erzählt, dass es im Lager eine Menge Probleme gibt. Die Zelte, einschließlich des Esszelts, hatten dem Unwetter nicht standgehalten und waren voll Wasser gelaufen. Am liebsten hätte ich ihm entgegnet, er solle mich mit seinen Problemen in Frieden lassen, ich hätte genug eigene, doch dann halte ich den Mund. Als Oscar weiterjammert, werde ich ärgerlich und beende das Gespräch lieber unter dem Vorwand, die Batterie des Telefons sei bald leer, um nicht die Beherrschung zu verlieren. Wir verabreden noch kurz, dass die Männer ihr Telefon betriebsbereit lassen. Und ich verspreche, mich zu melden, sobald die Batterie wieder aufgeladen ist. Deprimiert packe ich das Telefon samt Futteral in die Plastiktüte. Nach einer schlaflosen Nacht und kurz vor der Überquerung des großen Salzsees macht sich bei mir eine gewisse psychische Erschöpfung bemerkbar. Um mich abzulenken und die Zeit zu vertreiben, greife ich nach meinem Buch. Gegen halb elf Uhr schließlich hört der Regen auf. Eilig baue ich das Lager ab und packe alles so ein, wie es ist. Natürlich kommt mir dabei meine Konkurrentin in den Sinn, und ich frage mich, ob auch sie eine durchnässte Nacht verbracht hat und jetzt bereits wieder unterwegs ist. Ich gehe die ersten Schritte in Richtung Salzsee. Das Gewicht des Rucksacks scheint sich durch die nassen Sachen, an denen auch noch der Sand klebt, verdoppelt zu haben. Am Ufer bleibe ich stehen und schaue über die beängstigend weite Fläche aus grauem Matsch. Der Dauerregen hat sie in eine heimtückische Falle verwandelt. Nur einen Tag früher hätte ich einen verhältnismäßig festen Untergrund vorgefunden, so wie ich ihn bereits von den anderen Salzflächen her kannte. Jetzt herrschen gefährlichere Bedingungen. Eine Alternative zur Überquerung existiert nicht. Und am Ufer abzuwarten, bis sich die Verhältnisse gebessert haben, steht außer Frage, denn dadurch könnte ich gut eine Woche verlieren. So lange, schätze ich, dauert es, bis die Salzfläche einigermaßen abgetrocknet ist. Natürlich immer vorausgesetzt, es regnet nicht erneut. Darauf kann und will ich mich nicht einlassen. Dazu reichen meine Vorräte nicht. Den See zu umgehen, ist ebenfalls unmöglich. Er ist zu groß – das andere Ufer ist nicht einmal zu sehen. Es bleibt mir also nichts anderes übrig, als die Überquerung zu wagen. Auf der Karte hatte ich ausgemessen, dass der See an seiner schmalsten Stelle ungefähr eineinhalb Kilometer breit ist. Wie lange ich für diese Strecke brauchen würde, ist nicht abzuschätzen. Ohne den Rucksack abzusetzen, treffe ich ein paar Vorsichtsmaßnahmen und schnüre erst einmal beide Schuhe besonders fest zu. Obwohl die Temperaturen etwas abgekühlt sind, trage ich die kurze Hose, da sie auf dem unbekannten Gelände mehr Bewegungsfreiheit gewährt. Auf diese Weise kann sich auch die wässrige, sehr hinderliche Salzpaste nicht an den Hosenbeinen festsetzen. Dann stelle ich die Tragegurte des Rucksacks so ein, dass dieser fest am Körper anliegt, und nach einem letzten prüfenden Blick auf die Stöcke mache ich mich auf den Weg. Schon nach etlichen Metern muss ich erkennen, dass es keinen Sinn hat, nach einer trittsicheren Route zu suchen. Der Salzmorast ist überall. Senken und kleine Vertiefungen, in denen sich naturgemäß das meiste Wasser sammelt, sind im Einheitsgrau der Fläche fast nicht auszumachen. Meine Füße sind jedenfalls schnell bis zu den Knöcheln eingesunken, und das ist ein schreckliches Gefühl. Der weiche Salzsumpf ist zäh wie Leim und behindert jeden Schritt. Ich stoße die Stöcke bei jedem Schritt kraftvoll in den Untergrund, um meine Füße aus der schleimigen Masse zu befreien. So kämpfe ich mich mühsam über den See, ohne auch nur ein einziges Mal anzuhalten. Es ist ein zäher, kraftraubender Marsch. Die Angst, zu stürzen und mich aus eigener Kraft nicht mehr aufrichten zu können, ist mein ständiger Begleiter. Meine Schuhe sind bald bleischwer und salzverkrustet, und wiederholt schwappt die wässrige Salzmasse über den Schuhrand und in den Strumpf. Ich habe den Eindruck, auf der Stelle zu treten, fühle, wie mir das schweißnasse Hemd unter dem Rucksack am Rücken klebt, während der Salzschlamm bei jedem Stockeinsatz gegen meine nackten Beine spritzt. Wie in Trance höre ich auf das schmatzende Geräusch meiner Schritte in der Totenstille der Landschaft. Ab und zu versuche ich, das gegenüberliegende Ufer erkennen, aber es scheint unerreichbar zu sein und in gleichbleibendem Abstand vor mir zu liegen.

Ich schalte jeden Gedanken aus, ignoriere das drückende Gewicht des Rucksacks und den zähen Schlamm und gehe unbeirrt meinen Weg. Die Anstrengung bringt mich fast um. Ich benötige für die eineinhalb Kilometer beinahe zwei Stunden. Als ich endlich das andere Ufer erreiche, sinke ich mitsamt dem Rucksack schwer atmend in den Sand und bleibe erst einmal liegen. Als ich mich wieder aufrichte, sehe ich, dass meine Beine von den Knien an abwärts mit weißem Schlamm bedeckt sind. Ich komme mir vor wie ein Huhn in Salzkruste, fühle mich elend, erschöpft und verdreckt und bin auf dem absoluten Tiefpunkt angelangt. Um mich abzulenken, denke ich an die Heimkehr nach Italien und nehme mir vor, eine Weile nur noch Kleider und Schuhe mit hohen Absätzen zu tragen. Dass ich das nicht lange durchhalten werde, ist klar, doch allein die Vorstellung, irgendwann wieder wie eine normale Frau auszusehen, tröstet mich über meinen bedauernswerten Zustand hinweg.

Eine seltsame Begegnung

Die ersten bleichen Sonnenstrahlen des Tages dringen durch eine Lücke in der Wolkendecke. Währenddessen versuche ich, mich notdürftig vom Salz zu befreien, und bin fest entschlossen, die verlorene Zeit aufzuholen. Ich schlage daher von jetzt an ein schnelleres Tempo an, verkürze die Rastzeiten und gönne mir nicht einmal die übliche heiße Brühe zwischendurch. Leider bleibt damit auch keine Zeit, die Sachen zu trocknen, die in der Regennacht nass geworden sind. Aber mittlerweile habe ich viel Zeit verloren, und das macht mich nervös. Ich möchte die Region der Salzseen so schnell wie möglich hinter mir lassen. Um die Route einzuhalten, muss ich jedoch dem Ufer des großen Salzsees noch etliche Stunden folgen. Als ich endlich mein Lager aufschlage, ist es bereits sechs Uhr abends. Erneut steht mir eine Nacht in nassen Sachen bevor. Das Zelt scheint aus allen Poren Feuchtigkeit auszuschwitzen, und die hohe Luftfeuchtigkeit hat lediglich den Vorteil, dass mein Wasserkonsum weiter abnimmt. Ich tröste mich mit der Aussicht, am folgenden Tag wieder die Sandwüste zu erreichen, in der ich mich dann bis zum Ende der Expedition bewegen werde. Das Wetter hat sich inzwischen gebessert, und über den Dünen geht ein strahlender Vollmond auf, der die Nacht hell erleuchtet. Sogar im Zelt sieht es aus, als beleuchte ein großer gelber Lampion mein Lager. Die ungewöhnliche Helligkeit lässt mich nicht einschlafen. Dabei geht mir alles Mögliche durch den Kopf. Ich lasse die vergangenen Tage Revue passieren, denke an die schweren Herausforderungen und das Glück, das mir die Wüste beschert hat. Gegen jede Vorhersage und dank des Regens sind die Temperaturen im Vergleich zum Jahresdurchschnitt nicht gestiegen, sondern eher gesunken, so dass ich trotz aller Schwierigkeiten einen guten Laufrhythmus einhalten kann. Ich versuche mir vorzustellen, was geschehen wäre, hätte die extreme Hitze vom Beginn des Unternehmens bis zum Ende geherrscht. Hätte sich das jahreszeitliche Klima wie erwartet entwickelt, wäre ich vielleicht trotz der Wasserdepots noch nicht so weit gekommen.

Allein dieser Gedanke gibt mir neue Kraft, und ich vergesse die Belastungen der Überquerung des Salzsees schnell. Zurück bleibt die Erinnerung an ein Erfolgserlebnis, das mich belebt und meine psychischen und physischen Ressourcen, die völlig erschöpft waren, gleichsam wie durch ein Wunder wieder auffüllt. Frisch und ausgeruht wache ich am nächsten Morgen um halb fünf Uhr auf, bereit, mich umgehend auf den Weg zu machen. Nach den üblichen

Vorbereitungen marschiere ich auf die erste Dünenkette zu und dokumentiere die an diesem Tag zurückgelegte Wegstecke und die dafür benötigte Zeit genau. Als ich nach der ersten Stunde die übliche Rast einlege und auf das Display meines GPS-Geräts schaue, wundere ich mich sehr. Ich habe in dieser Stunde über fünf Kilometer zurückgelegt. Angespornt durch das ermutigende Ergebnis, gelingt es mir, dieses Marschtempo auch in der folgenden Stunde zu halten. Als die Hitze zunimmt, komme ich langsamer vorwärts und schaffe ein Stundenpensum von vier Kilometern. Auch das ist unter diesen Umständen immer noch eine sehr gute Leistung. Zur Belohnung schlage ich an diesem Abend früher mein Lager auf, trockne die feuchten Sachen und nehme mir vor, endlich einen Sonnenuntergang zu genießen – so die Fliegen es zulassen. Ich bin gerade im Zelt und kontrolliere meine Ausrüstung, als mich ein ungewöhnliches Geräusch aufschreckt. Ich horche mit angehaltenem Atem. Da ist es wieder! Es hört sich an wie Schritte. Es sind laute und keineswegs menschlich anmutende Schritte, und sie klingen eher wie ein Stampfen. Ich robbe so lautlos wie möglich zum Zelteingang. Mein Herz schlägt zum Zerspringen. Ich kann das Geräusch einfach nicht einordnen. Hin und her gerissen zwischen Angst und Neugier, beuge ich mich vorsichtig aus der Zeltöffnung. Nichts! Ich sehe nichts! Plötzlich ist alles unheimlich still. Ich lehne mich weiter ins Freie, um einen besseren Überblick zu gewinnen. Aber das nützt nichts. Ich bin zu tief. Schließlich fasse ich Mut und richte mich langsam auf. Mein Blick schweift nach links, und ich halte den Atem an. Nur wenige Meter von mir entfernt umkreist eine Art Straußenvogel heftig mit den Flügeln schlagend mein Zelt. Ob er mich bereits entdeckt hat oder mich bewusst ignoriert, lässt er sich nicht anmerken, denn er setzt seinen seltsamen Tanz scheinbar unbeeindruckt fort. In immer gleichem Abstand von meinem Lager gebärdet er sich mit ausgebreiteten Flügeln, als würde er mal einen unsichtbaren Feind angreifen, um dann abrupt wieder vor diesem zurückzuweichen. Es handelt sich um einen Emu, den für den australischen Kontinent typischen flugunfähigen Laufvogel. Wie gern hätte ich jetzt nach meinem Fotoapparat gegriffen, doch der liegt hinter mir im Zelt, und ich wage nicht, mich zu bewegen. Ich fürchte sonst, ihn zu verscheuchen und mich um dieses seltene Spektakel zu bringen. Plötzlich ändert der Emu seine Choreografie und wendet sich mir zu. Jetzt blickt er genau in meine Richtung, und ich bekomme einen heftigen Schreck. Mit seinem kräftigen Schnabel und den scharfen Krallen seiner Zehen ist er ausgesprochen wehrhaft. Ich wage mir nicht auszudenken, was passieren könnte, wenn er mich angreifen würde, denn ich wäre ihm völlig ausgeliefert. Ich befolge die übliche Regel, verharre bewegungslos vor dem Zelt und lasse ihn nicht aus den Augen. Er kommt mir schließlich so nahe, dass ich ihn mit ausgestreckter Hand berühren könnte, bevor er geräuschvoll mit den Flügeln schlägt, um seine abrupte Richtungsänderung auszubalancieren, und einige Meter in die entgegengesetzte Richtung läuft. Dann bleibt er erneut abrupt stehen. Ich zucke nicht einmal mit der Wimper. Allmählich beruhige ich mich und versuche, mir die Aufführung in allen Einzelheiten einzuprägen, während sich der stattliche Vogel noch immer tänzelnd bewegt. Seine Erregung scheint sich zu legen, seine Bewegungen werden ruhiger und setzen sich nur noch in sanften Wellen in seinem in mehreren Graustufen gefärbten flauschigen Gefieder fort. Bei den vielen Kehrtwendungen, die er vollführt, richtet er das Gefieder jedes Mal in Fächerform auf, und im Gegenlicht bilden die Sonnenstrahlen eine Art silbernen Glorienschein um seine sich deutlich abzeichnende Silhouette. Sein Bewegungsmuster ist wie ein Ballett, begleitet vom trommelnden, dumpfen Rhythmus seiner kräftigen Zehen im Sand, ein Geräusch, das gelegentlich wie gedämpfter Applaus klingt. Ich habe jedes Zeitgefühl verloren, als der Vogel plötzlich eine letzte Kehrtwende vollführt und den Dünenkamm hinaufstürmt, der nur wenige Meter hinter dem Lager aufragt. Unter seinen Tritten wirbeln zarte Sandwolken auf, die noch den Zauber des sich im Gegenlicht der letzten Sonnenstrahlen entfernenden Laufvogels verstärken, bevor dieser schließlich in die Flut silbrigen Lichtes hinter dem Kamm eintaucht und verschwindet.

Ich bleibe noch lange bewegungslos vor dem Zelt stehen und starre zum Dünenkamm hinauf und hoffe, dass er sich noch einmal blicken lässt. Aber offenbar ist er längst über alle Berge. Als ich aus meiner Starre erwache, schmerzen meine Muskeln von der ungewohnten Haltung. Es wird kühler, und meine lästigen Begleiter, die Fliegen, bringen sich wieder in Erinnerung. Ich bin noch immer so gefangen vom Tanz des Emus, dass ich den Blick kaum von der Stelle wenden kann, wo das Tier verschwunden ist. Die seltsamen Fährten im Sand beweisen, dass das Schauspiel kein Traum, sondern Wirklichkeit gewesen ist. Ich sinke auf die Knie, lache vor Glück und rufe der Wüste zu: »Danke! Das werde ich nie vergessen!«

Wie viele Tage sind vergangen?

Die Sorge, von der französischen Wüstenwanderin eingeholt zu werden, hat das australische Abenteuer getrübt. Aber das enorme, selbst auferlegte Tagespensum lässt es kaum zu, mich den starken Emotionen, die eine solche Wüstendurchquerung mit sich bringt, allzu sehr hinzugeben. Dafür habe ich wiederum die Möglichkeit, meine Fitness zu testen. Meine Energiereserven, das hat diese Expedition gezeigt, lassen sich erstaunlich schnell wieder mobilisieren und ermöglichen es mir fast regelmäßig, längere Strecken als geplant zurückzulegen. Was gestern noch unmöglich schien, ist für mich nun zur täglichen Routine geworden. Mein Ziel, durchschnittlich 25 Kilometer pro Tag zu laufen, erreiche ich mittlerweile problemlos.

Dennoch weiß ich natürlich, dass der Erfolg erst mit meiner Ankunft gesichert ist. Die Tatsache, dass ich mich gut regeneriere, macht mich allerdings zuversichtlich. Meine ungebremste Energie treibt mich voran und hilft mir, all die realen und eingebildeten Hindernisse zu überwinden, die sich mir immer wieder in den Weg stellen.

Das Team liefert seit einiger Zeit keine Nachrichten von substanziellem Wert über die französische Wüstenwanderin. Diese Ungewissheit verstärkt weniger meine Befürchtung, sondern vielmehr meine Hoffnung – ja sie beflügelt sie sogar. Nur ein paar Dutzend Kilometer trennen mich mittlerweile vom Ziel, und ich bereite mich gefühlsmäßig bereits auf den schwierigen Moment vor, in dem ich von der Wüste Abschied nehmen muss. Ein Abschied, der dieses Mal endgültig ist. Das Unternehmen »Simpson Desert« ist meine letzte Durchquerung. Häufig habe ich mir ausgemalt, wie ich mit dieser Tatsache umgehen werde, und habe mich gleichzeitig stets vor diesem Moment gefürchtet. Jetzt, da er näher rückt, ist alles ganz anders. Ich bin trotz des Bedauerns und der Melancholie, die ich empfinde, ruhig und beherrscht. Gefühle wie diese gehören einfach dazu, stehen nicht im Gegensatz zum Erlebten, sondern sind ein notwendiger Teil des Ganzen. Also akzeptiere ich sie mit entsprechender Gelassenheit. Mit diesem Abschied schließt sich der Kreis.

Schritt um Schritt nähere ich mich nun der Vollendung des Wüstenzyklus und nehme im Stillen Abschied von all den Reisebegleitern, die mir auf meiner Route begegnet sind: von den Tieren, die den eintönigen und mühevollen Weg für mich abwechslungsreicher und interessanter haben werden lassen. Vom Dingo bis zu den Schlangen, über die Falken bis zum Dromedar, den Eidechsen und dem Emu – sie alle sind mir unvergesslich. Während ich sie vor meinem geistigen Auge noch einmal vorüberziehen lasse, taucht unvermittelt ein Schwarm weißer Kakadus auf und fliegt, wie immer laut lärmend, in geringer Höhe über mich hinweg. Ich nehme das als einen letzten Gruß. Und dann geschieht das Unerwartete. Nur wenige Meter vor mir taucht erneut »mein« Dingo auf. Er hat seine großen Ohren aufgestellt und betrachtet mich aufmerksam. Es ist kein Tag vergangen, an dem ich nicht irgendwo auf seine Spuren im Sand getroffen bin, und so ist auch er heute gekommen, um mir Adieu zu sagen. Zur letzten Mittagspause lasse ich mich an einer ungewöhnlichen Stelle nieder: Am Rand eines ausgetrockneten Wasserlochs entdecke ich einen halbmondförmigen Flecken aus feinstem, fast porzellanweißem Sand, der aussieht wie aus einer Werbung für tropische Strände. Ich strecke die Beine in die Sonne, knabbere meine letzten Trockenfrüchte und trinke das Nahrungskonzentrat mit Orangengeschmack. In diesem Moment habe ich alles, was ich mir wünsche. Ich bin rundum zufrieden. Ein unbeschreibliches Gefühl.

Zum letzten Mal falte ich die Silberfolie zusammen und stecke sie in die Außentasche des Rucksacks. Die gesamte Ausrüstung hat mich nie im Stich gelassen, war mir ein nützlicher und verlässlicher Begleiter. Ich setze meinen Marsch beschwingt fort, während viele Gedanken auf mich einstürmen. Ich denke zurück an all meine Lieben, die Freunde und Mitarbeiter, die in Italien mit mir zusammengearbeitet haben, rufe sie mir einen nach dem anderen namentlich in Erinnerung. Ihnen allen bin ich Dank schuldig. Wie schon bei den früheren Unternehmen gebührt der Erfolg auch diesmal dem gesamten Team. Natürlich habe ich dieses wie all die anderen Abenteuer im Alleingang unternommen, doch ohne die tatkräftige Unterstützung des Teams hätte ich keine Chance gehabt. Und das werde ich nie vergessen. In Gedanken versunken merke ich kaum, dass es Abend wird. Ich baue zum letzten Mal mein Lager auf und bleibe trotz heftigen Windes noch einige Zeit draußen im Freien und halte Zwiesprache mit der Wüste. Viel bleibt nun nicht mehr zu sagen. Bei einer so großen Liebe ist nach zwölf Jahren jedes Wort überflüssig. Mit einem Mal erfasst mich doch noch ein heftiger

Trennungsschmerz, und ich breche in Tränen aus. Diese Gefühlsanwandlung geht jedoch so schnell vorüber, wie sie gekommen ist. Zurück bleibt eine grenzenlose Einsamkeit, in der ich mich nur wenige Minuten lang verliere, die mir allerdings wie eine Ewigkeit vorkommen. Dann ist alles vorbei, aber die Wüste ist noch da. Sie hat mich nicht verlassen. Und in diesem Moment wird mir klar, dass sie immer in mir gegenwärtig sein wird. Ich sammle Sand ein, um ihn mit nach Hause zu nehmen. Er ist ein stummer, aber sicht- und fühlbarer Zeuge meines Abenteuers in der Simpsonwüste, der letzte, der noch in meiner Sammlung fehlt. Dann krieche ich ins Zelt und bereite mich auf die letzte Nacht vor – allein, aber nicht einsam.

Die letzte Etappe

Es ist der 11. Oktober 2003. Dieses Abenteuer wird in Kürze zu Ende sein. Ich bleibe auf dem Kamm einer Düne stehen, um die letzten Bilder in mich aufzunehmen, und grabe eine Vertiefung in den Sand, um dort ein kleines Päckchen zu hinterlassen, das ich in gelben Stoff eingewickelt habe – es ist ein Stück des Fähnchens, das das letzte Wasserdepot gekennzeichnet hat. Das Päckchen enthält einen Zettel und ein Geschenk an die Wüste, einen Gegenstand aus meinem Besitz, der mich auf dieser Reise begleitet hat. Was es ist, bleibt unser kleines Geheimnis. Die traurige Stimmung des Vorabends gehört der Vergangenheit an, und die neuen Erkenntnisse geben mir Gelassenheit. In wenigen Stunden werde ich die imposante große rote Düne, die berühmte Big Red, besteigen, die gleichzeitig das Ende meiner Durchquerung der Simpsonwüste markiert. Ich habe so viel von ihr gehört, dass ich es kaum erwarten kann, ihr endlich gegenüberzustehen. Nach einer weiten, ebenen Fläche, die noch die Spuren des letzten Regengusses trägt, liegt sie endlich hoch und mächtig vor mir. Es ist die größte Düne, die ich hier in

Australien gesehen habe. Und mit ihren weich geschwungenen Konturen und ihrer ungewöhnlichen ziegelroten Farbe ist sie von einzigartiger Schönheit. Auch wenn sie von den Maßen her kaum an die Dünen der Sahara und der Takla Makan heranreicht, geht von ihr eine ganz besondere Faszination aus.

Ich steige den steilen, etwas mehr als 40 Meter hohen Sandwall entschlossen, aber leichten Herzens hinauf. Ich spüre, wie mein Puls rast, aber daran ist nicht die Anstrengung schuld. Es sind die Gefühle, die in Aufruhr sind. Schließlich erreiche ich den Dünenkamm und bereite mich auf den Abstieg vor. Und dann entdecke ich sie. Unten am Fuß der Düne, neben den Fahrzeugen, steht das Lager meines Teams. Gleich davor hat sich eine kleine Menschenmenge versammelt, die mich offenbar erwartet. Ich hole tief Luft und beginne mit dem Abstieg über die Dünenflanke. Plötzlich ertönt von unten ein Schrei. Alle drehen sich gleichzeitig um. Stimmengewirr und Applaus dringt herauf. Und dann ist da Oscar. Er legt die Videokamera aus der Hand und kommt im Laufschritt auf mich zu. Er schließt mich in seine Arme – gefolgt von Daniele und Don. Dann drängen langsam auch alle anderen nach. Es sind die 80 Einwohner von Birdsville, dem Dorf, in dem Don lebt. Birdsville liegt nur wenige Kilometer entfernt und ist die erste menschliche Siedlung am Ende der French Line auf der Ostseite der Simpsonwüste. Die Neugier der Leute mutet seltsam an. Sie, die es gewohnt sind, weitab der Zivilisation am Rande der Wüste zu leben, scheinen überrascht, dass eine Frau allein die Wüste durchquert hat.

Oscar und Daniele bombardieren mich mit Fragen. Mir fällt auf, dass sie müde und erschöpft aussehen. Offenbar hat die Wüste diesmal auch bei ihnen Spuren hinterlassen. Selbst Don wirkt erschöpft, während er mir lachend und schulterklopfend gratuliert. Die drei waren wirklich ein hervorragendes Team. Ihnen gebührt große Anerkennung.

Eine Aborigine-Frau mittleren Alters mit schönen Zügen tritt näher. Sie ist Dons Frau und überreicht mir im Namen der Aborigine-Gemeinde von Birdsville ein Geschenk. Es ist eine Glasflasche, die Schichten sämtlicher Sandarten in unterschiedlichen Farbschattierungen enthält, die in der Simpsonwüste vorkommen. Auf der Flasche klebt ein Etikett mit dem Datum des heutigen Tages, meinem Namen und darunter einem Spruch in einer Sprache, die mir fremd ist. Ich nehme an, es handelt sich um eine Sprache der Aborigines. Don erklärt mir, dass die Worte in seiner Sprache »Spuren im Sand« bedeuten.

Ich wende mich noch einmal der Wüste zu. Mit dem Rucksack auf dem Rücken knie ich mich wie schon in China nieder und danke ihr, während mir unter dem Chech die Tränen über das Gesicht rinnen. Ich versenke die Hände in den Sand und führe eine Handvoll zum Abschied an die Lippen. Ein wichtiges Kapitel meines Lebens geht hier zu Ende. Das Schicksal will es, dass ich nach zwölf Jahren meinen Traum vollständig verwirklicht habe. Und einen Augenblick lang lasse ich sie Revue passieren, meine Wüsten, erlebe noch einmal jeden Moment der Erschöpfung und der großen Gefühle, der Freude und der Schmerzen, und bereue nichts. Sie sind ein Schatz, den alle Güter dieser Welt nicht aufwiegen können und der mir nie mehr zu nehmen ist – ein wertvolles Gut, das ich freudig mit jedem teile, der die Wüste liebt und schätzt, so wie ich sie geliebt und geschätzt habe.

Schlussfolgerungen

Das Unternehmen in der Simpsonwüste dauerte 20 Tage, in denen ich gut 400 Kilometer zurückgelegt habe.

Am 12. Oktober, dem Tag nach meiner Ankunft, unterziehe ich mich in der medizinischen Ambulanz von Birdsville einer ersten Untersuchung. Die zuständige Ärztin nimmt auch eine erste Blutprobe, deren Ergebnisse zusammen mit den übrigen Daten mir später nach Italien nachgeschickt werden. Die sich daraus ergebenden Werte sind trotz der sehr großen Belastungen, denen ich ausgesetzt war, mehr als zufriedenstellend. Damit ist einmal mehr bewiesen, dass die Ernährung, an die ich mich in der Wüste gehalten habe, angemessen war und ihren Teil zum Erfolg beigetragen hat. Denn mein Körper war bei diesen extremen physischen Belastungen dennoch mit allem Nötigen versorgt. Ich habe insgesamt fünf Kilo abgenommen. Die Gewichtsabnahme erscheint gering, in Wirklichkeit ist Fettmasse durch fettlose Masse ersetzt worden. Muskeln sind schwerer als Fett. Hierdurch erklärt sich wenigstens teilweise der vergleichsweise wenig beeindruckende Gewichtsverlust. Das Fett wurde während des Unternehmens vollkommen vom Organismus aufgebraucht. Unmittelbar nach dem Unternehmen habe ich angefangen, mich wieder auf herkömmliche Weise zu ernähren, und habe die Veränderungen mühelos verkraftet. Noch am Abend meiner Ankunft haben wir Oscars Geburtstag mit einem Abendessen und Sekt gefeiert, den wir von zu Hause für diese Gelegenheit mitgebracht hatten. Mein Geschenk war die Simpsonwüste.

Zwei Tage später verließen wir Birdsville und machten uns auf die lange Rückreise nach Italien. Don, seine Frau und alle Einwohner der kleinen Siedlung am Rande der Wüste bereiteten uns einen bewegenden Abschied.

Bis heute fehlt jede Information über meine französische Konkurrentin. Auch später hat Don, der uns noch weiter Nachrichten zukommen ließ, bestätigt, dass es Meldungen über diesen Durchquerungsversuch gegeben habe. Allerdings ist von der Presse kein weiterer erfolgreicher Alleingang einer Frau durch die Simpsonwüste registriert worden. So wird die Simpsonwüste auch dieses Geheimnis für sich behalten.

Nicht nur von den Nomaden der Ténéré, sondern auch von den Australiern, die an den Wüstenrändern und mit der Wüste leben, habe ich viel gelernt. Sie haben mir wieder einmal gezeigt, dass Hilfsbereitschaft, menschliche Wärme und Zuneigung grenzenübergreifende Werte sind. Sie haben auch unter Lebensbedingungen ihre Gültigkeit, die von den unseren so verschieden sind, wo Einsamkeit nicht die Ausnahme, sondern die Regel ist. Dank der Bedingungen der Wüste und dem Beispiel derjenigen, die täglich mit ihr leben, habe ich verstanden, dass Alleinsein auch ein Privileg sein kann. Es hilft uns das Beste in uns selbst zu entdecken – nämlich das, was wir häufig als Schwäche auslegen und das wir vor den anderen zu verbergen suchen. Wenn wir wie diese Menschen lernen, in Phasen der Einsamkeit die Fähigkeit zu finden, unseren Gefühlen freien Ausdruck zu verleihen, vielleicht werden dann auch unsere Wüsten des Alltags bewohnbarer und zugänglicher, und sicher wären wir in der Lage, uns ihnen mit mehr Gelassenheit zu stellen.

Danksagung

Von ganzem Herzen danke ich all jenen, die mit ihrem großen Engagement und bewundernswerter Professionalität zur Verwirklichung meines Traumes beigetragen und mich mit ihrer aufmunternden Zuneigung unterstützt haben. Besonders danke ich Cecilia Perucci, die mich ermutigt hat, auch weiterhin meine Erlebnisse während des Unternehmens schriftlich zu fixieren. Mein großer Dank geht auch an die Sponsoren, die an mich geglaubt und mich auf allen Etappen begleitet haben.

Für die Unterstützung beim Projekt Takla Makan danke ich Dr. Giardiello, Präsident der Artime-Gruppe, sowie Marco Francesconi, Cristina Terragni und Daniela Longo, die mir bei der letzten Expedition gemeinsam beistanden. Dank auch an Lele Paltrinieri, jetzt verantwortlich für die Firma Sector in China, und Antonio Soccol, Direktor der unvergessenen Zeitschrift *No limits world,* und der gesamten Redaktion. Mein Dank geht auch an Alberto und Brigitte Vitali von der Firma Polartec. Mit Hochachtung danke ich ebenso: Rosanna und Giorgio Rabaioli von der Firma Ferrino, Anna Ferrino von der Firma Columbia, Dr. Cesare Beretta von der Firma Tenax, Renato Moro von Focus Himalaya Travel, Adriano Alessandrini von der Gemeinde Segrate. Des Weiteren danke ich meinen Partnern: der Firma Thrane & Thrane, Dr. Pier Paolo Poli von Speeka, Dr. Sandro Ligossi und Bruna Morelato von der Firma Sinergy, Dr. Alessandro Orlandini von der Firma Named, Dr. Sorbini und Dr. Somenzini von der Firma Enervit, Herrn Lamera von der Firma Solarline, Luigi Serazzi von der Firma Sansò, Guido Bergomi von der Firma Bergomi, Leonardo Cosmai von Censi, Stefano Pistocchini von Farmigea. Ein ganz besonderes Dankeschön geht an die Universität Mailand und die Fakultät für Sportwissenschaften, darunter ganz besonders an meinen Freund Professor Arsenio Veicsteinas, Inhaber des Lehrstuhls für Physiologie und Direktor der IEFSAS (Istituto di Esercizio Fisico, Salute e Attività Sportiva), der mich mit so viel Engagement zusammen mit Dr. Merati medizinisch betreut hat, sowie an alle Mitarbeiter des Instituts.

Große Dankbarkeit empfinde ich auch gegenüber Franco Nava, meinem großartigen Fitnesstrainer, verantwortlich für das Studio Malaspina Sporting Club in San Felice, und Daniele Tonani, der beide Reisen für mich organisiert hat. Zusammen mit allen Freunden und Mitarbeitern, die mich so rückhaltlos unterstützt haben, danke ich ganz besonders der unersetzlichen Luisella Mariani, Dario Negri und Maurizio Di Maggio. Ebenso danke ich Antonia La Pietra.

Zum Schluss umarme ich all jene, die in jenen Jahren meine Projekte mit so großer Begeisterung verfolgt haben und deren Anerkennung mir Mut gemacht hat, auch weiterhin zu träumen und träumen zu lassen.

Ich widme dieses Buch meinen Eltern Mary und Dino Monnosi, die mich weiterhin mit ihrer immerwährenden Liebe von dort oben begleiten und mir helfen, die kleinen und größeren Wüsten des Alltags mit heiterer Gelassenheit zu meistern.

REISEN · MENSCHEN · ABENTEUER

NATIONAL GEOGRAPHIC TASCHENBÜCHER
VON FREDERKING & THALER

MAGISCHES INDIEN

Tahir Shah
Der Zauberlehrling von Kalkutta
Reise durch das magische Indien
ISBN 978-3-89405-286-7

Eine Erkundungsreise durch den indischen Subkontinent, auf der Suche nach dem Magischen, Wunderbaren. Je weiter der Zauberlehrling Tahir Shah auf seiner Reise voranschreitet, umso mehr muss er erkennen, dass Indien mit westlichem Wissen nicht zu verstehen ist.

Tor Farovik
Indien und seine tausend Gesichter
Menschen, Mythen, Landschaften
ISBN 978-3-89405-282-9

»Dieses Buch geht weit über eine übliche Reiseschilderung hinaus. Eine Offenbarung, geprägt von Erzählfreude, echtem Respekt und Liebe zur indischen Gesellschaft.«
Aftenposten

Ilija Trojanow
Der Sadhu an der Teufelswand
Reportagen aus einem anderen Indien
ISBN 978-3-89405-153-2

In farbigen Reportagen führt uns Ilija Trojanow durch die Vielfalt Indiens – zu ungewöhnlichen Festen, kaum bekannten Gemeinschaften, skurrilen Ereignissen und schließlich in die brodelnde Metropole Bombay.

So spannend wie die Welt.

NATIONAL GEOGRAPHIC
FREDERKING & THALER
www.frederking-thaler.de

REISEN · MENSCHEN · ABENTEUER

NATIONAL GEOGRAPHIC TASCHENBÜCHER
VON FREDERKING & THALER

ABENTEUER ORIENT

Bruno Baumann
Abenteuer Seidenstraße
Auf den Spuren alter Karawanenwege
ISBN 978-3-89405-254-6

Eine Reise über die berühmteste Handelsroute dieser Welt. Bruno Baumann folgt den verzweigten Pfaden und Wegen der Seidenstraße und berichtet nicht nur über die Kultur und Geschichte der Route sondern auch über seine persönlichen Erfahrungen auf dem Weg vom Nahen Osten nach China.

Oss Kröher
Das Morgenland ist weit
Die erste Motorradreise vom Rhein zum Ganges
ISBN 978-3-89405-165-5

Deutschland, 1951: Zwei Pfälzer, jung und wagemutig, wollen raus aus dem Nachkriegsmuff. Im alten Seitenwagen-Motorrad machen sie sich auf die kühne Fahrt nach Indien. Ihr spritziger und sinnlicher Bericht ist getragen von mitreißender Aufbruchsfreude.

Philippe Valéry
Der verheißungsvolle Weg
Zu Fuß von Marseille bis nach Kaschgar
ISBN 978-3-89405-273-7

Philippe Valéry ist dem Zauber des Orients erlegen und hat sich einen Traum erfüllt: Er wandert von Frankreich bis nach China. 2 Jahre, 10 000 Kilometer, unzählige Begegnungen und Erlebnisse. Der mitreißende Bericht einer abenteuerlichen Reise!

So spannend wie die Welt.

NATIONAL GEOGRAPHIC
FREDERKING & THALER
www.frederking-thaler.de